THE VIRTUES PROJECT™
Educator's Guide

ヴァーチューズ・プロジェクト
52の美徳教育プログラム

リンダ・カヴェリン・ポポフ 著　　大内　博 訳

太陽出版

THE VIRTUES PROJECT™ EDUCATOR'S GUIDE
by Linda Kavelin Popov

Copyright© 2000 by Linda Kavelin Popov
First published in 2000 by Jalmar Press, 1050 Canyon Road,
PO Box 370, Fawnskin, CA 92333-0370
Japanese translation published by arrangement with
The B. L. Winch Group, Inc., dba JALMAR PRESS through
The English Agency (Japan) Ltd.

はじめに

　サウスカロライナ州の田舎で２人の男の子の若き母親であったとき、息子たちが私たち家族の考えに合わない価値観を学校からもって帰ってくることに失望し、悲しみを覚えたものでした。

　ある日、小学１年生だった次男のクレーグが家に帰るなり、有色人種を一把ひとからげにするような人種差別的な言葉を使ったときのことを今でも覚えています。なぜ、そういうことを言い出したのか、原因を探ろうと聞き正すと「シラミ野郎を捕まえる」とか、学校で耳にしたその他いくつかの表現を教えてくれました。そこで聞いてみました。

　「だけどクレーグ、ジョンはどうなのよ」。ジョンはクレーグの大の仲良しで、彼の皮膚は濃いチョコレート色をしていました。するとクレーグは６歳の論理を使ってこう答えたものです。「まあ、彼はそうじゃないよ」。どうしてそうじゃないのかさらに聞いてみました。「なぜって、ジョンは僕の親友だからさ」

　その日は、自分の目で見ることの大切さ、自分の心で考えることの大切さについて長いあいだ話し合いました。それからは、肌の色が違う子供とつきあったりすると危ないといった話を二度と息子の口から聞くことはありませんでした。

　尊敬、寛容、和といった美徳は学校では教えられていなかったために、この考えを教えるのは非常に難しいものがありました。

　それに加えて、学校では「オープンクラス」の実験教育が行われ、長男がそのクラスの騒音と混乱に圧倒されているという問題にも悩まされていました。この教育法は、それに伴う変化がどのようなものであるかがあまり理解されないうちに開始されたようでした。

　教室には何の境界線もありません。授業参観で「教える領域」を観察したとき、子供たちが叫び声を上げながら走り回っていました。私の息子もその１人でした。その騒音たるや耳を劈くばかり。息子やほかの子供たちがかわいそうに思えました。彼らはこの混乱状態にどう対処したらよいのか分からないのですから。

3

先生にも同情しました。私は自分にできる何かをやってみようとその場で決意しました。

翌日、校長先生に面会すると、彼は落胆した様子で言いました。「オープンクラスがうまくいっていないのは承知していますが、ほかに何ができるというのですか？」。「私にちょっと手伝わせてもらえないでしょうか？」と私が言うと「どうやって？」と彼は聞きました。そこで私は質問しました。「いちばん難しいクラスはどのクラスですか？　つまり、いちばん荒れているクラスはどのクラスですか？」。それが１年生のクラスであることを校長先生は教えてくれました。私が子供や家族をクライアントにしている心理療法士であることを知っている彼は、最後にこう言いました。「どのような手立てがあるのか分かりませんが、どうぞやってみてください」

その足で１年生の教室に行くと、まだ午前１１時でしたが、すでに先生は汗をかきながら奮闘中の様子。子供たちも落ち着きがありません。１人の女の子が先生の気をひこうとしていろいろやってくるのに対して、先生は「キミー、やめなさい！」と言い続けていました。私は先生に言いました。「１週間に２日だけ手伝わせてください。いちばん難しい子供を５人預かりましょう。扱いにくい子供を預かりましょう。１週間に２回、２時間ほど、その５人を預からせてください」

そのときの彼女の表情を私は忘れることができません。ほとんど泣き出しそうだったのです。彼女は５人の児童を選びましたが、そのなかにはキミーも入っていました。

その２日後、私は画用紙とクレヨン、ほしぶどう、そして、ひとつの考えをもって学校に行きました。ジョンソン先生が５人の名前を呼ぶと彼らは心配そうな顔をして私のまわりに集まりました。私は膝を曲げてかがんでから言いました。「特別なところに連れて行ってあげるからね。私と一緒に行けるように、あなた方はジョンソン先生に選ばれたのですよ」

彼らの不安はほんの少し薄らいだようでした。私の後ろを歩いたり、スキップしたり、ぶらぶらしたりしながら小さな備品室についてきました。

私はこの部屋に子供用の小さな椅子を５脚、円形に並べておいたのです。

「どうぞ、座ってください」と言いながら、それぞれの様子をさっと見渡しました。

レロイの目は不随意に回転し、神経的な問題があるようです。ジョニーは過度に落ち着きがなく、椅子の後ろの壁に本気で登ろうとしています。キミーの衣服は着古したもので、髪はぼさぼさで手入れがされておらず、体の動きに何か動揺が感じられます。虐待ないしは親の怠慢の問題があるかもしれません。レイモンドは動きが緩慢で太りすぎです。ティミーはとても怒っているように見えます。

キミーとジョニーは白人で、レロイ、レイモンド、ティミーはアフロアメリカンです。

私は子供たちの前の床に座って言いました。「これからみんなで特別なことを勉強します。それは誰でも自分のなかにもっているものなの。尊敬、忍耐、そして自制心」。私は注意をはらって聞いている4人だけを見て話しかけました。ジョニーは無視しました。ジョニーはまだ椅子に立っていましたが、壁に登ろうとする試みにやや疲れを感じ始めているようでした。彼は突然動きを止めて振り向きました。私が見ているかどうか確認したかったのかもしれません。私はこのチャンスを逃さずに言いました。「見て、ジョニーが先生を注目しているでしょ？　いま話した尊敬というのはこういうことなの」。ジョニーはあっけにとられた様子で椅子に座りました。どうやらジョニーは私の話を聞く気持になったようです。

「このクラスは私たちだけの秘密よ。そしてみんなが尊敬と忍耐と自制心を学んだら、それをクラスの人たちに教えてあげるのよ」と私は言いました。

毎週、私はほしぶどうとポップコーンを並べて単語を綴りました。子供たちがその単語をマスターすると、ご褒美は「私の単語を食べる」（"eat one's word"は英語の熟語で"前言を取り消す"という意味があります）。子供たちは大笑いをしながら口をもぐもぐさせてほしぶどうやポップコーンを食べたものです。

私たちが一緒に過ごす時間の焦点は、3つの美徳を修得するために簡

単なテクニックを学ぶことでした。先生が「静かにしてください」と言ったときには、"銅像のように静かになる"のです。彼らは銅像のゲームが大好きでした。先生の言われたことに従うとき、そうすることが尊敬の気持ちを示すひとつの方法であることを子供たちは理解しました。授業中に何か言いたいときには、先生に飛びかかり、大声で叫ぶのではなく、片手で口をふさぎ、もう一方の手を真直ぐに上げるということも学びました。これは自制心を示すひとつの方法でした。

　ほかの子供たちが絵を描いているとき、キミーは「尊敬の魔法のサークル」の練習をしました。身体の境界線の感覚がないキミーは文字通りお猿さんのように人に飛びかかったものでした。私はキミーに人それぞれがもっている目に見えないサークルを教えて、それが彼女自身に対して尊敬を示すことであり、ほかの人への尊敬を示すことであると教えました。授業中、一度も私に飛びかかることをせず、クラスメイトにも飛びかからなかったときには、授業の終わりに長いハギング（抱き合うこと）をしました。

　ジョニーが注意をはらうために努力をしたときには、自制心を発揮したことに対してジョニーを特別に承認しました。

　レイモンドは単語を認識することに情熱を示し、それが上手になりました。

　彼らは２、３週間のうちに全員字が読めるようになったのです。この子供たちが"奇跡的な"変化を見せているという報告をジョンソン先生からいただきました。

　学期の終わりに、尊敬、忍耐、自制心について描いた絵を持って５人の子供たちは誇らしげに行進して教室に入っていきました。

　「今日は僕たちがみんなの先生になります」とレイモンドが自信をもって宣言しました。「みんなに尊敬について教えるからね」とジョニーが満面に笑みをたたえて言いました。「私たちは忍耐について教えます」とキミーがやすらかな微笑みを浮かべて言いました。レロイとティミーは左手を上げて、右手で口をふさぐ実演をしました。尊敬の銅像をクラスの全員と練習しました。クラスの子供たちが熱烈な拍手をしたとき、５人の子供たちは誇りに顔を輝かせていました。

ヴァーチューズ・プロジェクトのこの単純なプログラムに基づいて、この学校は「ＡＢＣ：行動変化を支援するために」と呼ばれるプログラムを開始し、継続的に実施しています。他のボランティアの人たちからのサポートもあって、このプログラムは継続しています。

　この初期の体験は私に自信を与えてくれると同時に、ヴァーチューズ・プロジェクトを芽生えさせるきっかけとなりました。このプロジェクトを夫、弟、そして私の３人で、この学校での体験の16年後、1991年に開始することになりました。いまやヴァーチューズ・プロジェクトは世界中の草の根運動となり、ヴァーチュー（美徳）に心の焦点を合わせることによって、すなわち、子供たちのなかにある最善の資質に心の焦点を合わせることによって、子供たちが最高の自分となるように方向づけることができるという哲学が広まりつつあります。

　学校を安全で学ぶのが楽しい環境に変えるための方法が必要です。ヴァーチューズ・プロジェクトの目的は「人格の文化」を発展させる手伝いをすることです。「人格の文化」とは子供たちが尊敬、忍耐、自制心、寛容、学びの喜びなどの美徳を学び、それが大切にされる文化です。子供たちの人格を教育することが私たちの最優先事項です。学校をお互いがいたわり合う共同体にするべきときです。子供たちが皆、自分のなかにある最善の資質、つまり、美徳によって生きるように方向づけるときが来ていると思うのです。

リンダ・カヴェリン・ポポフ

本書の使い方

　本書は、子供たちが学び成長できるポジティブ（肯定的）で力を与えてくれる文化や環境を創出することによって、子供たちが人格を形成するために必要な道具と戦略を提供できるように構成されています。

　これらの戦略はどのような学校であれ、組織であれ、その教育カリキュラムや矯正のシステム、人的環境に容易に取り入れることができるものです。

　ヴァーチューズ・プロジェクトはポジティブで包括的なプロジェクトであり、世界中の多くの国々（文化）において活用され、子供や大人のなかにある最善の資質を表に出すことに役立っています。

　あなたの学校（組織）でヴァーチューズ・プロジェクトの戦略を応用する具体的な方法を理解してもらうために、世界中の学校での興味深い成功例を紹介します。

　各章の最後に、そして各ヴァーチュー（美徳）が説明された後に「活動」の項目がありますが、幼稚園児から高校生まで、広範囲な年齢層に適用できるように構成されています。

　どの活動が適切であるかは、本書を活用するあなたの判断で、年齢、社会グループ、文化的な背景を考慮して使ってください。教えている対象の生徒に合わせて活動を修正することも必要でしょう。

　カウンセラーの方は、第5章の「スピリチュアルな同伴」が生徒と作業をするときに、とくに役立つでしょう。ここでは生徒が"問題の核心に到達し"、自分自身の問題を解決するために、人格のなかにある美徳に呼びかけるように導くための手段が提示されています。悲しみの克服や自殺予防にはとくに役立つでしょう。

※本書は2部に分かれています。

I部　人格の文化を築くための簡単な方法

❀ ヴァーチューズ・プロジェクトの5つの戦略のそれぞれを扱った章。

❀ それぞれの戦略を実施するための手段。

❀ 世界中の学校やプロジェクトの「優秀な実践例」。

❀ 各章の最後に教室での「活動」、「生徒の活動シート」、「学校全体での
　活動」。

❀ 重要なポイントを箇条書きにした「章のまとめ」。

II部　美徳：人格の贈り物

❀「自己主張」から「和」までの52の美徳。

❀ 美徳を教室や学校全体の活動でどのように使うか。

❀ それぞれの美徳の定義、その意義、ロールプレイ（役割演技）のシナ
　リオ、「成功のしるし」、各美徳についての「確言」。

❀「活動」、「美徳について考えるための質問」、アート・プロジェクト、「名言」。

序文

混迷のなかにある学校

　あまりにも多くの学校が戦場と化してしまいました。暴力事件はあとを絶たず憂慮すべき状況にあります。北アメリカの若者の第一の死因は殺人によるものです。北アメリカの都市の若者の多くは武器を持って登校しています。校門では金属探知機と武器を持ったガードが必要とされています。多くの子供たちがコンピューターの技術で才能を発揮しながら、道徳的にはあまりにも無知です。中途退学する生徒の数は驚くべき割合で増えています。多くの先生はこなさなければならないカリキュラムの重圧にすでに押しつぶされそうになっているところに、暴力の脅威にさらされてストレスは高まるばかりでとどまるところを知りません。このような問題の根本的な原因を突き止めないかぎり、この状態は執拗に継続し、さらに悪化するであろうことは明らかです。

意味の喪失

　「ハーバード道徳教育センター」が行った調査のなかで、犯罪を犯して投獄されている若者たちを無作為に抽出し、「なぜ、やったのですか？」という質問をしたところ、９０パーセントの若者は「退屈だったから」と答えたということです。退屈はスピリチュアル（精神的）な病です。生きていることについての意味の喪失からくる病気です。

　意味を失ったことが病気の原因であるとすれば、その治療法は若者たちを人生の意味と目的に目覚めさせるものでなければなりません。若者たちは心の奥深いところで、違いを生み出したい、何らかの影響を与えることができる人になりたいと渇望しています。理想主義、目的意識、創造性といった存在の内部にもっている美徳を充足したいという発展的な衝動があるために、この渇望は生まれます。早く大人になりたい、名を成したいという叫び声です。人生において意味のあることを探求し、体験する機会を通して、この強烈な理想主義にポジティブ（肯定的）な出口を与えないと、若者たちは別なはけ口を求めることになります。

価値と美徳のルネッサンス

　ありがたいことに、この問題の核心に迫る価値観と美徳のルネッサンス（革新的な展開）が可能です。世界中の伝統的な叡知のなかで説明されている人生の目的は美徳を養うことす。

　正義という概念は何ら目新しいものではありません。愛という美徳には何らオリジナルなものはありません。これらの美徳は世界でもっとも古い考えです。しかし、今の私たちはこれらの単純で永遠の概念に霊的にも道徳的にも飢えているのではないでしょうか。

　多くの学校の先生や管理者の方々は、ヴァーチューズ・プロジェクトの戦略を実践することによって、学校の文化を変容させることができるという体験をしています。お互いをいたわり、尊敬し合うという「トータルな環境」をつくるうえで、ヴァーチューズ・プロジェクトは役立っているのです。このような先生は勇気をくじく言葉の代わりに、勇気づける言葉を使うようになったのです。「怠け者」「馬鹿」「よくない」「絶望的」「受け入れがたい」などという言葉は、文字通り生徒たちのやる気をなくし、勇気をくじいてしまいます。そのような言葉の代わりに、「奉仕」「優秀」「共感」「自制心」「親切」といった言葉で教室をいっぱいに満たすと、そのような行動がどんどん増えていきます。

なぜ価値ではなく美徳なのか

　価値とは私たちが大切に思い、気にかけるもののことです。どんなことでもその対象になりえます。金持ちになって有名になることを大切に思う可能性もあります。世界一の大泥棒になることに価値をおくことさえあるかもしれません。他人を支配することを大切に思う可能性もあります。しかし、そのようなことが実現したからといって、立派な人格であることにはなりません。そのうえ、価値観というものは文化によって変わるものです。ある家族、または、ある文化が大切にしていることを、他の文化も大切にするとはかぎりません。美徳は価値観よりもずっと根源的なものです。価値観は文化によって異なるものであるのに対して、美徳はあらゆる文化によって普遍的に尊重されるものです。

包括的なアプローチ

　世の中にはさまざまな価値観をもった人たちがいます。子供たちのなかにも宗教を信じている子供もいれば、宗教を信じていない子供もいます。そういうなかで子供たちに人格的な教育を施そうとして、誰の気持ちも傷つけることなく、どうやって価値観を伝えることができるのだろうかというジレンマに悩まされ、教育者は身動きがとれなくなってしまいます。

　多元的な価値観の社会のなかにあって、人格の教育をどのように導入すればよいのでしょうか。特定の信念体系に基づいた価値観を押しつけることのないようにするには、どうすればよいのでしょうか。この問題に対処する単純な方法は美徳の発達に焦点を絞ることです。

　さまざまな価値観の論争が終わるまで待っている余裕はありません。あまりにも多くの子供たちが、いま瀕死の状態で喘いでいるのです。ヴァーチューズ・プロジェクトは価値観の論争を避けて通り、どうやって、すべての子供たちのなかにある勇気、名誉、正義、共感といった美徳を鼓舞させるかという仕事と真っ向から取り組むのです。どのような信仰をもっていようと、あるいは、いかなる信仰ももっていなかったとしても、親たる者は誰でも自分の子供が誠実な人格を育むことを望むはずです。

　ヴァーチューズ・プロジェクトの戦略は非常に単純で、すでに実証ずみの方法です。子供たちが自分本来の姿を思い出す手助けをして、人生とは目的をもって生きることであると教える方法です。美徳とは私たちの人格の資質であり、人間のスピリット（より大きな自分）の要素です。美徳は１人ひとりの子供のなかに潜在的な可能性として存在しているものです。必要とされているのは、子供たちが自分のなかにある最善の資質に基づいて行動できるように力を貸す方法です。

　真の教育者の目的とは何でしょうか。教育者は文字通り「導き出す者」を意味しますが、教育者の目的は子供のなかにすでに存在する美徳を目覚めさせることにあります。本書はその簡単な方法を書いたものです。

　子供の人格の資質を目覚めさせるいちばん良い時期は幼少期です。

幼少期の教育のなかで、人生の意味の核心として美徳を導入するのが理想的です。しかしながら、私たちの体験では子供たちが美徳を発見する手助けをするのに遅すぎるということは決してありません。

　美徳は子供たちのなかにしっかりと生きています。目を覚ます必要がある、ただそれだけのことです。これが実践できれば、「美徳はいたるところで勝利をおさめることになるでしょう」

　　あなた自身のなかに美徳を涵養すれば、美徳はリアルになる。

　　家族のなかに美徳を涵養すれば、美徳は繁茂する。

　　村のなかに美徳を涵養すれば、美徳は広がる。

　　国のなかに美徳を涵養すれば、美徳は豊かになる。

　　世界のなかに美徳を涵養すれば、美徳はいたるところで勝利をおさめることになる。

　　　　老子

人格の文化を築くための5つの戦略

背景

　国際家族年の1994年、ヴァーチューズ・プロジェクトはあらゆる文化の家族のためのグローバルなモデルプログラムとして、国際連盟事務局によって表彰されました。

　ヴァーチューズ・プロジェクトは特定の宗教の考えを実践するものではありません。世界のさまざまな文化や宗教が共有している単純な叡智に基づいたものです。私たちのなかにある最善の資質によって生きようと教えるものです。勇気、名誉、正義、親切、その他の内在的な美徳によって生きることを説くものです。

　世界中の学校、実業界、さまざまな宗教団体、刑務所、カウンセリング、麻薬やアルコールからの更正プログラム、家族のなかでヴァーチューズ・プロジェクトの5つの戦略が活用され目覚しい変化が起こりつつあります。

●学校中退者、元ギャングだった子供たちのためのオルターナティブ・スクール（別の選択肢としての学校）では、子供たちのなかに見た美徳の名前を挙げることによって、初めて生徒たちの心と通じ合うことができたと報告されています。

●アメリカのワシントン州で1人の生徒が銃を発砲して悲劇的な事件が起きたとき、4歳の子供の母親が癒しのためにヴァーチューズ・プロジェクトを携えて、その学校に行きました。地域社会の人たちが一丸となって、彼女の「美徳に基づいた世界」のキャンペーンを支援し、町中の店頭、バスのなか、学校の廊下、家庭に美徳のポスターが貼られました。

●オーストラリア西部の小学6年生の1人は、児童たちの「長老会議」をつくり、毎週1回集まって、ほかの児童たちが「美徳の郵便受け」

のなかに入れた問題を解決するために話し合い、人生を変えるうえで力になると思われる美徳へと導くという活動をしています。

●ロシア、東ヨーロッパ、アジアの学校で、道徳開発のカリキュラムの土台としてヴァーチューズ・プロジェクトが採用されています。

●アメリカ合衆国とカナダの「少年・少女クラブ」では、ヴァーチューズ・プロジェクトを使って、健全な子供の育成を助長するための事業のスピリチュアル（人間の本質的）な側面に対処しています。

人格とは完璧に教育された意思である。

ノヴァーリス

人格教育への全容的なアプローチ

ヴァーチューズ・プロジェクトの5つの戦略は学校の文化を変えるための手段です。人格の教育を子供の体験の一部として自然に取り込むために、毎日使う道具を提供するものです。

人格の文化を創造するために現行のカリキュラムを変えたり、特別なカリキュラムを導入する必要はありません。美徳の涵養を現行のカリキュラムや生徒指導のプログラム、カウンセリング、毎日のホームルーム活動のなかに取り入れた方がはるかに効果的です。子供は日常生活における人との交流のなかで学ぶものです。

人格教育は子供たちの多様な学習スタイルにアピールすることも大切です。視覚的に学ぶことが得意な子もいれば、聴いた方が分かりやすい子供、身体で学ぶのが得意な子供といろいろです。本書の全体を通して、生徒のもっている最善の資質を引き出すためのアドバイスや、さまざまな感覚的活動が散りばめられています。

地域社会のセーフティー・ネットを築く

　ネットワークの力によって、子供のための本当の意味でのセーフティー・ネットをつくることができます。調査によれば、戦場となってしまった学校を平和な場所に変貌させることに成功しているのは、親が先生と一緒になって問題に取り組むレベルが高かった学校であることが示されています。先生と親が一体となって、とくに生徒のポジティブ（肯定的）な美徳に焦点を合わせたとき、生徒たちは成功するための最高の機会を与えられることになります。親と先生が同じ歌をうたい、同じ言葉を話すとき、つまり、美徳に基づいたプラス思考の言葉を話すとき、生徒の自尊心、理想主義、尊敬、安全はドラマチックに増大します。

　地域社会のボランティアの人たちが先生の手伝いをし、生徒のためのガイダンスを提供するとき、それは学校にとって最強の資源のひとつとなります。ますます多くの企業が地域社会に貢献しようとしています。大学の教育学部の学生を小学校や中学校に指導者の見習いとして派遣することも可能です。ヴァーチューズ・プロジェクトの５つの戦略に関してわずかな講習を受ければ、地域社会の親、お年寄り、ビジネスマン、そのほかの人たちが子供たちの指導者となって子供のために大きな違いを生み出すことができるでしょう。

　　人から聞いたことは忘れる。
　　見ると思い出す。
　　実行すると理解できる。
　　　　　　　　作者不詳

　親は生徒を助けるうえで最高の力となり得る存在です。
　一生懸命関わる気持ちのある親は親行において洗練されていなくとも、学校と一緒になって関わる気持ちがあれば、落第生を立ち直らせることができます。
　　ミシガン州、リヴォニナ・フロスト中学校副校長　マイケル・セッツ

優秀な実践例 ···

「今週の美徳」：親と先生のパートナーシップの道具として

　カリフォルニア州、サン・ホセの5人の男児の母親、ナンシー・ポルティロさんは子供たちが通う小学校でヴァーチューズ・プロジェクトを開始しました。

　家で子供たちが取り組んでいる「今週の美徳」について担任の先生たちにメモを送り、息子たちがその美徳を学校でどのように実践しているかについてフィードバックを求めたのでした。担任の先生たちはポルティロ家の男の子たちが「今週の美徳」をどのように実践しているかについて観察したメモを彼女のところに送りました。

　その年の終わりに、男の子たちは先生に贈り物と先生たちのなかに彼らが見た美徳で、とくに感謝している美徳を承認するカードを贈りました。ポルティロ夫妻は担任の先生1人ひとりのためにケーキを持って学校にやってきました。そのケーキには息子たちが先生のなかに見た美徳の文字が書かれていました。

　この言うなれば単純な承認のプロセスによって男の子たちの自尊心が築かれ、先生たちも同じように自尊心の美徳の恩恵を受けることができたのです。

···

～地域社会の指導者にできること～

- ●休み時間に学校に来て、休み時間を平和なものにする。
- ●生徒に何か問題があるとき、いつでも呼び出しに応じて相談相手になる。あるいは、誰か別の人に相談相手になってもらうようにする。
- ●停学の処分を受けている生徒と一緒に時間を過ごし、その生徒の相談相手になる。
- ●就職の相談相手になる。
- ●生徒のために、夏のアルバイトの仕事を提供する。

ヴァーチューズ・プロジェクトの５つの戦略

1. 美徳の言葉を話す

　言葉は大きな影響力をもっています。人を励ますこともできれば、人の勇気をくじいてしまうこともできます。人に恥ずかしい思いをさせ、責める言葉を使う代わりに、誰でももっている内在的な資質である美徳を呼び起こす言葉を使うと、自尊心が培われます。人を承認し、導き、正すために美徳を活用するのです。美徳の言葉によって、どういう人間になりたいのかを思い出すことができます。

2. 教えに最適な瞬間に気づく

　人生とは学びの機会であり、間違いを認識するための機会であると考える、それがこの戦略です。人生のなかで遭遇する試練や困難な問題は美徳を磨くための機会であると考えるのです。「この状況から何を学ぶことができるだろうか？」「この次はどういう行動をとったらいいだろうか？」「どうすれば、この状況を正すことができるのだろうか？」と問いかけることによって、お互いのなかにある最善の資質を引き出し合う戦略です。

3. 明確な境界線を設定する

　ここまではいいけれどこれ以上はだめ、という境界線を明確にすることです。美徳についてのヴィジョンを共有して、そのヴィジョンを土台にお互いに接し合い、暴力を回避し、安全な学びの環境をつくります。
　美徳に基づいた明確な決まりは秩序と和の雰囲気をつくり出します。この戦略はしつけに対するポジティブ（肯定的）な手段を提供し、健全な自己主張を促し、正義を取り戻してくれます。この戦略によってどこまで許されるかの境界線が確認されると同時に、どうやって間違いを修正するかが明確にされます。

4. スピリットを尊重する

　校風というものは私たちが大切に思っていることを非常に単純な形で強調することによって育っていくものです。たとえば、「共有するヴィジョンの宣言」などによって育っていきます。

　毎朝、全校集会で沈黙の時間をもつことによって、やすらぎがその1日にもたらされます。お互いの美徳を分かち合うサークルをもつことによって、何が大切なのかについて静かに考えることができます。アート・ワーク（絵を描いたり工作をしたりすること）によって、生きることの意味づけや創造性が助長されます。スピリット（より大きな自分）とともにお祝いをすることによって、特別な行事がさらに意味深いものになります。

　この戦略は人びとの多様性を尊重しながら、霊的な次元にアクセスすることを可能にしてくれます。

5.「スピリチュアルな同伴」の技術を提供する

　これは人の癒しをサポートし、道徳的な選択に力を与え、感じていることを安全な形で表現することを可能にしてくれる純然たる技術です。カウンセリング、争いの調停、矯正的な状況のなかで役に立つでしょう。

　人が悲しみや危機的な状況にあるとき、「スピリチュアルな同伴」を提供することによって、その問題の核心に到達することができます。

　「スピリチュアルな同伴」とは、その人とともに100パーセント一緒にいて、耳を傾け、問題を明らかにする質問をすることです。これによって、悲しみや危機的な状況にいる人が、心のなかにあるものをすべて出して空っぽにし、美徳の助けを借りて自らその問題を解決することができます。

まとめ

✔ 生徒のなかにある最善の資質を引き出すために、包括的で美徳に基づいたアプローチを使う。

✔ ヴァーチューズ・プロジェクトを現行のカリキュラムや生徒指導のプログラムのなかに取り込む。新しいプログラムとして追加する必要はない。

✔ 生徒は日常生活における人との交流のなかで学ぶ。

✔ ポジティブな変化を起こすための枠組みとして、ヴァーチューズ・プロジェクトの5つの戦略を使う。

✔ 美徳に焦点を合わせるときには、さまざまな感覚的アプローチを使って、生徒の多様な学習スタイルにアピールできるようにする。

✔ 親（保護者）と先生のパートナーシップの力にアクセスする。

✔ 地域社会の住民や会社に勤めている人たちが潜在的にもっている指導者としての資源にアクセスする。

目次

はじめに　3

本書の使い方　9

序文　11

混迷のなかにある学校　11

意味の喪失　11

価値と美徳のルネッサンス　12

なぜ価値ではなく美徳なのか　12

包括的なアプローチ　13

人格の文化を築くための5つの戦略　15

背景　15

人格教育への全容的なアプローチ　16

地域社会のセーフティー・ネットを築く　17

ヴァーチューズ・プロジェクトの5つの戦略　19

まとめ　21

Ⅰ部　人格の文化を築くための簡単な方法

第1章　美徳の言葉を話す　31

言葉が人格を形成する　33

承認するために美徳の言葉を話す　36

導きのために美徳の言葉を話す　42

美徳の言葉を使って修正する　44

気転を利かせて行動する：

　　生徒の評価とフィードバックにどの美徳を使うか　48

文化の変化はリーダーシップから　50

23

活動 51

美徳の図表 51　美徳のロールプレイ 52

美徳を名指しする 52　秘密の友達のプロジェクト 52

美徳を歌に取り入れる 53　美徳のゲーム 53（フルーツサラダ／美徳の車／

美徳のジオパディー／美徳のジェスチャー）

名指しで恥をかかせる代わりに美徳を名指しする 56

学校全体での活動 61

「今週の美徳」プロジェクト 61

章のまとめ 64

美徳証明書 65

ハグノート 67

第2章　教えに最適な瞬間を認識する ……………………………………69

教訓を探す 71

教訓と個人的なつながりをもたせる 72

行動の意味の理解をサポートする 73

障害物を踏み台に変える 74

説教する人ではなく教える人になる 75

レッテルではなく美徳を使う 78

美徳のバランスがとれるように援助する 79

良心を破壊する人ではなく良心を築く人になる 80

良心を築く人と良心を破壊する人 83

特別なニーズのある生徒にとっての教えに最適な瞬間を認識する 85

締めくくりの質問をする 85

家族を巻き込む 86

活動 88

「私のなかにある美徳」の本 88　美徳のインタビュー 89

生徒の活動シート──美徳のインタビュー 91

暗黒の時間／輝ける時間 92　親友についての自由討論 92

美徳の進歩度チェック 93　生徒の活動シート──私の進歩度チェック 94

今日の美徳についての反省 95　チーム・ティーチング 96

歩きまわる 98　魔法の箱 98

問題を解決するための美徳の心の地図 99

美徳の有名人パーティー 100　美徳のヴァイブレーション 101

美徳のシンボル 101　生徒の活動シート——友情の表 102

学校全体での活動　103

地域社会での奉仕活動プロジェクト 103

宝石の形をした名札をつける日 104　お客さまを招待する日 104

キャリアについて学ぶ日 104

生徒の活動シート——美徳の人格的特徴 107

章のまとめ　108

第3章　明確な境界線を設定する ……………………………… 109

安全な避難所をつくる　111

包括的なアプローチ　112

権威の教育モデル　112

権威とはリーダーシップである　115

あなたのリーダーシップのスタイルは？　118

耳を傾けることによって正義を回復する　122

報復ではなく償い　124

明確な境界線を確立するための10のガイドライン　126

自然な境界線を発見する　139

クラスの規模を妥当なものにする　140

活動　141

自己主張について話し合う 141

見知らぬ人と遭遇したときの危険について話し合う 141

ヴィジョンと境界線のポスター 141

生徒の活動シート—— 間違いにふさわしい償い 142

教室内に問題解決のための平和地帯をつくる 143

教室を清潔に保つ 143

25

美徳証明書とハグノートを家庭に送る 143

学校全体の活動 144

境界線を明確に伝える 144　平和部隊を創設する 144

章のまとめ 146

第4章　スピリットを尊重する …………………………………147

学校のスピリットを呼び覚ます 149

潜在的な可能性を見る 150

共有する「ヴィジョンの宣言文」を創作する 152

1分間の誠実度チェック 153

人に実践してほしい美徳のお手本になる 156

物語を一緒に体験する 157

アートで美徳に焦点を絞る 159

尊敬の川、創造性の豊穣の角／

演劇のパフォーマンスで美徳を呼び物にする／詩のなかで美徳を教える／

美徳の音楽を演奏する

儀式における美徳 162

卒業式／祝賀会／退職／喪失と悲しみ／儀式のはじめに／

「感謝のサークル」で締めくくる／話す杖／毛糸の玉投げ

活動 167

ヴァーチューズ・ピック 167（1人ひとりが選ぶ／

分かち合いのサークルでのヴァーチューズ・ピック）

宝石の形をした名札 168　ロウソクを灯す 169

どの美徳をクラスに貢献しますか 169

インスピレーションの散歩 169　長老会議 170

パーソナルな美徳のポスター 173

生徒の活動シート──美徳の盾 175　美徳の木 176

生徒の活動シート──美徳の詩 177　美徳の歌 178　美徳の日記帳 178

学校全体での活動 179

美徳の全校集会 179　美徳の掲示板 179

学校の名前で美徳の頭字語を作る 179　美徳の庭 180

美徳に感謝するパーティー 180

章のまとめ 181

第5章　「スピリチュアルな同伴」の技術 ……………………………………183

「スピリチュアルな同伴」のあり方 185

子供が道徳的な選択をする助けとして 187

魔法の言葉 187

「スピリチュアルな同伴」の７つのステップ 191

境界線を設定する 195

子供が黙ってしまったとき 195

怒っている人との「スピリチュアルな同伴」 196

怒るのではなく好奇心を発揮する 197

争いの解決への新鮮なアプローチ 198

問題解決法としての「スピリチュアルな同伴」 203

美徳の分かち合いサークル 204

１分間カウンセリング 205

カウンセリングでの「ヴァーチューズ・ピック」 206

悲しみと「スピリチュアルな同伴」 207

災害と「スピリチュアルな同伴」 207

自殺予防のカウンセリングにおける「スピリチュアルな同伴」 209

活動 211

悲しい── 怒っている──嬉しい──怖いゲーム 211

生徒の活動シート── 同級生のピースメーカー 212

学校全体での活動 213

美徳に基づいた戦略計画 213

章のまとめ 214

II部　美徳：人格の贈り物

II部の使い方　217

愛 221　　いたわり 225　　思いやり 229　　感謝 233　　寛大 237

寛容 241　　気転 245　　共感 249　　協力 253　　勤勉 257　　決意 261

謙虚 265　　コミットメント 269　　識別 273　　自己主張 277

自信 281　　自制心 285　　柔軟性 289　　正直 293　　情熱 297

真摯 301　　親切 305　　辛抱強さ 309　　信頼 313　　信頼性 317

正義 321　　清潔 325　　誠実 329　　整理整頓 333　　責任 337

節度 341　　創造性 345　　尊敬 349　　忠誠心 353　　慎み 357

手伝い 361　　忍耐 365　　奉仕 369　　無執着 373　　名誉 377

目的意識 381　　優しさ 385　　やすらぎ 389　　勇気 393　　友好 397

優秀 401　　ゆるし 405　　喜び 409　　理解 413　　理想主義 417

礼儀 421　　和 425

参考資料

参考文献

訳者あとがき

THE VIRTUES PROJECT

I

人格の文化を築くための簡単な方法

Speak the Language of the Virtues

第 **1** 章

美徳の言葉を話す

人の心は乱すべき器ではなく、点火されるのを待っている火である。

プルターク

言葉が人格を形成する

　私たちの話し方や言葉には大きな力があります。言葉は意味を伝える乗り物ですが、とくに人格を覚醒し、子供たちの自尊心を形成するものです。私たちの家庭や学校や職場の文化そのものを形づくるものです。言葉には人の心を打ち砕く力もあれば、夢をかき立てる力もあります。美徳の言葉は子供に力を与え、子供が自分のなかにもっている最高の能力に基づいて行動するように導きます。言葉は人格の文化を築くための主要な食材です。

　ニュージーランドのマオリ族に、「私にはあなたが見える」という言い方があります。子供を彼らの美徳の光のなかで見れば、その子供に内在する道徳的なチャンピオンを育むことになります。子供をさまざまな問題や非行の塊として見れば、その子がもっているネガティブ（否定的）なイメージを強化することになります。子供は自分が周囲の大人に、どのように見られているかに従って行動する傾向があります。古いブルースに、「私の名前は問題児」という歌があります。多くの子供たちは自分が「問題」であると見られている環境のなかにいます。美徳は１人ひとりの子供に内在する贈物です。そういうわけですから、教育者は美徳を外部から強要する必要はありません。子供がすでにもっている美徳を呼び起こし、強化するだけでよいのです。

　先生は子供の人生において非常に大きな力をもっています。その力がどこから来るかといえば、先生が子供の存在のなかに見る価値がその源です。子供をネガティブな光のなかで見るか、それとも、ポジティブ（肯定的）な可能性の光のなかで見るかが重要なポイントになります。古い諺に「棒と石があれば私の骨を折ることはできるが、悪口で傷つくことは絶対にない」というのがありました。

　先生や子供の世話をする人たちが、子供が自画像を形成するうえでもっている力を考えると、この古い諺の妥当性はあやしくなります。真実からしてこの諺は次のように改定すべきでしょう。「棒と石があれば私の骨を折ることはできるが、悪口を言われれば私のスピリット（より大き

な自分）が折られてしまう」

「怠け者」「馬鹿」「小心者」「意地悪」「意気地なし」などと子供の悪口を言うことによって、子供のネガティブな行動パターンの溝を深くするという選択もあります。あるいは、子供の内なる強さに語りかけて彼らの名前を呼ぶことによって、決意、尊敬、友好、自信、親切、優しさなどの美徳を喚起することもできます。あるテレビのトークショーの司会者が、美徳の言葉を話す戦略についての私の話を聞いた後で、こう言ったことがありました。「子供たちが自分の本名で呼ばれたら、背を向けるなんてことは絶対にないでしょうね」

北アメリカの「第一国家」（ファースト・ネーション）の人びとは「四つの薬」について語ります。それは人間がもっている個人的な力とも言えるものです。

見る力

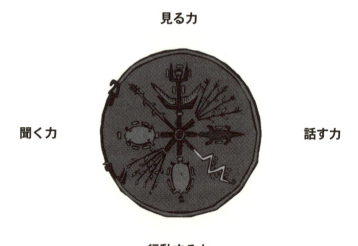

聞く力　　　　　　　　　　　　　　　　**話す力**

行動する力

人格形成の枠組みとして美徳の言葉を使うということは、言葉以上のものと関係しています。それはひとつの考え方であり、関係づけの枠組みであり、生徒の内在的な高貴さという光のなかで生徒との関係をもつという「尊敬の枠組み」でもあります。それには次のようなものがあります。

● 1 人ひとりの生徒のなかに美徳を見る。それは、ほんのかすかな可能性の輝きかもしれないし、宝石のようにきらきらと輝いているかもしれない。

● 生徒の声を聞く。私たち自身の「親切」「共感」「正義」の美徳の力を借りながら耳を傾ける能力を駆使して生徒の声を聞く。

●「情熱」「気転」「正直」「愛」「優しさ」などの美徳の力をもって話す。

● 美徳をもって行動する。生徒に身に着けてほしい美徳の模範となって行動する。たとえば、自分が犯した間違いを認め、受け入れ、そこから教訓を学ぶために、「謙虚」という美徳のお手本になる。完璧さの「鑑（かがみ）」となる必要はないが、美徳の鑑となって、自分自身の美徳を育て完成させていこうとする意思を、日々模範となって実践する必要がある。生徒たちの助けを求めることもよい。調子の悪い日には、「今日はちょっと忍耐力が不足しているみたいなので、みんなの〈手伝い〉と〈協力〉の美徳に助けてもらいたい」と言ってみる。

1 人ひとりのなかにある美徳を呼び起こす

1 人ひとりの生徒について、あなたが妥当性をもって感謝でき、楽しめる何かを発見することがきわめて重要です。子供は誰でも、自分を見た人の目がぱっと明るく輝いて、「私にはあなたが見えるよ。あなたは私にとって大切な人です」という表情を見る必要があります。遅かれ早かれ、子供、若者、大人のほとんど誰もが、自分という存在に意味があることを認めてほしいという渇望を感じるものです。美徳を認識し、その名前を挙げると、子供たちは自分自身の価値を認めて目を明るく輝かせることでしょう。

美徳の言葉の話し方

　生徒のなかにある美徳を目覚めさせ、それによって生徒のなかにある最善の資質を引き出すために言葉のもつ力を使うわけですが、それには３つの原則があります。

　●生徒が実践した美徳を承認し、賞賛すること。

　●美徳を実践するように生徒を導くこと。美徳を実践できるように準備をしてあげること。

　●生徒が我れを"忘れて"美徳を実践することができなかったとき、何か悪いことをしたり過ちを犯したとき、それを修正し、美徳を思い出させること。

承認するために美徳の言葉を話す

　美徳を承認することの目的は真の意味での自尊心を促し、美徳が見えたときには、その美徳を奨励することにあります。

優秀さと努力を承認する

　美徳の言葉を話すとき、いちばんの決まり、おそらく、もっとも重要な決まりは生徒が美徳を実践しているのを見たら、その美徳を承認することです。美徳を見たら、それを言葉にするのです。生徒が自分の美徳のひとつ、あるいは、複数の美徳が承認されるのを耳にすると、自分が実際に美徳をもっているという自覚が覚醒されます。すると、美徳に基づいて行動するのは選択であり、他の状況でもその美徳を実践する選択ができるということが分かります。

　「私にはこの美徳がある。それを選択できる。それを使うことができる」。美徳にあたる英語の"virtue"の語源はラテン語の"virtus"で、「強さ、

力、能力、エネルギー」を意味します。美徳の名前を挙げることによって、その美徳を修得する意欲が高められ、「あなたにはこの力がある。あなたのなかにあるこの力が私には見える」というメッセージが伝わります。もっと一生懸命努力すべきだ、といった教訓を述べることによって、承認の力を弱めないでください。承認するだけでよいのです。

> **ヒント**
>
> 何を？　美徳の承認。
> なぜ？　芽を出しつつある美徳を奨励し、強化するため。
> いつ？　生徒が美徳を見せたり、実践することによって"正しいこと"をしているのを見かけたとき。とくに、これまで行ったことのない難しい美徳を実践しようとしているとき。
> **例：**「ジェームズ、今日は優しく遊んでいますね。とてもやすらぎに満ちていますね」

美徳を実践しているのを見たら言葉にして表わす！

優秀な実践例

美徳のサークルの時間

エロラ・ウィットコム先生はニュージーランドのカビディ地区の代用教員です。彼女は何度も訪れるクラスについて注意深く考え、次にその教室で教えるときにはどの美徳を使うかを決めます。彼女が定期的に使っている美徳のひとつは「やすらぎ」です。朝のサークルの時間（皆が円陣をつくって座る時間）では、やすらぎとは何かということの話し合いから始めます。エロラ先生はその美徳をホワイトボードに書き、きょう１日、私はやすらぎにとくに注意をはらいますと子供たちに話します。生徒の誰かがやすらぎのなかにいるのを見たとき、先生はその美徳を承認し、その子の名前をボードに書きます。

そのうち、すべての子供の名前がボードに書かれ、名前の横に２、３チェックの印がつくことがよくあります。これは、その日ずっと子供たちがやすらぎを実践したことの証拠になります。

美徳を実行しているときに「捕まえる」

　先生、カウンセラー、管理者の人たちは、十分な識別力を発揮して観察すれば、最悪といわれる問題児のなかにも美徳を発見することができるものです。まるで炭鉱夫のようにヘルメットをかぶり、ヘッドライトをつけて宝石が埋蔵されている坑内に入っていくのです。何かが少しでも光るのが見えたら、その美徳の鉱石にヘッドライトを当てます。もっとも強烈な美徳の承認、つまり、もっとも大きなインパクトをもつ美徳の承認は、生徒にとって難しい領域で本人が実践している美徳に対して向けられるときに起こります。それは「成長」という名前の美徳です。生徒が成長の美徳において進歩を遂げているのを見たら、それがどんなにささやかな進歩であっても承認してあげてください。その美徳の名前を挙げることによって、生徒がその美徳に光を与え、輝かせる勇気を与えるのです。

ヒント

いつも攻撃的な生徒がやすらかな状態でいるときには、それを承認してください。たとえば、次のように声をかけてみましょう。

例：「ジョン、今日は素晴らしい自制心でしたね。1日ずっとやすらかでしたね」
　　　「ジョン、今日はいつもよりけんかの回数が半分でしたね。自制心を発揮してやすらかでいることに進歩が見えますよ」

グラスの半分が満たされているとみる

　ある会議で私が基調講演を行ったとき、青少年の活動コーディネーターが困った表情をして私のところにやってきました。両親と一緒に会議にやってきた若者たちのためにワークショップをやってもらえないだろうかというのでした。その部屋に入っていくと、12歳から14歳の4人の女の子たちが床に座って瞑想のふりをして笑いながら「オーム」という音を出していました。私はすぐに言いました。「どうぞ尊敬の気持ちをもってください。これは、ある宗教を信じている人たちが大切にしていることですから」。ほかの女の子たちをリードしていた子は不満げな様

子で席に戻りました。そこで、私はヴァーチューズ・ワークショップを始めました。最初の２０分間に数回、マーサは何度かほかの子たちを笑わせて、小さなグループに分かれてのプロセスから気をそらせようとしました。そのたびに、私は彼女のところに行って「これは尊敬の気持ちをもって行うべきことです」とか「どうぞ尊敬の気持ちを表わしてしてください」と囁きました。そのたびに、マーサはきちんと姿勢を正してくれました。最後にはマーサも、このプロセスにしっかりと参加し、ワークショップは最後まで何事もなく進んだのでした。

　９０分のワークショップが終わったとき、私は砂と「宝石」（色のついたガラスの玉）が入っている美しく装飾された箱を取り出しました。「皆さんが〈美徳：内なる贈物〉についてのワークショップで分かち合ってくれた情熱と正直さを承認します。今日、私が気づいた美徳を承認するために、４人の人を選びたいと思います」

　私が最初に呼んだのはマーサでした。彼女はあっけにとられた様子で、たちまち顔色は青ざめました。私は彼女の目を見ながら言いました。「マーサ、どうぞ宝石を選んでください。私はあなたの従順の美徳に対して敬意を表します。今日、私に話しかけられるたびに、あなたはすぐに従順に私の言うことに従ってくれました。ですから、あなたが宝石であることを思い出すよすがとして宝石をひとつ選んでください」。彼女は泣き出しましたが、すぐににっこりと微笑みました。

　それから私は、その日いちばん行儀のよかった子供に対しても敬意を表しました。彼女は私の質問に対していつも手を上げていましたが、ほかの子たちにチャンスをあげようとするかのように、しばしばその手を途中で下ろしていました。「私はあなたの思いやりと謙虚さに対して敬意を表します。あなたはたくさんのアイデアをもっていましたが、ほかの人たちに話す機会を譲りました」と私は彼女に言いました。彼女もまた心を動かされた様子でしたが、マーサの方がより承認を必要としていました。

　少し人心を操っている？　確かにそうかもしれません。しかし、私の意図は彼女のネガティブなポイントに心の焦点を合わせる代わりに、ポジティブなポイントを強化することだったのです。

翌日、2000人が入っている会議室のなかで、1人の少年が私を探し出してこう言いました。「ずっとあなたを探していたんです。昨夜は眠れませんでした。すごく気持ちが動揺しています」。「どうして気持ちが動揺しているのですか？」と私は聞きました。「僕は昨日、尊敬の気持ちを表わさなかったと感じたのです。僕は時々、マーサのことを笑いました。あなたが教えていることに対して尊敬の気持ちを表わさなかったのです。本当に大切なことを教えてくれたのに」。「私はあなたをゆるします。謝罪する謙虚さにお礼を言います」と私は言いました。それでも彼の表情は晴れません。「あなたが自分自身をゆるせるにはどうすればよいと思いますか？」と聞いてみました。「まず、これからはどんな先生に対してもああいうことは絶対にしません。それから、尊敬の美徳を実践するようにします」。私たちはお互いの目を見つめ合いながら、にっこりと笑ったのでした。

優秀な実践例 ⋯⋯⋯⋯⋯⋯⋯⋯⋯⋯⋯⋯⋯⋯⋯⋯⋯⋯⋯⋯⋯⋯⋯⋯⋯⋯⋯⋯

行動の現場で「捕まえる」

　カナダのブリティッシュ・コロンビア、ビクトリアのモンテッソーリ校の校長先生の話です。

　多動性障害の7歳の子供が懲罰の「タイムアウト」（内省の機会）で校長室に座らされて本を読んでいました。校長先生はその子の方を見て言いました。「アニー、本当に目的意識をもっていますね。もうかなりの時間、本を読んでいますね」。アニーの顔は驚きと喜びでぱっと明るく輝きました。彼女はいつも間違いばかり指摘されることに慣れていて、誉められたことはほとんどなかったからでした。

　その週の終わりごろに、アニーの担任の先生が校長先生のところにやってきて言いました。「校長先生、アニーにどういうことをしたのですか。彼女の集中力は毎日長くなっていますし、なんでも一生懸命にやるし、行動も落ち着いていて、もう劇的な変化です。何をしてくださったのですか」。校長先生は子供のなかに美徳を見出して承認することにどれほど大きな力があるかについて語りました。とくに、自分についてポジティブな言葉をほとんど聞くことがない子供の場合にはそうです。

　「私たちは彼女が〈できない〉子供ではなく、〈できる〉子供であることを知らせる必要があります。彼女には美徳を毎日実践する能力があると

いうことを知らせる必要があるのです。彼女がそれを実践したときには承認する必要があります」と校長先生は語っています。

美徳の言葉を具体的に使う

　美徳の言葉は具体的で、明快で、何よりも簡単に自分のなかに取り込むことができるものです。それは真の意味での自尊心を築きますが、人に同意してもらうことに依存しすぎることはありません。一般的な言葉というものは、たとえそれがポジティブな言葉であっても、それほどの効果はありません。「いい子だね」「よくやった」「よくできました」といった言葉はあまりにも抽象的で、子供はそれを自分のものとして内在化することはできません。

　このような言い方は他人を喜ばせるだけのものです。というのは、子供のどういう行為が「優秀」で、「手伝い」、「創造的」だったのかに関して具体的な情報を与えず、人に喜んでもらえたということだけが伝えられるからです。

　具体的に美徳を承認するのは、ただ漠然と誉めることとは違います。ただ漠然と誉めると罪の意識をつくり出す可能性があります。ポジティブな形であれ、ネガティブな形であれ、子供にレッテルを貼るのは役に立ちません。「あなたは親切ですね」と言う代わりに、「新入生にどの席に座ったらいいか教えてあげたのは親切でしたね。その子はみんなに歓迎されていると感じたに違いないわ」と言います。

　特定の美徳の名前を挙げることによって、いちばん深いところにある子供の人格に語りかけることができます。「目的意識」という美徳の言葉を使った方が、「いい子だね。これまでよりも長い時間、本を読んでるね」と言うよりもずっと力があります。それを聞いた子供はこう言うかもしれません。「私は目的をしっかりもっています。私はこのように行動できます。目的意識をもっています」。叡智、目的意識、親切、自制心といった美徳は誰のなかにもあるものです。言葉で承認するのはそういう美徳を意識させるひとつの方法です。

優秀な実践例

やすらぎのある教室

　ニュージーランドのパエカカリキ小学校では、バイリンガル・ユニット担当の先生たちが５歳から１２歳の子供たちに教えています。このプログラムは包括的なプログラムで、英語だけでなくマオリ語で教えることも行われています。年少の子供たちのクラスを教えているミカ・タウハラ・タミハナ先生は、子供たちによく美徳の承認をしています。先生はこう言っています。

　「ヴァーチューズ・プロジェクトを教室で使うと、とても効果があります。子供たちにとってやすらぎと調和に満ちた環境をつくるのに役立ちます。ヴァーチューズ・プロジェクトが私にもたらしてくれた最大の恩恵は私自身がやすらかな気持ちでいられることだと思います。このプロジェクトのおかげで、子供が本当に必要としているものが何なのか、どのようにそのニーズに対応するべきかが、より簡単に分かるようになりました。おかげで緊張感がなくなって楽になりました」

導きのために美徳の言葉を話す

　導きの目的は子供たちが実践する美徳のための準備をすることにあります。境界線を設定するときに導きのテクニックがよく使われます。

ポジティブな行動を招くために美徳を使う：
「～してはいけません」の代わりに「～しましょう」を使う

　私たちは子供にしてほしくないことをよく口にする傾向があります。そうすることによって、してほしくないと思っている行動にエネルギーの焦点を絞ってしまいます。「走ってはいけません」と言うと走ることを促します。「けんかしてはいけません」と言うと"けんか"にエネルギーの焦点が絞られます。「ひそひそ話をやめなさい」と言っても、子供に何をしてほしいのかについてのポジティブ（肯定的）な焦点は与えられま

せん。子供に何をしてほしいのか、そのことにエネルギーの焦点を絞った方が、ずっとポジティブな結果を得ることにつながります。「思いやりをもってください。廊下では歩いてください」と言えば、子供たちは歩くことに力を与えられます。「平和な手段でそのことを解決する必要があります」と言えば、子供のなかにある平和を望む心が呼び起こされます。「どうぞ私を見てください。そして尊敬の気持ちをもって私の言葉に耳を傾けてください」という言葉は、おしゃべりをやめなさいという命令を超越して、何が求められているのかについて、より明確でポジティブな思考を与えます。「今日の遠足でバスに長い時間乗ることになりますが、どうすれば自制心を発揮できると思いますか？　ジョン、今日はどれくらいやすらかな気持ちでいられるか試してみましょう。やすらかな気持ちでいるにはどうしたらよいと思いますか？」

　子供たちに何をしてほしいかをポジティブな言葉で説明するときに、美徳と結びつけるとより強烈なインパクトを与えることができます。そうすると子供たちの道徳的な意識や崇高な意識が呼び起こされるのです。時々、ある美徳を実践することに焦点を合わせるように依頼してみるとよいでしょう。「どうぞ手を上げて、思いやりをもって行動する準備ができていることを見せてください」

ヒント

何を？　　美徳の導き。

なぜ？　　子供が心の焦点を絞って行動をとるように。

いつ？　　子供が導きを必要としているとき。たとえば、特定の美徳が必要と
　　　　　されるような状況が起こる前。

例：今日のテストの時間は、どうぞお互いに対して思いやりをもつことを思い出
　　してください。静かにしてください。鉛筆を転がして音を出しただけでも気
　　になる人がいるのですから」

　よく理解できるように、一度にひとつの美徳にだけ心の焦点を合わせることによって、人格を形成することができると思います。

ヘイリー・スペイツ

美徳の言葉を使って修正する

　修正の目的は、生徒たちが誤った行動をとっているとき、すなわち、美徳を選択することができなかったとき、あるいは、自分自身を忘れてしまったときに美徳を思い出してもらうことです。

美徳を使って良心を育む

　導きとしての美徳は行動の前に起こります。修正としての美徳は修正を必要とする行動の後に起こります。目的は間違いを犯した生徒に恥をかかせて行動を変えさせることではありません。恥をかかせることは美徳を侵食し、心を頑なにしてしまいます。美徳の修正は子供の良心に触れ、求められている変化の道徳的な目的に目覚めさせます。

　美徳に焦点を合わせることによって修正するとき、攻撃の代わりに自己主張という美徳を実践しているのです。正義のお手本となっているのです。

　いじめを行っている子供に、「あなたは本当にいじめっ子ね。親を呼びますよ。ほかの人たちにそのようなことをするのは絶対にいけません」と言ったとすれば、それはその子供の悪口を言うことであり、レッテルを貼り、恥をかかせているだけで、しかも具体的なことは何も言っていません。

　これでは教育になりません。いじめを行っている子供に次のように言ったとしましょう。

　「ジム、やすらかな気持ちをもちましょう。怒っているときでもほかの子供たちと友達でいるにはどうすればいいでしょうか。友達だったらそういうとき、どのように行動すると思う？　ほかの人たちに対して、どういう人でありたいと思う？」。このように話すと、やすらぎ、友好といった美徳に生徒の注意を向けさせることができます。その生徒はそういう美徳をもっていると信じるからこそ、本当にそれを表わしてくれるという期待を差し出すことになります。

> **ヒント**
>
> 何を？　美徳の修正。
>
> なぜ？　いたずらをやめさせ、正義を取り戻し、良心を再建するために。
>
> いつ？　子供の行動が美徳からずれてしまったとき、改善が必要とされているとき。
>
> **例：**「あなた方２人はけんかをする代わりに、どうすればやすらかに、これを解決することができたと思いますか？」

名指しで恥をかかせる代わりに美徳を名指しする

　「怠け者」「馬鹿」「絶望的」といった人を失望させるような言葉で教室をいっぱいに満たせば、文字通り生徒たちの勇気をくじき、意気を喪失させることになります。

　「手伝う」「優秀」「同情心がある」「自制心を発揮している」「親切」「協力的」といった人を励ます言葉で教室をいっぱいにすれば、そのような行動を招き、そのような美徳に基づいた行動を奨励することになります。

　とりわけ、良いとか悪いといった価値判断の強い言葉の代わりに、美徳に焦点を絞れば、人格形成のための風潮、意味のある土壌を形成することができます。意味のある行動の１つひとつの核心には意図があります。しかも、その意図はつねに美徳のひとつを反映しています。

　　　意味のある行動の１つひとつの核心には意図があります。
　　　その意図はつねに美徳のひとつを反映しています。

美徳を名指しする

　ニュージーランドの小学校の先生が子供のときに恥をかかされた経験を話してくれました。

　「６歳のとき、文字を読むのに苦労していました。おそらく、少し失読症のきらいがあったのだと思います。先生は私や私以上に読む苦労をしていた児童たちに苛立ちを覚えていました。読めない児童の１人を教室の前に置いた椅子に立たせて、〈私は馬鹿です。私は読めません〉と言わ

せたのです。私は6歳でしたが、そのとき、先生になろうと決めました。こういうことは絶対にしない先生になろうと決めたのです」

　この先生は子供に対して強い影響力のある先生という職業に携わるという夢以上のことをしています。彼女はヴァーチューズ・プロジェクトの戦略を教えることで、ほかの先生たちのトレーニングをしているのですから。

行為者を名指しせず行為を名指しする

　学校で恥をかかされた経験のある人はなんと多いことでしょうか。学校で恥をかかされたことで勇気をくじかれ、自分は敗北者だという予言者となり、一生涯自尊心をもてずに戦い続けている人たちがなんと多いことでしょうか。屈辱を与えられた生徒は勇気をくじかれてしまいます。それに対して、美徳を名指しすることによって真の自尊心が築かれ、本当の意味での良心が培われます。断固として、尊敬の気持ちをもって、生徒には美徳を選択する能力があると信じて、生徒の行動の説明責任を求めることによって、正しい行動をとることへの招待状を送ることができます。

　誤った行動をとったからといって「恥をかかせ」「責め」「レッテルを貼る」ことは子供のためにはなりません。説明責任をとらせ、責任をもたせ、行動修正を促して、実行しなかった美徳に心の焦点を合わせれば子供のためになります。
　1人の子供がほかの子供に対して攻撃的な行動をとったとき、その状況で役に立ったであろう美徳を名指ししたあとで、それはこういう状況ではやすらぎないしは尊敬ですが、修正の行為によって正義を復活させる必要があります。

美徳を承認する方法

新入生のジョンを手伝ってあげた行動にあなたの親切が見えます。

ジョンを親切に手伝ってあげたあなたを承認します。

ジョンを手伝うことで示したあなたの親切を承認します。

新入生のジョンを手伝ってあげたのはとても親切なことでした。

新入生を手伝ってあげたのは親切なことでした。

今日、ジョンを手伝ってあげましたが、あなたは親切でした。

紙を拾ってくれたあなたの親切に感謝します。

美徳を導く方法

新入生に対して親切にしましょう。

休み時間を待っているあいだ辛抱しなければなりません。

誰かに手伝ってもらう必要があります。

紙を落としてしまいました。

美徳を修正する方法

どうかジョンに親切にしてください。からかったりせずに友達になってください。

お互いにやすらかな気持ちでいるにはどうすればよいでしょうか。

そのことを優しく言うとしたら、なんと言ったらよいでしょうか。

今これから協力してください。

承認、導き、修正には３つの要素があります。
- ●切り出し文句
- ●美徳
- ●状況

気転を利かせて行動する：
生徒の評価とフィードバックにどの美徳を使うか

　成績表などのフィードバックを与えるとき、「ポジティブなサンドイッチ」にしてあげると生徒は励まされます。承認、修正、感謝の3つのステップを使います。変化ないしは改善のための提案を2つのポジティブなメッセージの間にはさんであげるのです。成績表というフィードバックの最後をポジティブなメッセージで締めくくることによって、生徒の自尊心を助長し、失望の代わりに勇気を与えます。こうすることによって、極端なほどに正直でありながら、必要とされている修正に関して、気転を利かせて伝えることができます。

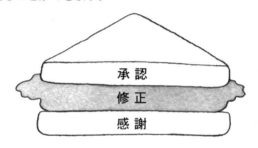

事例

エイミーの評価できる点

　思いやり、親切、優秀。

　エイミーは新入生に対して親切です。他人のことを思いやり、人のために手伝いをしてくれます。数学とつづり方で優秀さを発揮し、あらゆるテストで高得点を上げています。

エイミーの挑戦すべき点

　自己主張と創造性。

　エイミーは攻撃的な生徒に対して、より明確な境界線を設定し、必要なときには、平和パトロールに助けを求めることを学ぶ必要があります。宿題のなかには創造性を発揮して取り組むものもあるということを知る必要があります。宿題をきちんとこなしていますが、物語を書いたり絵を描いたりするときには、もっと楽しくやる必要があります。

エイミーに感謝している点

手伝いと目的意識。

エイミーは生徒にとっても先生にとっても助けになる存在です。目的意識がしっかりとしていて、脇道にそれることなくレッスンの目標にはっきりと狙いを定めて取り組んでくれます。

「美徳の鑑（かがみ）」

完璧さの鑑になる必要はありませんが、美徳の鑑ないしはお手本である必要があります。生徒に実践してほしいと思っている美徳のお手本になることです。たとえば、礼儀など。教室で騒いでいる生徒たちに静かにしてほしいのであれば、騒いでいる生徒たちに向かって怒鳴り声を上げるよりも、尊敬の心をもって静かに座っている生徒たちに焦点を合わせた方が成功の確率は高いでしょう。「アンディー、マーク、メアリー、心を静かにして座っていてくれてありがとう」と言います。

小さなグループに分かれて活動をした後で、クラス全体の注意を先生の方に向けてほしいとき、前もって決めておいた合図を使って生徒たちに注意を促すことができます。先生によっては「静粛に」ということを伝えるためにベルを使ったり、音楽を演奏したり、腕を上げ子供たちにも腕を上げさせるという方法を取り入れています。合図をした後に、「ジム、タマラ、ジェイコブ、礼儀正しく尊敬をはらってくれてありがとう。あなた方はすぐに私の方に注意を向けてくれました」と言って承認することもできます。美徳を実践している生徒やあなたが望んでいる行動をすでにとっている生徒に焦点を合わせる方が、望ましくない行動をとっている生徒に焦点を合わせるよりもずっと教育的であり、礼儀にもかなっています。

あなたという存在のあり方が発する声があまりにも大きいので、あなたが何を言っているのか聞こえません。

ラルフ・ウォルドー・エマソン

文化の変化はリーダーシップから

　先生が美徳によって誠実に生き、美徳のお手本となって生きているとき、それは言葉よりもずっと効果的です。たとえば、自分の調子が悪いと感じたときには、ユーモラスに生徒たちの忍耐と親切の美徳を発揮してくれるように依頼すれば、それは謙虚の素晴らしい模範となり、生徒たちに寛容な精神を発揮する機会を与えることになるでしょう。

　人格を上手に形成する土壌のある学校の指導者たちは、ヴァーチューズ・プロジェクトの5つの戦略のお手本となり、美徳の言葉を話し、生徒を評価するにあたって気転を利かせて、ポジティブなサンドイッチ方式を活用し、情熱、共感、正義の美徳の模範となっています。

　　あなたが惹きつけるもの、それはあなたが欲するものではなく、あなたのあり様が欲するものである。

　　　　　　　　　　　　　　　　　　　　　　　　　　作者不詳

学校の管理者に：
先生の評価をするときに感謝を含める

　気転を利かせてポジティブなサンドイッチ方式を使うアプローチは大人にも適用できます。成績を評価されるときに、先生も生徒と同じくらいポジティブなサンドイッチが必要なのです。

　気転を利かせば誰にでも、何でも話すことができます。人は自分が抱えている問題について聞かされた後に、自分の長所を美徳の言葉で正確に描写してもらえば、問題についての情報も歓迎する傾向があります。生徒の成績表のために勧めた方式と同じ方式が、先生に定期的な評価、感謝、改善のための提案をするときにも必要なのです。

活動 Activities

　美徳の言語を話し、美徳の道を歩みはじめると、生徒たちがあなたをお手本にして真似をするようになります。生徒はすぐに新しい言葉を覚えます。年少の子供はとくにそうです。それは言葉の発達において重要な時期だからです。美徳の言葉も例外ではありません。美徳の言葉を教える場合、特別なカリキュラムを組むこともできますし、すでに行われているカリキュラムに織り込むこともできます。

　次に述べる活動は広い年齢層の子供たちのために使うことができるものです。あなたが教えている年齢層の子供たちにどの活動が適切であるか、自らの判断で決めてください。

（美徳の図表）

　「今週の美徳」を図に描いてみましょう。「成功のしるし」をその要素として使います。

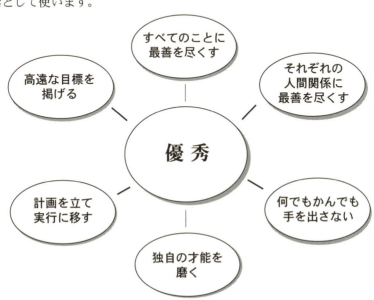

（ 美徳のロールプレイ ）

　美徳の言葉について学ぶ前の典型的な友達との交流、たとえば、けんか
の場面を生徒に描写してもらいます。そのあとで、攻撃の代わりに美徳の
言葉を使ったら、同じ状況がどのように展開するか、ロールプレイ（役割
演技）で演じてもらいます。クラス全体で、その問題を解決するにあたっ
て自己主張し、礼儀正しく、正直に、やすらぎをもって、ほかにどのよう
な言い方をすることができたか聞いてみます。

　シナリオ： 1人の子供がもう1人の子供が乗っていたブランコから彼
を押しのけてブランコに乗ったとします。先生がクラス全員に質問しま
す。「この問題を解決するために、ブランコに乗っていた子はどういう
美徳を使うことができたでしょうか？」「心がやすらかで、しかも、自
己主張したいとき、彼は何と言うことができたでしょうか？」
　クラスの子供たちは次のようなアイデアを出すかもしれません。「公
平にしようよ。僕が最初にブランコに乗っていたんだから。でも忍耐の
美徳を使って1分待ってくれれば代わるよ」

（ 美徳を名指しする ）

　2人の生徒が実際に、ある問題について美徳を使って解決したとき、そ
のことをクラス全体に聞いてみるとよいでしょう。「ターニャとフアンは
同じ本を欲しかったのだけど、言い争う代わりに美徳を使うことにしまし
た。ターニャとフアンはどのような美徳を使ったでしょうか？」

（ 秘密の友達のプロジェクト ）

　きれいに飾りつけた箱のなかにクラス全員、あるいは、グループ全員の
名前を1枚ずつのカードに書いて入れます。先生の名前も書いて入れます。
毎週、週の最初の日に、それぞれカードを引いて、その人を観察して気が
ついた美徳を書いておきます。週の最後の日に、そのカードをみんなの前
で読み上げます。

私の秘密の友達

名前：_____さんは今週、次の美徳を実行しました。

美徳	行動
親切	ある生徒が転んだとき、手を貸して助けてあげた。
手伝い	黒板を消した。
友好	たくさんの人と挨拶をした。

（ 美徳を歌に取り入れる ）

年少のクラス：クラスの美徳を "The Farmer in the Dell" に合わせて歌う。

年少および年長クラス： "I Think You're Wonderful" の歌で "wonderful" を美徳に代えて歌う。

"Love is Like a Magic Penny" の歌を "Love" を美徳に代えて歌う。数回歌って、いろいろな美徳を織り込む。

年長クラス： "Oh, When We Act with Love and Tact" を "When the Saints Come Marching In" の節で歌う。

（ 美徳のゲーム ）

>>> フルーツサラダ <<<

目的：身体全体を動かしながら、生徒の生活体験と結びつけて美徳の言葉を教える。このゲームはクラスでも使うことができるし、学校全体で行うこともできる。

重要なポイント： このゲームは幼児、中学生、大人と広い年齢層で使われています。非常に元気が出るゲームで楽しいものです。グループが大きければ大きいほど楽しくなりますが、小さなグループでもだいじょうぶです。皆が椅子取りをするゲームです。

準備するもの： ５２の美徳が書かれたポスター（「 部、P428参照）、あるいは、個々の美徳のポスターを部屋中に貼っておく。

部屋の準備： 円の真ん中にいるリーダーを除いて、すべての人のために椅子を用意します。隙間がないくらいに並んで立って円形になってもできます。

1. リーダーを１人選び、リーダーは円の中心に立ち、ほかの人は円を描いて立つか椅子に座ります。大きな円でもできますし（より活発になります）、６、７人でもできます。

2. 境界線を設定します。生徒たちにこのゲームの境界線は誠実と正直の美徳を実行することであると言います。
「リーダーが美徳の名前を言いますが、それはあなたが今日、実践した美徳であったならば、必ず椅子（場所）を離れなければなりません。それから、椅子に戻りますが同じ椅子（場所）に戻ることはできません。リーダーが読み上げた美徳を、その日、実行していなかったならば、正直に今いる椅子（場所）にそのまま座っています。椅子（場所）を離れた人で戻る椅子（場所）が見つからなかった人は次のリーダーになります。グループ全体に向かって、大きな声で次のことを言います。１）その美徳を今日どのように実行したか。２）新しい美徳を考えてこう言います。〈今日、_____の美徳を実行した人は？〉」
それから素早く自分の椅子（場所）を探して座ります。

3. 最初にリーダーに選ばれた人が言います。
「今日、母が弟妹のお弁当を作るのを助けて、手伝いの美徳を実

行しました。今日、＿＿＿＿＿＿の美徳を実行した人は？」

みんなが大騒ぎで席を探したあとに、椅子に座ることができなかった人（場所が見つからなかった人）は、この美徳をどのように実行したかを話します。

それから、その人がリーダーになって「今日、＿＿＿＿＿＿の美徳を実行した人は？」と別な美徳の名前を挙げて言います。

>>> **美徳の車**（幸運の車をヒントにして）<<<

準備するもの：オーバーヘッド・プロジェクター（OHP）、ホワイトボードなど。

ゲームの方法：文字をいくつか見せて、美徳の言葉を当ててもらう。テレビ番組の「幸運の車」に倣ったゲーム。

＿＿ミッ ＿＿ ＿＿ ＿＿ ト　（例：コミットメント）

それから生徒に美徳に使われている文字を言ってもらい、それが前もって選んだ美徳の一部であれば、それを書き込んでいく。生徒がコ、メ、ク、と言ったとすれば２つは含まれているので次のようになります。

コミッ ＿＿ メ ＿＿ ト

その美徳の定義を言えた生徒、あるいは、その美徳の具体的な例となるような行動を言えた生徒にはボーナスポイントをあげます。

重要なポイント：ある特定の美徳において進歩を見せた生徒を承認するとよいでしょう。たとえば、優しさの美徳が苦手だった生徒が、ほんの少しでも進歩を見せたときには、それを承認するのです。そのような生徒は自尊心を涵養することをとくに必要としています。問題を抱えた生徒だけでなく、自信のある優秀な生徒を承認することも重要です。そうすることによって、承認のシステムにバランスが生まれるようにします。

>>> 美徳のジオパディー（ジオパディーはテレビのクイズ番組）<<<

ゲームの方法：本書、「部でそれぞれの美徳が説明されていますが、それに基づいて「答」をつくります。
答　「出会うすべての人、すべてのものを大切に思う」。生徒に正しい質問をさせる。たとえば、「親切とは何ですか？」

重要なポイント：文学的な質問と美徳の質問を混ぜることもできます。
例　カテゴリー：小公女。
答　「キャリアを追求するために、勇気と自己主張を用いた姉妹」
質問　「ベスはどういう人でしたか？」

>>> 美徳のジェスチャー <<<

黒板ないしはポスターに書かれた美徳のひとつをパントマイムで表現するゲームです。

（ 名指しで恥をかかせる代わりに美徳を名指しする ）

目的：言葉がもつ力を自覚させる。言葉は人を傷つけることもできれば、お互いを助け合うために使うこともできるということを理解させる。

必要な時間：２０分から３０分。

用意するもの：黒板とチョークかフリップチャート（大きな模造紙を数枚束ねてめくれるようにしたもの）、マーカーペン。

ゲームの方法：このゲームを行うときには黒板に「名指しで恥をかかせる代わりに美徳を名指しする」と書き、言葉の力について話をして雰囲気づくりをします。黒板に適当な名言を書くのもいいでしょう。たとえば、「棒と石があれば私の骨を折ることはできるが、悪口を言われれば私のスピリット（より大きな自分）が折られてしまう」など。言葉のも

つ力について、生徒の考えを聞いてみるといいでしょう。人が自分について使う言葉の違いで、自分の感じ方がどう変わるかについて意見を聞いてみてもいいでしょう。

境界線を設定する：何もコメントをせずにお互いの話を聞くことによって尊敬を示します。それぞれの人が言うことに対して尊敬を示します。それから、正直に勇気をもって自分自身の体験を話します。

手順：黒板またはフリップチャートに５つの縦の空欄をつくります。下記の図に倣ってそれぞれの空欄に名前をつけます。生徒に理解させ、ゲームにうまく引き込むため、先生自身が生徒の時代につけられた感じのよくないレッテルやあだ名の話から始めるとよいでしょう。そのとき、どのように感じたかを生徒たちに正直に話すことによって、生徒が自分の体験を話しても安全だという雰囲気が生まれます。

　１番目の空欄にどういうレッテルで呼ばれたかを書き、２番目の空欄にそう呼ばれてどう感じたか、なぜ、そのように感じたかを書きます。あなたをそういうレッテルで呼んだ人は、そうする代わりにどのような美徳を使うことができたか生徒に聞いてみましょう。その美徳の言葉を使ってもらったら、あなたはどのように感じたと思われるか聞いてみます。

名指しで恥をかかせる代わりに美徳を名指しする
悪口の代わりに美徳

悪口	どう感じるか	その理由	美徳	どう感じるか

オプション：生徒を２、３人のグループに分けます。それぞれのグループで、どのようなレッテルを貼られたことがあるか、そのレッテルを貼られてどのように感じたかを分かち合います。あるいは、このプロセスをクラス全体で行うことも可能です。その場合には前ページの表を黒板に書きます。

1. パートナー、あるいは、グループ全体とあなたがこれまでほか の人たちによってつけられたネガティブ（否定的）なレッテル、悪口について分かち合います。
2. そういう名前で呼ばれたとき、あなたはどう感じましたか？
3. ほかの人たちが、なぜ、あなたをそういう名前で呼んだのか考えられる理由を挙げてみます。
   ・あなたにいらいらさせられた。
   ・あなたがぐずぐずしていると感じた。
   ・あなたの注意をひこうとしただけだった。
   ・あなたに意地悪をされたと感じた。
   ・とくに理由はなく、あなたを侮辱したなど。

　５人の生徒にレッテルの例を挙げてもらいましょう。（"まぬけ""役立たず""嫌なやつ"など）。そのようなレッテルを１つひとつ書いていきます。

　オプション：生徒の実体験について聞くことは有用ですが、汚らわしい言葉は含めないという境界線を設けることもできます。

　２番目の空欄に「悪口」の例を進んで発表してくれた生徒の１人ひとりに、そのようなレッテルを貼られて呼ばれたときに、どのように感じたか聞いて書きましょう。ほかの人たちがなぜそのような言葉を使ったのか、考えられる理由を聞いてみます。それを３番目の空欄に書き込みます。あなた自身の体験を例に挙げて説明することから始めるといいでしょう。「バスケットをやっていたんだけれど、何度もシュートをはずしてね」。悪口はとくに何の理由もなく、ただ侮辱するために言われることもあるということを説明してあげてください。

4番目の空欄はネガティブなレッテルを貼る代わりに、どのような美徳の言葉を使うことができたか、グループ全体に聞いてみましょう。"自分を助け起こしてくれてた"かもしれない言葉があったとすれば、それは何だったか聞いてみます。美徳に心の焦点を合わせる助けになったであろう言葉は何かを聞いてみます。たとえば、バスケットでシュートをはずしたときには「決意の美徳を使いなさい」。それを4番目の空欄に書き込みます。

コミットする：クラス全体に聞いてみます。「お互いを侮辱したり、お互いの勇気をくじく言葉を使ったり、お互いを困らせるような言葉を使う代わりに、お互いを高め合うような美徳の言葉を使ったら、私たちの学校はどのように変わると思いますか？」。きょう1日、あるいは、今週ずっと、励ます言葉だけを使うことにコミットする気持ちのある生徒に手を上げてもらいます。

締めくくりの質問：「このレッスンであなたが学んだいちばん大切なことは何ですか？」「このレッスンでいちばんありがたいと思ったことは何ですか？」

美徳の承認をする：「アン、自分の体験を話してくれた勇気を承認します」「ポール、難しい状況のなかで、完璧な美徳を発揮したのは優秀の美徳のお手本です」「クラスの皆さん、今日、励ます言葉だけを使うことに同意してくれたことに尊敬を表わします。私たちの学校は今日から変わるでしょう」

重要なポイント：美徳を承認するときは控えめにしましょう。多くとも3つか4つまでにします。尊敬の美徳を教えるときに、このレッスンをするといいでしょう。

オプション：「名指しで恥をかかせる代わりに美徳を名指しする」のレッスンの終わりに "I Think You're Wonderful" "Home On the Range" などの歌をうたうのもいいでしょう。

Home, home in our school
Where we practice Respect every day
Where never is heard a discouraging word,
When we study, work, and play.

我が家，我が家，我が学校
毎日，尊敬を実行するところ
勇気をくじく言葉は決して使わないところ
私たちが学び，仕事をし，遊ぶときに。

　このような感じで、「今週の美徳」に基づいて自由に歌を作ってみましょう（"参考資料" P430参照）。

　　言葉は人を傷つけることもできれば、お互いを助け合うために使うこともできる。

優秀な実践例
美徳賞
　ベッツィー・ライドル・スミス先生はアメリカ、ワシントン州のベルヴューの中学１年生と一緒に次の活動を行いました。

　教室のなかにきれいに飾りつけた靴の箱を置いておく。生徒はクラスメイトが実行している美徳に気づいたら、それを紙に書いて美徳賞に指名する。その美徳がどのように実行されたのかも書いて、その紙を靴箱のなかに入れる。各週の終わりに担任の先生が指名者のなかから３、４人を選んで、生徒の名前、クラス名、担任の先生の名前、日付と「あなたが＿＿＿＿＿の美徳を実践していることをここに表彰します」という言葉が書いてある賞状を授与する。

　１年間にすべての生徒が１、２回表彰を受けるようにする。この活動のためには「美徳証明書」（P63参照）を使うといいでしょう。ベッツィー先生は「生徒はこのゲームが大好きでした」と語っています。

学校全体での活動　School-wide Activities

(「今週の美徳」プロジェクト)

学校の全校集会で「今週の美徳」を紹介する

● 「今週の美徳」の確言（言葉）、「成功のしるし」を大きな紙に書いたものを作る。

● 本書の「 部にある「次の状況では美徳をどのように表現しますか」のシナリオを基にして「寸劇」をつくる。

● 美徳に関係のある歌をうたう。あるいは、ポピュラーな歌に美徳を織り込んでうたう。

● 美徳の確言を一緒に唱和する。

● 「今週の美徳」に関して特定の生徒を承認する。生徒が実際にどのようにその美徳を実践したか具体例を挙げて説明しながら、「美徳証明書」を読み上げる。美徳を承認するときには、その生徒に立ってもらう。承認された生徒は「美徳証明書」を家に持って帰ってもよい。

● その週の最後の全校集会で、ひとつのクラス、あるいは、１人の生徒に次の週の美徳を選んでもらう。

〈寸劇〉

多くの学校で、全校集会やクラスで生徒による寸劇を放送しています。多くの場合、高学年のクラスが低学年の生徒たちのために寸劇を演じています。高学年のクラスは交代で、毎朝、放送で寸劇を演じることも可能です。あるいは、全校集会で行うのもいいでしょう。それぞれの美徳のペー

ジにある「次の状況では美徳をどのように表現しますか」のシナリオを基にしてロールプレイ（役割演技）を行ってみるとよいでしょう。

〈毎日読む〉

毎朝、１人の生徒がその週に選ばれた美徳の項目を読みます。学校のなかには全校集会で、あるいは、放送を通して毎日美徳のページの文章を読んでいるところもあります。

月曜日：美徳とは
火曜日：美徳の実践理由
水曜日：美徳の実践法
木曜日：成功のしるし
金曜日：確言

〈静かな時間 —— 美徳の朝〉

学校によっては美徳の項目を読んだ後に、学校全体で１分間、静かな時間をもって、読み上げられた美徳に心の焦点を合わせているところもあります。

〈毎日、美徳の確言に心の焦点を合わせる〉

毎日のはじまりに、美徳の確言を皆で声を出して読みます。確言を教室の壁に貼っておいたり、全校集会の際にはOHP（オーバーヘッド・プロジェクター）で映したり、大きなポスターにして見せるとよいでしょう。

〈グループディスカッション〉

美徳についての説明を読んだ後、あるいは、寸劇の後、あるいは、正規の授業の合間に、生徒たちが静かな時間を過ごす準備ができていると思われるとき、生徒にそれぞれの体験を話す機会を設けるとよいでしょう。

美徳を使わずに扱われたときの体験、美徳を使って扱われたときの体験を生徒に分かち合ってもらいます。たとえば、寛容の美徳が示されなかったときと寛容の美徳が示されたときの体験について。

注意：ディスカッションをはじめる前に、人の名前は出さないようにするという境界線を設定します。このプロセスを行うときに、人の悪口を言うことは避けなければなりません。

〈美徳のラップ〉

「今週の美徳」について、クラスでラップソングを作って、全校集会で歌います。

〈コンピューターに表示する〉

学校でコンピューターシステムが整備されている場合には、「今週の美徳」からの名言をスクリーンセーヴァーに書き込み、誰かがコンピューターを使うたびに、その言葉が表示されるようにしておきます。

〈廊下に美徳の旗やポスターを貼る〉

校舎の中心部の廊下に「今週の美徳」のバナー（三角旗）を貼ります。たとえば、「私たちの学校（スカウト、キャンプなど）は平和地帯です：私たちは力に対する愛を放棄し、愛の力で行動します」。あるいは、「誠実：私たちは言葉で言うことを実行します」

教室用のポスターはもっと詳しく書かれたものを生徒に作ってもらうのもいいでしょう。それぞれの美徳の「成功のしるし」、「ポスター用語」も入れてポスターを作ります。先生のなかには「今週の美徳」についてのポスターを作って教室に残している人もいます。

〈美徳の掲示板〉

地域社会のなかには、地元の会社や商店街も参加して「今週の美徳」キャンペーンを行っているところもあります。「今週の美徳」を1行で定義したポスターを作り、商店や銀行、バスの車体などに掲示してもらうように手配します。

章のまとめ

美徳の言葉を話す

✔ 美徳を見たら承認する。とくに、芽を出しはじめた成長期の美徳を承認する。

✔ 生徒が美徳を必要としていると感じたときに、美徳を実践するよう生徒を導く。

✔ 間違った行動を修正するときには関係のある美徳の名前を挙げる。名指しで恥をかかせる代わりに美徳を名指しする。

✔ してはいけないことに心の焦点を合わせる代わりに、してほしいことに心の焦点を合わせる。

✔ 美徳の言葉を使うときは具体的に使う。

✔ 行為者ではなく行為を名指しする。

✔ 生徒や先生を評価するときには気転を利かせる。ポジティブなサンドイッチをつくる。

✔ 美徳を通常のカリキュラムに取り入れるときはマルチ感覚で、ゲームや歌、特別な活動を通して行う。

✔ 「今週の美徳」プロジェクトを実践する。

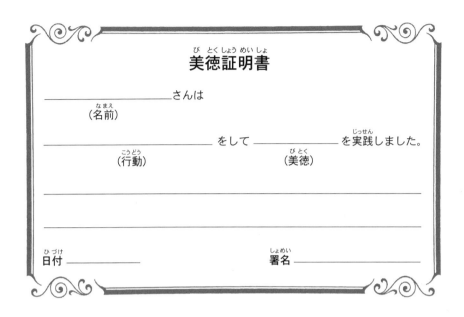

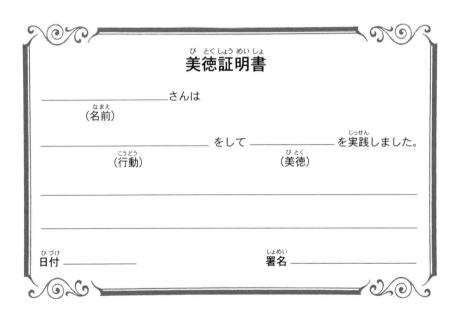

Permission is granted by Jalmar Press to copy this page from The Virtues Project Educator's Guide ©for classroom use only.

65

ハグノート　ハギングしよう！

名前 ＿＿＿＿＿＿＿＿＿＿＿＿＿ さん

成長中の美徳 ＿＿＿＿＿＿＿＿＿＿＿＿＿＿＿＿＿＿＿＿＿＿＿＿＿

具体的な行動 ＿＿＿＿＿＿＿＿＿＿＿＿＿＿＿＿＿＿＿＿＿＿＿＿＿

よく実践されている美徳 ＿＿＿＿＿＿＿＿＿＿＿＿＿＿＿＿＿＿＿

具体的な行動 ＿＿＿＿＿＿＿＿＿＿＿＿＿＿＿＿＿＿＿＿＿＿＿＿＿

署名 ＿＿＿＿＿＿＿＿＿＿＿＿＿＿

ハグノート　ハギングしよう！

名前 ＿＿＿＿＿＿＿＿＿＿＿＿＿ さん

成長中の美徳 ＿＿＿＿＿＿＿＿＿＿＿＿＿＿＿＿＿＿＿＿＿＿＿＿＿

具体的な行動 ＿＿＿＿＿＿＿＿＿＿＿＿＿＿＿＿＿＿＿＿＿＿＿＿＿

よく実践されている美徳 ＿＿＿＿＿＿＿＿＿＿＿＿＿＿＿＿＿＿＿

具体的な行動 ＿＿＿＿＿＿＿＿＿＿＿＿＿＿＿＿＿＿＿＿＿＿＿＿＿

署名 ＿＿＿＿＿＿＿＿＿＿＿＿＿＿

Permission is granted by Jalmar Press to copy this page from The Virtues Project Educator's Guide © for classroom use only.

Recognize
Teachable
Moments

第 2 章

教えに最適な瞬間を認識する

人生は私たちのレッスンを学ぶためにある。

トリンギット・エルダー

教訓を探す

　毎日、授業中や昼食を食べているとき、校庭にいるときにも教えるのに最適な瞬間があります。教えに最適な瞬間とは、生徒たちが美徳をマスターすることができるように力を貸すことができる瞬間です。次に挙げることの意味を理解する手助けができる瞬間です。

- 何を学んでいるのか。
- 何をしているのか。
- ほかの子供たちとどのように関わっているか。

　意味の核心には、つまり、私たちが何かをする理由の核心には、つねにひとつの美徳があります。生徒には人格形成のための特別なカリキュラムというものは必ずしも必要ではありません。実際の話、美徳についての学びは日常生活のなかで起こるのがいちばん望ましいのです。美徳は人とのつきあい方を発展させるための最高の道具です。というのは、美徳は人が他人とうまくつきあっていかなければならない理由そのものを表わしているからです。親切にすること、いたわること、良い友達になること、尊敬の気持ちをもつことなどなど。

> **ヒント**
> 歴史、文学、その他の教科のなかに、美徳の教えに最適な瞬間を見つけてはどうでしょうか。

教えている教科に関して美徳志向の質問をしてみます

「いま読んだ歴史的な出来事のなかで、どんな美徳があるのに気づきましたか？」

この本の主人公についてどんな美徳に気づきましたか？」

「彼女（主人公）の行動に対する勇気は何によって与えられたと思いますか？」

「主人公はあそこで逃げましたが、逃げる代わりに何をすることができたでしょうか？　あるいは何を言うことができたでしょうか？」

「それを実行するのに、どの美徳が役に立ったと思いますか？」

　かなり幼い子供たちでも物語のなかにある美徳を識別することができます。たとえば、次のように質問してみます。「ピーター・ラビットのどういう美徳を承認しますか？」「ピーターはどういう美徳を呼び起こす必要がありますか？」「マザー・ラビットはどのような美徳をもっていますか？」「ピーターにとって教えに最適な瞬間はいつでしたか？」「彼はどういう美徳を学ぶ必要がありましたか？」

　子供たちに登場人物の役割を演じてもらいお互いに美徳を承認し、教えに最適な瞬間に修正を行うこともできます。

　　知性プラス人格、それこそが真の教育の目標です。

　　　　　　　　　　　　　　　マーティン・ルーサー・キング・ジュニア

教訓と個人的なつながりをもたせる

　話に聞いたり、読んだりする登場人物の人生のなかにある、教えに最適な瞬間を生徒たち自身の体験と結びつけて考えるように導くと教訓の価値はさらに増します。次のような質問をすると役に立つでしょう。

●あなたは、いつ、これと似た体験をしましたか？
●そのとき、どういう美徳が必要だったと思いますか？
●あなたの人生のなかで勇気を体験したのはどんなときですか？

行動の意味の理解をサポートする

　教えに最適な瞬間を認識する方法は、美徳の言葉を話す方法と密接につながっています。それは人生をひとつのプロセスとするものであり、私たちの1人ひとりが一生学び続ける人間であるとするものです。生徒が学校で学ぶもっとも重要なレッスンのなかには教科の枠を超えたものもあります。教えに最適な瞬間とは自覚の瞬間です。いま起こっていることの意味を自覚し、その体験の核心にある美徳を自覚することです。それは質問をする最適な瞬間です。

　——何が起こったのですか？——このことから何を学ぶことができますか？——どの美徳を実践する必要がありますか？

　教えに最適な瞬間を認識するということは、毎日起こることは人格を形成するための試験であるという展望をもつことです。美徳は人格の中身であり、教えに最適な瞬間は美徳を形成するための「授業計画」です。恐れているときでも何かを実践すると勇気が育まれます。困難な仕事に最善を尽くすとき、優秀の美徳が涵養されます。間違いを認めてそれを正すとき、責任、ゆるし、決意の美徳が育まれます。教えに最適な瞬間に美徳について語ることによって、私たちの内在的な資質をマスターするための刺激が与えられ、行動に意味が与えられるのです。

　普通は攻撃的な子供がやすらかな気持ちで行動しているとき、それは教えに最適な瞬間であり、その子供のやすらかなあり方を承認するべき瞬間です。そのように承認されると、子供は自分にとって困難な美徳が成長を遂げつつあるという自覚を高めることができます。「マルコム、休み時間の間、とてもやすらかな感じだったね」と承認します。同じ子供がやすらかなあり方を忘れて攻撃的な行動をとっているとき、それもまた教えに最適な瞬間です。やすらかに行動することを思い出させるべき瞬間です。「どうすればやすらかに友達の注意を引くことができると思う？」と聞いてみるのです。

ヒント

教えに最適な瞬間に気づくには２つの方法があります。
1. 獲得しようとする努力を承認する。
2. 必要とされている美徳に対する説明責任があることを生徒に思い出させる。

　美徳は人格の中身であり、教えに最適な瞬間は美徳を形成するための「授業計画」です。

障害物を踏み台に変える

　先生が美徳という観点から状況を認識し、尊敬をはらいながら子供がその美徳を呼び起こすようにすると、内在的な強さに対する子供たちの自覚が非常に高められます。正しいことをする選択のなかで子供たちの自尊心が高まっていきます。毎日起こる、教えに最適な瞬間を最大限に活用することによって子供の士気が高められます。というのは、そうすることによって間違いを犯したときの痛みを取り除くことができるからです。人生において厳しい挑戦を受けているとき、それは美徳に磨きをかける最高の機会です。時として失敗は最高の先生になるものです。

　「成長期にある美徳」に焦点を絞って生徒を積極的に励ますと、生徒にとって困難な領域において改善を遂げるのに役立ちます。そうすることによって、その生徒がよくやっていることに注意が向けられます。美徳を育てるために非常な努力をしていると感じたら、その子の家に「美徳証明書」や「ハグノート」を送ってあげましょう（P63, 65参照）。

　自分をコントロールすることができず、授業中におしゃべりをしすぎる子供が比較的静かな日には、その子供が自制心を発揮しているときをとらえて、美徳の達成のために励ますとよいでしょう。「ジェーン、今日はあなたが自制心を発揮しているのが分かりましたよ。よく注意して聞いていましたね」

　ひとつの善行を施したいという気持ちを生徒に起こさせる先生は、多く

の植物の名前と形態を分類して暗記させることに成功した先生よりも偉大なことを達成している。

ゲーテ

説教する人ではなく教える人になる

　たいていの先生が直面する最大の難問は生徒のしつけの問題です。教えることができる環境をつくるためには生徒に行儀よくするようにしつけなければなりません。行動に問題がある少数の生徒とそうではない大多数の生徒に対する注意の均衡をどのように保つことができるでしょうか。生徒に説教をして恥をかかせて適切な行動をとらせるというのは陥りがちなパターンです。これは長年にわたって行われてきた慣行です。しかしながら、説教をして罪の意識をもたせるという方法の効果は長続きしません。相手をとがめるために美徳の言葉を使わないことが、とくに重要です。たとえば、「あなたはどうしてもっと静かにできないのですか？」というような言い方です。これは恥をかかせる言い方です。これよりもずっと効果的な方法は、子供がもっている美徳、たとえば、自制心、尊敬、協力の精神に語りかけることです。「どうすれば、あなたは静かにしていることができると思いますか？」という言い方は生徒に対して尊敬をはらった言い方であり、美徳の言葉に敬意をはらった言い方です。

　先生が生徒に与えることができる最大の贈り物のひとつは、生徒のなかにある最高の資質を引き出そうとコミットすることです。子供が間違った行動をとったとき、何かを忘れたとき、適切に尊敬をはらわなかったとき、そういうときを教えに最適な瞬間と見なして、生徒にインスピレーションを与えて美徳を呼び起こすようにすれば、すべてが変わります。たいていの場合、生徒の抵抗は溶けてなくなります。生徒の内部にある何かがあなたが挙げた美徳に共鳴するのです。たとえば、1人の生徒の机が乱雑に散らかっているのに気づいたとき、それを教えに最適な瞬間として活用するのです。それを批判する代わりに、「どうすれば机を整理整頓できると思いますか？」と聞いてみるのです。

「何の美徳が必要ですか？」と聞かれると生徒は教えに最適な瞬間を認識しやすくなります。勉強で壁にぶつかっているときであれ、行動を変える必要に迫られているときであれ、同じことが言えます。たとえば、生徒がいらいらしていたら、「あなたは今日、どのような美徳が必要ですか？」と聞いてみます。そして「私に何かできることがありますか？」と聞いてみるのです。

　美徳がさまざまな形で目に見えるようにしておくと役立ちます。たとえば、美徳の一覧表をポスターにしたり、1つひとつの美徳をカラフルなポスターにするのもいいでしょう。

> **ヒント**
> 教えに最適な瞬間を認識することは、必要とされている美徳に行動の焦点を絞るためのひとつの方法です。生徒が受け入れられないような行動をとっているときには、気転を利かせて美徳を思い出させるか、何の美徳を必要としているか聞いてみます。
> **例：** 攻撃している生徒に対して「優しさを思い出しましょう」
> 　　　ぼやっとしている生徒に対して「エイモス、集中しましょう。目的意識をしっかりもってください」と言って美徳を喚起します。

優秀な実践例 ··

あなたはどの美徳を忘れたのですか？

　レイ・タフツ氏はアメリカ、ワシントン州のレントンにあるオルター
ナティブ・スクール（別の選択肢としての学校）の副校長をしていまし
た。この学校は非常に危険性の高い生徒が集まっていて、多くはほかの
学校で退学処分を受け、なかには犯罪歴のある生徒もいました。レイ先
生は教えるのに最適な瞬間を認識することによって、生徒が懲罰を受け
るときに、恥をかかされたと感じることがなくなったと言っています。
彼は５２の美徳が書いてあるポスターを各教室に貼り、自分の部屋にも
貼っておきました。

　生徒が罰を受けるために彼の部屋に送られてくると、彼はまず、その
生徒の観点から何があったのか話してもらい耳を傾けます。話が終わっ
た後で、美徳のポスターの方を指差して次のような質問をします。「君は
どの美徳を忘れたのですか？」「どの美徳を使えば君が正しい行動をとる
助けになったと思いますか？」。生徒がひとつないしはふたつの美徳を挙
げます。そこで、レイ先生は償いをする提案をし、さらに質問します。
「これらの美徳を使って、どのようにこの状況を修正することができると
思いますか？　それは具体的にどのような形になりますか？」。生徒は教
えに最適な瞬間を認識し、恥をかかされたと感じる代わりに、励まされ
たと感じて部屋を出て行きます。

　レイ先生はこう語っています。「公立学校は境界線を設定する方法は知
っています。しかし、適切な結果がどうすれば出るのか、その方法は知
りません。そこで設定されている境界線に効果がないことは明らかです。
生徒の行動は変わらないのですから。問題を〈教えに最適な瞬間〉とし
て活用していないのです。たとえば、信じられないことですが、非行の
処罰として停学処分を行っているのです。それは生徒に何を教えるでし
ょうか。１週間休みたかったら非行に走ればいい！　生徒の話をじっく
り聞くというのは時間がかかります。しかし、そうすると生徒は先生が
自分たちの道徳的な発達を大切に考えているということを感じます。非
行というのは美徳を忘れたということであって、非行に走った生徒に美

徳が欠けているわけではないということを理解してくれます。実践すべき美徳が分かれば、行動を変えることができます。ですから、次に同じような状況に置かれたときに成功することができるわけです。生徒が先生を失望させたくないと思うようなサポート精神がいっぱいの環境をつくることが大切だと思います」

どんな状況でも、危機が加速するか、それとも減速するか、生徒がより人間的な方向に向かうか、それとも非人間的な方向に走るか、それを決定するのは私がどう反応するかにかかっている。

ハイム・ジノット

生徒が先生を失望させたくないと思うようなサポート精神がいっぱいの環境をつくることが大切だと思います。

レッテルではなく美徳を使う

宿題をいつも提出しない生徒が宿題をきちんと提出したとき、恥をかかせるような言い方をしてしまうというのはありがちなことです。そんな生徒に対して、先生はこんな言い方をしてしまうかもしれません。「1日遅れの常習さん。やっと宿題を思い出すようになったか」。そういう言い方をする代わりに、生徒が達成した美徳を承認する機会にすることもできます。「ニキ、すぐれた信頼性ですね。宿題をきちんと期限内に提出できましたね」

教えに最適な瞬間に美徳の言葉を話すことによって、生徒が実践した美徳を強化し、実践したことの意味を生徒に深く印象づけることができます。その意味とは生徒の信頼性、自制心、従順さにあります。これらの美徳を実践することによって、宿題を期限内に提出することができたのです。

このアプローチの価値は教室内での生徒の行動を管理できるだけでなく、それよりもはるかに大きなものがあります。生徒にインスピレーシ

ョンを与え、生徒が自分のなかにある贈り物（才能）に基づいて行動することを促進してくれるのです。

美徳のバランスがとれるように援助する

生徒のひとつの美徳がしっかりと確立されているとき、補足的な美徳とのバランスをとる必要があるかもしれません。

たとえば、ある生徒が先生に対して非常に協力的であったとしても、過剰な"先生のお気に入り"的な行動を強化するべきではありません。この種の行動は、その生徒をほかの生徒から孤立させ、人の歓心をかう行動です。このような状況では気転を利かせて、その生徒が手伝ってくれたことを承認し、ほかの生徒たちとも親しくし、ほかの生徒に先生を手伝う機会をあげるように導くとよいでしょう。そのような生徒が他の生徒たちにも協力の手を差しのべているのを見かけたならば、それは美徳を承認するべきときです。「あなたは今日、友好的ですね」と言うことによって、その子供が必要としているバランス感覚を涵養することができます。

優秀な実践例
名前を変えて枠組みを変える

ジョイス・ボイキン先生はソロモン諸島で小学校の先生をしています。彼女は児童の性格を人格の美徳の枠組みのなかで考えさせることによって、変容を起こしました。彼女は"気転を利かせる"先生のお手本です。

ソロモン諸島の文化において子供は「大人の前では行儀をよくして、意見を言うべきではない」というようにしつけられています。ですから、子供たちは教室のなかでも内気で静かにしています。ジョイス先生は児童が自分の意見をきちんと主張するようになってほしいと思いました。そこで生徒たちを「内気だ」といって恥をかかせる代わりに、やすらぎを愛し従順であることを承認し、それから、自己主張、自信といった比較的未発達な美徳を呼び起こすことに努めたのです。

美徳という考えを陳腐で時代遅れの考えであるかのように感じさせないために、深いところで自分自身と接触し、お互いの琴線に触れる必要があります。

　基本的な質問は「私たちはいったいどういう存在なのか？」「なぜ今ここに存在しているのか？」ということです。

アン・ボック

名前をつけなおして枠組みを変えるための４つのステップ

1．問題行動に悩まされている生徒のことを考える。
2．彼らの基本的な人格性向をひとつの美徳という名前に変えて考えてみる（例：頑固＝固い決意。口答え＝正直）。
3．その生徒たちに実践してほしい美徳を識別する。
4．それをポジティブ（肯定的）な文章で表現する。

例：活発で落ち着きのない生徒に対して「エノック、あなたにはたくさんの情熱があります。今は目的意識をしっかりもって、読むことに集中しましょう」

　口答えをする傾向のある生徒に対して「マリア、意見を正直に言ってくれてありがたいと思います。さらに意見を尊敬の気持ちを表わしながら礼儀正しく表現するにはどのような言い方をしたらいいですか？」

良心を破壊する人ではなく良心を築く人になる

　美徳志向の教育者の目標のひとつは生徒が強固な良心を形成する手助けをすることにあります。良心とは人格の調整機です。私たちが正しい行動をとるように導き、間違った行動をとることに対して警告してくれる静かで小さな声です。人格を形成するために懲罰を与えるアプローチは世界中の学校で、これまでずっと行われてきた方法ですが、それは次のような結果をもたらしました。

●**権威**に対する怖れ。

- 歓心をかおうとするあり方。
- 反抗。
- 罪の意識。

　今日の多くの若者は"捕まりさえしなければ"何をやってもよいと信じています。私たちは道徳的な意味で泥沼にはまる危険の真只中にいます。多くの若者たちが正直、誠実、信頼性、その他の美徳を実践することによって、自分の行動に対して責任をとることの重要性が把握できないでいるのですから。権威の力をあまりにも前面に出している学校では、生徒は極端に受動的になり、そういう環境で成功できるのはしっかりとした自信のある生徒だけです。

恥をかかせれば優秀の美徳は妨害される

　アメリカ、カナダ、オーストラリアの第一国家（ファースト・ネーション）の先住民の子供たちは、1900年代の初頭、家族から切り離されて寄宿舎のある学校に強制的に入れられました。そこでのしつけは非常に厳しく、カナダのツリンゲト国のメンバーであるシャルロッテによれば、「首尾一貫して平凡になることを学びました。目立たないようにするためです。自分に注意をひきつけたくなかったのです。ですから、勉強もできすぎず落第せず、というレベルをできるだけ保つようにしました。もちろん、それは、インディアンは知的に劣っているという彼らの考えをさらに強固なものにしました。石の床に何時間も正座させられ、頭を剃られることを避けようとしていただけなのでした」。どのような形であれ子供に恥をかかせるやり方はこれと同じような結果を生み出します。優秀の美徳は妨害されます。

　ヴァーチューズ・プロジェクトは人格形成のための教育的なアプローチです。そこでは健康的な良心が刺激され育まれます。子供を相手に仕事をしている人にとって教えに最適な瞬間は、まず恥をかかせる行動と励ます行動の違いを認識することから始まります。美徳の言葉はひとつの道具であり、この道具を使って先生はやる気をなくすような方法ではなく励ます方法で生徒に対応することができます。

優秀な実践例 ......

時にはじっくりと見る必要がある

テキサス州ミズーリ市のランタン・レーン小学校の5年の担任をしているタミー・ゴッフ先生の話です。

今年、5年生のクラスに転入生が入ってきました。彼はたくさんの問題を抱えていました。非常に衝動的でけんか早く、いつもクラスメイトと口論し、自分の説明責任を認めず、つねにほかの誰かのせいにし、宿題は決してやらず、放課後はいつも残されていました。これでだいたいどういう児童か分かってもらえると思います。

半年が過ぎたあたりで、彼のクラスの担任の先生は「今週の美徳」が発表された後に、クラスの児童がお互いの美徳を承認する時間を長めにとることにしました。数週間、児童たちは手を上げクラスの誰かの美徳を承認し、それを掲示板に下げてある美徳記入の用紙（ダイヤモンドの形をした用紙）に書いていました。その期間、クラスの誰もこの少年の美徳を承認しませんでした。

ある日、彼は手を上げて質問しました。「自分を承認してもいいですか？」。先生は「もちろん、いいですよ」と答え、少年は自分の美徳を承認し、自分自身について非常に正確な説明をしました。それから、クラスの児童たちは彼のささやかな行為に気づきはじめ、彼のことを承認するようになりました。だんだんと彼は責任を果たすようになっていきました。それまでに比べると問題を起こすこともはるかに少なくなりました。模範的な優等生とは言いませんが、彼と関わってきたすべての先生の目には劇的な変化が見えます。何より素晴らしいのは、彼の自分自身に対する見方が変わったことです。彼は励まされたのです。

1人の先生としての私には子供の人生を惨めなものにするか、喜びに満ちたものにするかを決定する大きな力があります。

私は拷問の道具となることもできれば、インスピレーションを与える道具となることもできるのです。

私は生徒に屈辱を与えることもできれば楽しく応じることもできます。
傷つけることもできれば癒すこともできるのです。

ハイム・ジノット

良心を築く人と良心を破壊する人

　教えに最適な瞬間を認識するためのヴァーチューズ・プロジェクト
の戦略は生徒の品位を傷つけ落胆させる代わりに、強固な良心を育て
る訓練をします。

良心を破壊する習慣

- ・名指しで恥をかかせる。
- ・品位を傷つける。
- ・皮肉を言ってからかう。
- ・悪口を言う・ネガティブなレッテルを貼る。
- ・殴る。
- ・過保護・言い訳をさせる。
- ・過剰な罰を下す。
- ・良くなろうとする努力を無視する。

良心を築く習慣

- ・「タイムアウト」（内省の機会）を建設的に使う（例：“いたずら
  者の座る椅子”を“礼儀正しくなる椅子”に代える）。
- ・美徳が実践されているのを見かけたら、美徳を名指しする。
- ・美徳を実践する必要があると思えるときには生徒を美徳へと導く。
- ・間違いを犯した人の見解に耳を傾ける。
- ・ネガティブな行動をやめ、美徳のヴィジョンの宣言文にもう一
  度、焦点を合わせる。
- ・行動の結果を必要に応じて体験してもらう。
- ・償うための機会を提供する。
- ・改善しようとする努力に気づいたら承認する。

優秀な実践例 ··

美徳の図表

　イギリスのコーンウォールのラドグヴァン小学校のジーフ・スミス先生は９歳と１０歳の児童たちに「美徳の図表」を使っています。「今週の美徳」を始めるときに、美徳を分かち合うサークルから始めます。

　このサークルの時間を使って、クラスの討論や問題解決を奨励するようにしています。美徳はこのような目的をカバーしてくれると強く感じています。しかし、おそらくそれよりも大切なのは、ヴァーチューズ・プロジェクトによって、何をやっていてもポジティブ（肯定的）な焦点の維持ができることだと思います。

　ほかの子供のなかに美徳があるのを認識する手助けをするために、「美徳証明書」（P63参照）を使っています。美徳証明書は生徒がほかの生徒のなかにある美徳を観察して具体的に書き込み、「美徳の箱」のなかに入れます。これによってサークルの時間に、お互いを励ますための材料が提供されることになります。私はいつも「友情の表」（"生徒の活動シート"P100参照）を使っています。

優秀な実践例 ··

"SNECA"（スネカ）

　SNECA（スネカ）はアメリカのアーカンソー州で小学３年生の担任をしているマディソン・モンロー先生によって開発されました。児童が非行に走ったとき、毛虫を蝶に変えることを忘れないでください。

Stop the behavior. **行動をやめさせる。**

Name the virtue. **美徳を名指しする。**

Explain briefly how his behavior affected others.
　　　　　　　他人への影響を手短に説明する。

<u>C</u>onsequence give an immediate consequence.
即座に結果を与える。

<u>A</u>mends encourage the child to make reparation.
子供に償いをさせる。

特別なニーズのある生徒にとっての
教えに最適な瞬間を認識する

　特別なニーズのある生徒、あるいは、知的な挑戦を受けている人に教えている先生や助手は、彼らが美徳の言語にきわめて受容的であると言います。そのような生徒が少しでも進歩を見せたならば、承認するときに美徳の言葉を使ってください。「サリー、今日セーターを着るときに、辛抱強くがんばりましたね。難しかったけどやり遂げましたね！」

　物事がうまくいっていないときには美徳の言語を使って、生徒が美徳を呼び起こすように励ますといいでしょう。「サリー、忍耐よ。できるわ」

　サリーがいらいらしてセーターを投げ出したときには次のように言うこともできるでしょう。「サリー、セーターを着るのって大変だね。もう一度、辛抱強く挑戦するには何の美徳が役立つかしら」

締めくくりの質問をする

　授業の終わりや活動の終わりに締めくくりになる質問をすると、生徒がそのレッスンや活動の教えに最適な瞬間を収穫するのに役立ちます。この質問は「この活動は気に入りましたか？」「このレッスンは役に立ちましたか？」といった「はい」「いいえ」の答えを引き出す質問ではありません。そうではなく、幅の広い答えができる質問で、生徒が起こったことの意味を統合するのに役立つような質問です。

　締めくくりの質問はたいていの場合、ポジティブな言葉を使います。

ポジティブな言葉は思考と感情、頭とハートを統合するのに役立ちます。
「何がいちばん役に立ちましたか？」
「このクラスのどこがいちばんよかったですか？」
「この物語のどこがあなたにとって意味深いものでしたか？」
「これはあなたにとってどうでしたか？」
「きょう学んだことでいちばん重要なことは何だと思いますか？」

家族を巻き込む

　人格教育において多大な成功をおさめている学校は家族の参加を奨励しています。子供たちが人格形成の目標を設定したならば、その子供たちが美徳のひとつを実践しているのを"見つけた瞬間"の事例を親に報告するよう親に頼んでみるとよいでしょう。

　学校の美徳のヴィジョンに家族の参加を促すための創造的な方法がいろいろとあります。「今週の美徳」に心の焦点を絞るプロジェクトに家族の参加を促し、彼ら独自の創造性で貢献してもらいましょう。

　生徒の家庭に「美徳証明書」や「ハグノート」を送りましょう。子供の美徳の行動を書いたカードを受け取った親の自尊心の美徳に、それがどういう違いを起こすか考えてみてください。
　子供の失敗や欠点を書いて子供の人格を攻撃するのではなく、子供が取り組む必要のある美徳の名前を挙げることによって、人格形成を奨励するのです。
　家庭に子供の「美徳証明書」を送ることによって、親自身の自尊心を高めることができます。なぜなら、子供が明るく輝けば、その光は親をも照らすことになるのですから。
　さらに一歩進めて親たちに子供の美徳を発見するように促し、それを報告してもらうこともできます。これによってあなたが提供している美徳の教育の輪が広がり、親が面目を保ちながら、子供の最善の資質を引き出すための模範例を示すことができます。

優秀な実践例
家族の時間

次のエピソードはアルゼンチンのコレジオ・ボロファル先生が寄せてくれたものです。

毎週、生徒の家族が交代で「今週の美徳」について１０分間のプレゼンテーションを行ってくれています。生徒の家族は寸劇を行ったり、ビデオを上映したり、ポスターを製作したり、歌を作曲します。それから学校にやってきて、子供のクラスの生徒たちに「今週の美徳」を教えるのです。その後で、クラスの生徒たちはその家族の美徳を承認し、お礼を言います。

活動 Activities

（ 「私のなかにある美徳」の本 ）

　毎年、新年度のはじまりには生徒に「私のなかにある美徳」という本を作ってもらいます。ここで紹介するモデルは生徒の年齢に応じて修正してください。

　この本の表紙に生徒の写真を貼ります。写真がないときには自画像を描いてもらうといいでしょう。もしできれば、ポラロイドカメラを使って1人ひとりの生徒の写真を撮ってあげるのもいいでしょう。

　それから、表紙は各自が工夫をしてきれいなものに仕上げます。次にこのプロジェクトで使えるアイデアをいくつか挙げておきます。

● 美徳の最初の文字を使って自分の名前を書く。
　たとえば「里佳子／りかこ」の場合、本の1ページ目に次のように書いてみます。

　　　り（理想主義）
　　　か（寛大）
　　　こ（コミットメント）

● 生徒が発達させた美徳（強い美徳）を2つから4つ書きます。同時に、これから発達させ、成長させる必要のある美徳（成長中の美徳）も2つから4つ書きます。

● 強い美徳や成長中の美徳について詩や物語を書きます。

● 家族の木を描き、それぞれの家族がもっていると生徒が感じている強い美徳を書き込みます。

● 達成目標には次のことを含めます。

1. 取り組みたいと思っている成長中の美徳。
2. そのためにどういう行動をとるか。
3. その行動はどのように見えるか、どのように聞こえるか、どのように感じるか。

優秀な実践例

美徳のインタビュー

レイ・タフツ先生はワシントン州のレントンにあるオルターナティブ・スクール（別の選択肢としての学校）で美徳のインタビューを行いました。

このインタビューの後で、生徒がどういう反応を見せるかちょっと心配しながらこう質問してみました。「このプロセスを行ってみて何が良いと思いましたか？」。先生は次のように語ってくれました。

初めてこれをクラスで行ったとき感じました。"これは子供っぽすぎて、連中は気に入らないだろうな"と。とにかく、生徒がお互いにインタビューし、それぞれのなかにある美徳を探すというプロセスを行いました。

それから、相手の美徳を描写して紹介するのです。15分でしたが教室は熱気がいっぱいで、生徒たちは非常に熱心に参加していました。締めくくりのために、「これをどう思いましたか？」と質問すると、着ているものも態度も非常に挑戦的な体の大きな少年が立ち上がって言いました。「これ本当に気に入りました。なぜって、本当の自分について考えさせられたからです」

もう1人の少女が言いました。「私は自分の美徳を変えたいです」。彼女は自分がより良い人間になるためには別な美徳を磨く必要があると思い、それをすぐにも実行したいと思ったのでした。

（ 美徳のインタビュー ）

この活動は新年度の授業が始まるときに行うのが最適です。これによって美徳に対する自覚を高めるペースをつくることができます。

次の「生徒の活動シート」を見てください。このインタビューをするときには、そこに100パーセントいて、大いなる敬意をはらい、深く耳を傾けるように指示してください。からかったり、話を中断したり、忠告をしたり、比較したりしないようにと指示してください。ノートをとる必要はありません。ただ耳を傾け、そこにしっかりといることが大切です。
　この活動の終わりには締めくくりの質問をしてください。たとえば、「この活動のどういうところが良いと感じましたか？」と聞いてみます。

生徒の活動シート

美徳のインタビュー

　相手を選んで、交代でお互いにインタビューしてください。ノートはとらず、そこにしっかりといて耳を傾けてください。

1. あなたが尊敬する人の名前を挙げてください。
   それは歴史上の人物でもあなたの人生のなかで実際に出会った人でも結構です。この人が実践している核心的な美徳は何でしょうか。何があなたをこの美徳にひきつけますか？

2. あなた自身の強い美徳、つまり、あなたのなかでしっかりと成長していて確立されている美徳をひとつ挙げてください。
   その美徳をどのように実践しているか、少し説明してください。

3. あなたが成長させたいと思っている美徳をひとつ挙げてください。
   つまり、あなたのなかでまだ未発達の美徳をひとつ挙げてください。それがあなたの人生にどのような意味で必要か、少し説明してください。

4. あなたの人生でいま直面しているいちばんの問題は何ですか？
   この問題に立ち向かうために、どの美徳が役に立つと思いますか？

5. 今学期、あなたが望んでいることは何ですか？

6. 今のあなたの人生で喜びの源となっているものは何ですか？

7. 美徳の承認。

　インタビューをした人は、気づいた美徳を承認してください。承認するときには、その美徳に具体的にどのように気づいたかを説明してください。たとえば、次のような言い方をして承認するといいでしょう。
　「私はあなたの＿＿＿＿＿＿の美徳を承認したいと思います。あなたはこの美徳を＿＿＿＿＿＿＿することによって表わしています」

Permission is granted by Jalmar Press to copy this page from The Virtues Project Educator's Guide ©for classroom use only.

（ 暗黒の瞬間／輝ける時間 ）

このレッスンはクラス全体で行うこともできますし、３人から５人の小さなグループで行うことも可能です。

1. あなたにとってもっとも深い暗黒の瞬間のひとつを説明してください（休暇中や学校での出来事）。そのとき、どのような美徳が必要とされていたと思いますか？

2. あなたの輝ける瞬間の一例を挙げてください。そのとき、どのような美徳が働いていましたか？

3. あなたのグループの１人ひとりが分かち合いを終えたとき、グループのほかの人たちは分かち合った人の美徳を承認します。たとえば、次のような言葉で承認することができます。
「あなたが＿＿＿＿＿＿＿を行ったそのやり方のなかに、あなたの＿＿＿＿＿＿＿の美徳を承認します」

（ 親友についての自由討論 ）

あなたがこれまでもった友人のなかで、もっとも失望させられた資質について自由に討論します。それから、あなたがこれまでもった、あるいは、もつことができたかもしれない親友の資質について自由討論をします。その後で、グループ全体にそれらの資質が美徳とどのように関係しているかを聞いてみます。生徒が挙げる美徳を黒板、フリップチャート（大きな模造紙を数枚束ねてめくれるようにしたもの）などに書きます。最初は失望させられた友達から始め、親友へと進めていきます。

重要なポイント：美徳は人格の土台となるものです。立派な人格は良い人間関係を可能にしてくれるものです。

（ 美徳の進歩度チェック ）

　低学年の生徒については非常に簡単な形で行い、高学年の生徒については詳細な形で行うとよいでしょう。

　９０日の目標設定を奨励してください。３カ月ごとに生徒の学業上の目標を見直しさせます。生徒が成長させたいと願っている美徳もこれに含めます。

ヒント

境界線という手段（ART）を活用する。

自己主張（ASSERTIVENESS）——あなたにとって正しいことをすることによって自分を主張します。

尊敬（RESPECT）——からかわず、比較せず、中断せず、忠告せずにそこに１００パーセントいて耳を傾けることによって尊敬を示します。

信頼（TRUST）——分かち合われたすべての情報の秘密を守ることによって信頼を築きます。

生徒の活動シート

私の進歩度チェック

名前：＿＿＿＿＿＿＿日付：＿＿＿＿＿＿＿学期：＿＿＿＿＿＿

（＿＿＿＿年度の＿＿＿学期の私の進歩の度合いを正直に見ると）

1. 今学期、自分に期待していたことをどの程度達成しただろうか？

2. どうすれば勉強でもっと良い結果を出すことができただろうか？

3. 今年、学校で学んだことでいちばん重要なことは：

4. このクラスで学んだことでいちばん重要なことは：

5. 私の見解では、このクラスは次のことをすればもっと良くなると思う：

6. 私が先生だったら次の２つのことをする：

    a.

    b.

7. 私の見解では自分のもっとも目立った美徳は：

   ＿＿＿＿＿＿＿＿＿＿と＿＿＿＿＿＿＿＿＿だと思う。

8. 私は次の美徳において成長中である：

   ＿＿＿＿＿＿＿＿＿＿と＿＿＿＿＿＿＿＿＿＿。

アメリカのワシントン州、セコイア中学校のアン・ボック先生のシートを一部変更して転載。

Permission is granted by Jalmar Press to copy this page from The Virtues Project Educator's Guide ©for classroom use only.

（ 今日の美徳についての反省 ）

これは南太平洋のソロモン諸島のジョイス・ボクリン先生が開発した
プロセスです。

教えに最適な瞬間を認識する方法のひとつは、私たちが特定の美徳を
どのように実践しているか、そして、まだ実践できていない美徳を自覚
することです。

ジョイス先生は教室に２つの空き缶を置いておきます。第１の空き缶
には小さなカードが入っていて、そのカードにはクラスの生徒の名前が
書かれています。彼女はこの缶から１枚のカードを引いてそこに書かれ
ている生徒の名前を読み上げ、そのカードを第２の空き缶に入れます。
その生徒はその日の美徳を選ぶ権利を与えられます。

彼女はこの活動を午前中半ばの美徳のサークルの時間に行い、子供た
ちが心を静かに集中することができる助けにしています。子供たちはマッ
トに座って次のことをします。

1. ヴァーチューズ・カード（P427参照）ないしは本書を使って「今
   週の美徳」の定義を読みます。

2. その美徳について短時間話し合います。
   ほかの人のなかに見た経験、有名な人でそれを実践している人、
   あるいは、生徒自身がそれをどのように実践しているかについて
   話し合います。

3. 生徒に目を閉じてもらい、「部のそれぞれの美徳の項に書かれてい
   る「成功のしるし」をひとつずつゆっくりと読みます。その理由
   は謙虚さを保ち、競争を廃するためです。
   「成功のしるし」をたいてい実践していると思う場合には手を上
   げるように、そうでない場合には手を上げないでいるように指示
   します。

4. 「成功のしるし」を1つひとつ読んで、その後で一呼吸おいて、いろいろコメントします。
「これはたいていの人にとっては難しいことですね」
「あなた方の多くはこれを実践していますね」
「ほとんどの人はこれをしているかな？」

1日の終わりにジョイス先生は教室のドアのところに立って微笑みながら、生徒1人ひとりにその日気づいた美徳を承認します。

(チーム・ティーチング)

生徒にチームをつくってもらい、それぞれのチームにひとつの美徳を選んでもらいます。チームは次のことを行います。

1. チームに美徳の入った名前をつける。たとえば、「**目的意識**がしっかりとした亀」「**尊敬**の心をもったラズベリー」など。

2. 次のような「Tチャート」を作ります。

目的意識が高いと

このようにはしません	このようにします

3. それからチームの美徳の定義をクラス全体に向かって読み上げます。そして、「Tチャート」について説明します。

4. それぞれの美徳の項目にある「次の状況では美徳をどのように表現しますか」のシナリオを使ってロールプレイ（役割演技）を

行います。

優秀な実践例

個人用の美徳のポスター

　ニュージーランドのパエカカリキ小学校のバイリンガル・ユニットの先生方は５歳から１２歳の児童４０人を対象に英語とマオリ語で包括的な教育活動を行っています。このプログラムを担当する２人の先生はマオリ語と英語のプログラムのなかで美徳を活用しています。年度のはじめに、高学年を担当しているミキ・レイキハナ先生は勉強と人格の資質向上の両面についての目標を設定しました。

1. ヴァーチューズ・カードを壁に貼り、毎日、重要であると感じた特定の美徳の特徴を読んで復習する。
2. 子供たちに１年を通じて実践したい美徳を１つないしは３つ選んでもらい、子供たち自身がそれらの美徳を実践しているイラストを描いたポスターを作ってもらう。
3. 子供たちがポスターの下に美徳の確言を英語とマオリ語で書く。
   例：「私は今年、尊敬と自己主張の美徳を実践します」。「私は今年、誰かがけんかをしているのを見たら、その人たちの心が鎮まる手助けをして、尊敬の心をもった、友好的な人たちのところへ連れて行きます」

　子供たちのためにやすらぎと調和に満ちた環境をつくりたいと思ってヴァーチューズ・プロジェクトを使っています。

　このプロジェクトが私にもたらしてくれた最大の恩恵は私自身のやすらかな気持ちかもしれません。

　子供が本当に必要としているものが何かを理解し、それにどのように応じればよいかがよく分かるのです。

　このおかげでストレスがほとんどなくなりました。

ミカ・タウハラ・タミハナ

（ 歩きまわる ）

　教室、校庭、どこでもいいですから、あなたに監督責任がある場所を歩きまわってください。生徒たちがどういう美徳を実践しているか目を光らせて見張るのです。美徳が実践されているのを見かけたら、その子供のところに行き、簡単に美徳を承認します。たとえば、次のような言葉をかけます。

「あなた方2人はとてもやすらかに遊んでいますね」
「それはすごく創造的な砂のお城ですね」
「今日はしっかりと自制心を発揮して、勉強に集中していますね」
「それは友好的な行動ですね」

必要とされている美徳にも目を光らせます。

（レスリングをしていて少し荒っぽくなりかけている生徒に）
「あなた方2人は少しやすらかになりましょう」
（集中できないでいる生徒に）
「宿題を終わらせるという決意の美徳を呼び起こしてください」
（荒っぽい言葉を使った生徒に）
「尊敬の気持ちをもってください。言葉づかいに気をつけましょう」

　美徳を実践しているところを捕まった生徒に「美徳の切符」をあげている先生もいます。先生によると、「美徳の切符」をすべての生徒にあげることが大切だということです。子供たちがこのプロセスに慣れてくると、余分な切符を要求してきます。先生やほかの生徒が美徳を実践しているところを捕まえて、自分で「美徳の切符」をあげたいというわけです。

（ 魔法の箱 ）

　このプロセスはニュージーランドのパエカカリキ小学校のベス・ルー先生が人気のテレビ番組 からヒントを得てつくったものです。

最初に例を見せる。「私の箱のなかに何が入っているでしょうか？　やすらぎです」。「やすらぎ」とは何であるかを簡単に説明して、この美徳があると混乱したとき、悲しいとき、怒っているときにどのように役立つかについて説明します。

　ゲームの説明。目の前に箱がある振りをします。手を使ってその箱がどれくらいの大きさか、どんな形をしているか、どんな色の紙が貼ってあるか、紙がどんな触感かを描写します。

　それから、その箱を開けて、いつか混乱したり、心配になったり、困ったときにやすらぎをもたらしてくれるものを箱のなかから取り出します。それがどんなものかを説明します。それがどのように見えるか、どのような感じのものか、どんな音がするか、どんな匂いがするか、そのものにできるだけ具体的なイメージを与えるために適切であると思われることを何でもよいからつけ加えます。

　やすらぎを発見することの大切さを説明し、それがどのように役立つかを説明します。

　それから、箱を閉じます。この箱は「魔法の箱」で、形も大きさも自由に変えることができ、なかに入っている贈り物も自由に変えることができると説明します。この箱を手にした人は誰でも、そのなかにある特別な贈り物をもらうことができます。そして、この「魔法の箱」を次の人に手渡します。

（ 問題を解決するための美徳の心の地図 ）

1．生徒が困っていることや心配していることを紙に書いてもらい、それを箱のなかに入れます。

2．ひとつの状況を選びます。

3．生徒に黒板に心の地図を描いてもらいます。その地図の中央にその状況を書きます。

4. グループ全体でその問題を解決するのに必要な6つの美徳について自由討論を行います。

5. それぞれの美徳に関して何を言うか、何をするかについて具体的に自由討論をします。

（ 美徳の有名人パーティー ）

1. ポジティブ（肯定的）な性質をもっていることを認められている有名人数人の名前を挙げます。歴史上の人物でもどういう分野の人でもかまいません。

2. それぞれの人の名札を作ります。あるいは、生徒に作ってもらいます。

3. 役者になる生徒を選んで、残りの生徒は観客になります。役者になる生徒の1人ひとりに名札をつけてもらいます。名札をつけた生徒はその有名人になったつもりで、人格をもっともよく表わしている美徳を選んで、その人であるかのように行動しなければなりません。

4. コスチューム、帽子、スカーフ、かつら、ジャケットなどの小道具も用意しておきます。登場人物が皆、パーティーに出席している振りをします。
   生徒たちは自分が演じている有名人のために選んだ美徳を使って演技しなければなりません。パーティーのシーンを5分から10分演じた後に演技を凍結します。
   観客はそれぞれの登場人物がどの美徳を演じていたかを当てなければなりません。たとえば、マーティン・ルーサー・キング・ジュニアは勇気、マザー・テレサは共感を演じるかもしれません。

〈 美徳のヴァイブレーション 〉

これはアメリカ、ワシントン州のセコイア中学校のアン・ボック先生の創造性の賜物です。

生徒がそれぞれ１枚の紙を４つに折って、紙を開いて４つある仕切りのひとつに名前を書き、残りの３つの仕切りに世界が今もっとも必要としている美徳を書きます。この紙の真ん中に穴を開けてひもを通して、天井から吊るします。すると、これが空気で振動して美徳のヴァイブレーションが教室をいっぱいに満たしてくれます。

〈 美徳のシンボル 〉

子供たちが目に見えるシンボルを通して美徳について学ぶプロセスです。子供たちに「今週の美徳」についてのシンボルを創造的に考えてもらいます。たとえば、共感の美徳には橋、尊敬の美徳には虹など。子供たちの作品を壁に飾りましょう。

生徒の活動シート

　下の表に毎日、仲良くした友達の名前を少なくとも１人書きます。どのように仲良くしたかが縦の列に説明されています。いちばん下の欄にはあなたが自分自身とどのように友達であったかを書きます。「私は友好的です」の確言を毎朝読みます。

友情の表

月　　　日　〜　　　月　　　日の週

	月曜	火曜	水曜	木曜	金曜	週末
時間を一緒に過ごした						
話に耳を傾けた						
助けてあげた						
彼／彼女について誰かに聞いた						
自分自身について好きなことを見つけた						

「私は友好的です」

私は今日、にっこり笑ってほかの人たちに挨拶をします。

私は自分のことを話し、ほかの人たちに興味を示します。

私は自分のことが好きです。

新しい友達をつくることができます。

Permission is granted by Jalmar Press to copy this page from The Virtues Project Educator's Guide © for classroom use only.

学校全体での活動　School-wide Activities

（ 地域社会での奉仕活動プロジェクト ）

　学校全体が関わる地域社会での奉仕活動を計画します。これは生徒自身が率先して考えるのが最適です。このプロジェクトは理想主義、奉仕、和といった美徳を通して、少数の人が大きな違いを起こすことができるということを学ぶ意味のある機会を提供してくれるでしょう。

優秀な実践例 ··

奉仕という贈り物

　このプロジェクトはカナダのアルバータ、モリンヴィルのヤン・マスリク先生が分かち合ってくれたものです。

　６月が学年最後の月になりますが、最後の週の美徳は「奉仕」でした。私たちの奉仕の実践は、南アメリカのグレナダにある非常に貧しい特殊学校（生徒数54人）のために資金を募り、教育備品を集めるという形で最高潮に達しました。グレナダで先生をしている人のお姉さんがモリンヴィルに住んでいて、私たちが美徳の最後のプロジェクトを何にするかを考えていたときに、この方が私たちのところに相談にみえたのでした。私たちはグレナダの先生と電話で話し、それはインターコムを通して１年生から５年生全員が聞くことができました。グレナダの先生によると生徒たちはとっても素晴らしいけれども、みな貧しくページが全部そろっている本は１冊もないといった状況を説明してくれました。

　私たちの学校の児童たちは、与える精神の大波にさらわれ２週間で約６万円の調達に成功し、本、クレヨンや絵の具などの教材がダンボール５０箱分集まったのです。さらに驚いたことに、カナダ航空に電話で運搬を依頼すると、２０万円相当の教材を無料で送ることに同意してくれました。経済不況が蔓延している状況のなかで、これは驚くべきことでした。私たちは本当に嬉しくなりました。誰かが何か良いことを実践す

るとそれがさらに良いことへとつながっていくものです。グレナダの先生とは今年も電話で連絡をとる予定です。

(宝石の形をした名札をつける日)

生徒の1人ひとり、先生の1人ひとりが宝石の形をした名札に自分の名前だけを書いて胸に下げます。1日が過ぎていくなかで、お互いが"美徳を実践しているところを捕まえて"気がついた美徳をこの名札に書きます。これを実践すると自尊心が養われます。生徒たちに家族のために宝石の形をした名札を作ってもらい、両親、兄弟、一緒に住んでいる人たちとこのゲームを行うとよいでしょう。

(お客さまを招待する日)

地元の人を呼んで、クラスまたは全校集会で話をしてもらいます。消防士、警察官、アーチスト、スポーツ関係者、音楽家、いろいろ考えられます。この講師の成功に欠かせない美徳は何であるかを生徒に聞きます。講師の美徳を生徒が承認する形でこれを実践します。講師の方は気に入って次の年も来たいと思うかもしれません！　時には先生の1人、学校の食堂で働いている人、そのほか学校で仕事をしている人も「講演者」になる機会を設けるとよいでしょう。

(キャリアについて学ぶ日)

まる1日をキャリアについて学ぶことにして、その日は講演者に宝石の形をした名札を胸に下げてもらい、講演者が従事している仕事を立派にこなすために必要な美徳について語ってもらいます。それから、先生や生徒に講演者がもっている美徳を名札に書き込むように奨励します。また、講演者の仕事に必要と思われる美徳も書くようにします。

優秀な実践例

美徳クラブ

　アメリカ、ミネソタ州のツインシティーズの「少年・少女クラブ」の理事で、長年ボランティア活動を行っているスーザン・レイクさんが、ヴァーチューズ・プロジェクトをクラブでどのように活用しているか語ってくれました。

　「ツインシティーズでは次のような形でヴァーチューズ・プロジェクトをクラブの活動のなかに取り入れています。これは本当に素晴らしいプロセスでした。ヴァーチューズ・プロジェクトがクラブの活動のなかに見事に取り入れられていく様子は、まさに素晴らしい夢の実現にほかなりませんでした」

●子供あるいは若者（６歳から１８歳）が「少年・少女クラブ」に入会すると、最初のステップはその子供／若者と親（保護者）のオリエンテーション・ツアーから始まります。スポーツプログラム、キャンプ、演劇活動、子供のカフェ、そして、もちろんヴァーチューズ・プロジェクトについての情報を受け取ります。子供たちはどの活動に参加するかを選びます。ヴァーチューズ・プロジェクトに参加する選択をすれば、そして、両親にそれをサポートする気持ちがあれば、家庭で使うことができるように"The Family Virtues Guide"（家族のためのヴァーチューズ・ガイドブック）とヴァーチューズ・カード（P４２７参照）が与えられます。

　クラブのスタッフやメンバーは皆、ヴァーチューズ・プロジェクトに参加します。毎月の美徳のポスターがクラブに掲示され、スタッフは「美徳の５つの戦略」を応用しながら、毎月の美徳に焦点を絞って活動します。

●自発的に美徳プログラムを選んだ子供たちのために１週間に１回、美徳のクラスが開かれます。クラスの規模は２０人に限定され、いつもキャンセル待ちの人がいます。設定してある境界線は、このクラスを２回休んだらキャンセル待ちにまわり、待っていた人が入る

ことができます。

●1人ひとりの子供に「美徳のパスポート」が与えられます。これがこのプログラムでいちばん重要な部分です。このパスポートは青い色をしていて本人の写真が貼ってあり、「出発日」（本人がプログラムを開始した日）が記載されています。子供たちは1年間、毎月ひとつの美徳に取り組みます。月末に、コミットしたことを達成した場合にはパスポートにスタンプをもらうことができます。

プログラムのステップ

1. 参加者の1人ひとりが4人の大人のスポンサーについてもらって、1カ月間、スポンサーに観察してもらい、サポートしてもらいます（2人は"少年・少女クラブ"から、あとの2人は地元の人たち、たとえば、聖職者、保護者、先生、コーチなど）。

2. スポンサーは1カ月間、その子供／若者をできるだけ観察し、その月の美徳をあらゆる形で行動に表わすようにと励ますことに同意します。

3. 若者は浴槽栓の鎖を通した美徳の名札をネックレスのように胸につけます。美徳の名札は書いてある美徳によって形が異なります。

4. 優等生のための祝宴が1年の終わりに開催され、ヴァーチューズ・プロジェクトに参加した1人ひとりの若者が認証されます。子供たちの親（保護者）も特別な美徳のブレスレットを授与されます。

生徒の活動シート

美徳の人格的特徴

次の下線部に美徳を書いてください。辞書またはヴァーチューズ・カードを参考にして、その美徳の人格的特徴を書いてください。

_____

_____

_____

次の下線部に指示に従って必要事項を書いてください。あなたがなぜ、それを選択したか説明を求められるかもしれません。クラスで分かち合います。最善を尽くしてください。

この美徳の色は_____です。

この美徳が花だったら、それは_____です。

この美徳が動物だとしたら、それは_____です。

この美徳を反映する1日のなかでの時間は_____です。

この美徳を考えるときに連想する季節は_____です。

この美徳の味は_____に似ています。

この美徳は

_____（あなた自身の考え）。

〜のように見え。〜のような音がして。〜のように感じる。

オーストラリアのトゥーウォンバ・アカデミーとアメリカのシトラス・スクール・ディストリクトで使用されているものを一部変更して転載（ジョー・ウィリアムズ氏の好意による）。

Permission is granted by Jalmar Press to copy this page from The Virtues Project Educator's Guide © for classroom use only.

章のまとめ

教えに最適な瞬間を認識する

✔ 美徳を授業と関連づける。

✔ 生徒たちが正しいことをしているところを捕まえる。
改善しようとする努力に気づいたら承認する。

✔ 美徳が欠けているときには生徒に説明責任を求める。
気転を利かせて「あなたはどのような美徳を必要としていますか？」と聞く。

✔ 説教する人ではなく、教える人になる。
尊敬を与えることによって尊敬を招来する。

✔ 良心を破壊する人ではなく、良心を築く人になる。
恥をかかせ屈辱を与える習慣をやめる。
レッテルを貼って名指しするのではなく美徳を名指しする。

✔ 必要とされている美徳に生徒の心の焦点を絞ることによって、タイムアウト（内省の機会）の時間を建設的に使う。
（"いたずら者の座る椅子"と呼ぶ代わりに"礼儀正しくなる椅子"という名前をつける）。

✔ どの美徳が補足しあう関係にあるかを生徒に学ばせる。
（真摯と気転、ゆるしと正義、共感と自己主張など）。

✔ 特別なニーズをもっている生徒たちに関して、教えに最適な瞬間を認識する。そうすることによって彼らは励まされる。

✔ レッスンが終わったとき、あるいは1日の終わりに、締めくくりとなる質問をする。
「何がいちばんよかったですか？」

✔ 美徳に焦点を絞ることに家族も参加してもらう。
「美徳証明書」や「ハグノート」を家庭に送る。
「今週の美徳」について提案の機会を親（保護者）に提供する。

Set Clear Boundaries

第3章

明確な境界線を設定する

子供たちの道徳心の現状は国家の非常事態です。

マリオン・ライト・エーデルマン

安全な避難所をつくる

次のような状況のなかで先生は何をすべきでしょうか？
- 子供たちが見る映画やテレビのさまざまなイメージのなかで、暴力と英雄主義が融合している。
- 北アメリカの15歳から24歳の若者の死因の第1位は殺人である。
- 生徒は先生に対してまったく尊敬をはらわない。
- 生徒同士のけんかで相手を殺しかねない。
- 平和な田舎の町でも暴力事件がいつ起こるか分からない。

　尊敬、やすらぎ、正義に基づいた明確な境界線は安全を守るためのフェンスで、そのフェンスのなかにこそ自由があります。やすらぎ、正義、尊敬、いたわり、親切、優しさなどの美徳は道しるべです。「結果」は有刺鉄線であり森です。境界線を破る生徒は「結果」に直面し、それから、境界線のなかの安全な場所に戻るようにと導かれます。美徳に基づいた境界線を設定することによって安全な避難所がつくられ、そこで生徒たちは自由に学ぶことができると感じ、先生も自由に教えることができると感じるのです。

ヴァーチューズ・プロジェクトが提供するもの
　名指しで恥をかかせる代わりに美徳を名指しする
　監視ではなく導き
　拒絶ではなく内省
　報復ではなく回復

　　生徒は安全であると感じなければ自由に学ぶことはできません。
　　先生は安全であると感じなければ自由に教えることはできません。

安全を確保するフェンス
　ある中学校で校庭の周囲にフェンスがない状態で新学期を開始しました。先生たちは、生徒が校庭の中心に集中して遊んでいるのに気づきまし

111

た。その中心はかなり小さな半径のものでした。フェンスができると生徒たちは校庭全体で遊ぶようになりました。フェンスという境界線が生徒たちに安心感を与えたのです。これこそ境界線を設定することの意味です。

包括的なアプローチ

暴力を阻止するもっとも包括的なアプローチは人格の文化を形成することです。すなわち、誰にでも友好的で、お互いに信頼しあって相手を思いやり、お互いに親切にできる雰囲気があり、勉強と同様に、そのような美徳が尊重される環境をつくることです。思いやりの文化に不可欠なのがやすらぎと正義に基礎を置いた矯正のシステムです。それは報復ではなく回復に焦点を絞ったものでなければなりません。権威をどのように使うか、すなわち、先生や管理者のリーダーシップのあり方が人格の文化を形成する鍵になります。

国家は国民の人格とともに興り、滅びる。
我が国が生き残り繁栄するためには、現在の市民および未来の市民は高遠な基準と価値観にコミットしなければならない。

アメリカ合衆国全国学校連盟

権威の教育モデル

ヴァーチューズ・プロジェクトは、権威は決して権力闘争であってはならないと教えます。人びとを支配したり、歓心をかおうとしてはならないと教えます。美徳に基づいたしつけの核となる哲学は、**権威を学びに奉仕するものとしてとして行使すること**です。

権威を行使するためのもっとも励みとなる方法は、権威を学びのための導きと見なすことです。権威を行使することによって、人生を生きるうえで子供が一生涯にわたって必要とする美徳を発達させる手助けをす

ることができます。たとえば、次のような美徳です。

協力──仲良くする。**正義**──自分自身および他人を公平に扱う。**や
すらぎ**──暴力なしで問題を解決する。**親切**──お互いに配慮して行動
する。**尊敬**──すべての人を尊重する。

権威は内なる才能を発達させるために使われなければなりません。そ
れは優れたコーチが、スポーツ選手のもっている能力や強さを発達させ
るために選手を鍛錬するのと同じことです。指導者の権威は支配的な立
場を維持したいというニーズに奉仕するべきものではありません。権威
はチャンピオンをつくるために行使されるものです。

効果的な権威の目標は子供が自らの内なる権威を発達させることを助
けてあげることにあります。内なる権威とは個人的な責任感、自分には
説明責任があるという責任感です。内なる権威をもつことによって子供
は意識的に道徳的な選択をすることができます。

ヴァーチューズ・プロジェクトは、問題を起こしている子供に、そのよ
うな行動を変えるうえで励ましとなる言葉を提供してくれました。停学処
分は著しく減少し、私たちの矯正システムには親（保護者）が信じられな
いくらいサポートしてくれています。美徳がこの公式の鍵となる要素です。

マイケル・セッツ

優秀な実践例 ....
変容としての鍛錬
アメリカ、ミシガン州のリヴォニアのロバート・フロスト中学校の教
頭であるマイケル・セッツ先生が矯正に対するヴァーチューズ・プロジ
ェクトのアプローチを分かち合ってくれました。

我が校では、地域のほかの学校とは異なり、矯正のプログラムを導入
しました。矯正は罰ではなく、生きるための行動を教えるポジティブ
（肯定的）な機会と見なされています。この教育の枠組みとなっているの
は美徳です。たとえば、人格形成のうえでよく使われる尊敬、従順、自
制心、無執着、正直、責任などの美徳がその枠組を形成します。

矯正の勧告や報告書を必要とする出来事は、すべて私の事務所を経由して処理されるのが普通です。干渉の枠組みは、まず生徒のエネルギーを防御的な姿勢からそらして自己内省へと導くことから始まります。校長室に送られるという結果を招いた美徳の欠如は何であるか、あるいは、どのような美徳を誤って使ったかについて説明します。それから、その美徳を深く検証するように奨励します。

生徒にはヴァーチューズ・プロジェクトに基づいて作られたセット資料が与えられます。ある程度の訓練を受けたスタッフが、その資料の記入にあたってサポートする体制ができています。

美徳のパケット

1. 関係している美徳の定義をしてください（**親切**とは何ですか？）。
2. その美徳をさまざまな状況に応用させることを生徒に依頼します（……の状況では親切の美徳をどのように表現しますか）。
3. その美徳を生徒が問題を起こすに至った状況に正確に応用して、その場面を再現します。これは生徒に状況を書かせることによって実践できます。
4. パケット（ひとまとまりの資料）が完成した時点で、生徒はその問題および解決策をカウンセラーと両親（保護者）とで話し合います。
5. 関係者がすべてパケットに署名します。
6. 最後に、生徒は自分が苦痛を与えた人のところに行きます。あるいは、矯正を勧告した人のところに行きます。そして、この問題について話し合いをします。この時点で、謝罪あるいは償いが行われますが、教頭によってガイドラインが与えられます。

深刻な問題行動や何度も繰り返された問題の場合には、教頭が両親に電話を入れます。ここでもまた美徳の言葉が話し合いの枠組みをつくってくれます。このアプローチを使った場合、両親の反応は以前に比べて際立って平穏であり、防御的な姿勢がだいぶなくなりました。昨年は停学処分が４０パーセント減少しました。

権威とはリーダーシップである

　教室における文化や風土を形成する最大の要素は先生や管理者のリーダーシップのあり方です。リーダーシップを力で圧倒するために使っているでしょうか。それとも、励ますために使っているでしょうか。リーダーシップを懲罰を下すためだけに使っているでしょうか。それとも、教育的に使っているでしょうか。奉仕としてのリーダーシップという考えを受け入れる気持ちがあるならば、生徒にいつも好かれたい、生徒にいつも同意してもらいたい、という願望を犠牲にしなければなりません。

　優れたコーチは毎朝5時に起きてトレーニングをする気持ちがあるかどうかをスポーツ選手に相談することはしません。優れたコーチには選手を限界までもっていく責任があります。

　権威を適切に使うにはどうすればよいかに関しては先生の間に非常な混乱が見られます。一部の教育界では権威という言葉はほとんど不潔な言葉と見なされ、時代遅れの権力主義的なアプローチを連想するものと見なされています。権威の教育的なモデルにおいては、境界線は生活するうえでの規則であり、単なる報復や罰ではありません。

　　先生がときとして生徒の友達になるには、教育をする生徒の友達というスタンスを放棄しなければならない。

子供を抑えつけるのではなく助け起こす

　美徳の言葉は具体的で明確ですが、いちばん大切なことは、簡単に内在化できることです。同意に過剰に依存することなく本物の自尊心を育みます。一般的な言葉はたとえポジティブなものであっても標的には当たりません。「いい子だ」「よくできました」「よくやった」といった言葉はあまりにも漠然としていて生徒はそれを内在化することはできません。このような言葉は人を喜ばせて歓心をかうといったあり方を助長します。というのは、生徒が行った何が"優秀で"、"役に立ち"、"創造的であった"のかについて具体的な情報を与えることなしに、その生徒のことが気に入って

いるということだけを伝えているからです。具体的に美徳を承認することは、ただ漠然と褒めることとは異なります。ポジティブ（肯定的）なレッテルであれ、ネガティブ（否定的）なレッテルであれ、子供にレッテルを貼るのは役に立ちません。「あなたは親切な人ですね」とは言わずに、次のように言います。「あなたが新入生にどこに座るか教えてあげたのは親切なことでした。彼は歓迎されていると思ったに違いありません」

生徒を檻に閉じ込めるのではなく、持ち上げてあげるべきです。

ジェシー・ジャクソン

極端な統制は権威という仮面をかぶった残酷物語である

虐待としての権威

小学校３年生のとき、女の先生で「斧先生」というあだ名で呼ばれている先生がいました。学年の最初の日に、この先生は前年"もっとも行儀が悪かった"生徒の弟の首根っこを捕まえて教室の前に連れて行きました。「去年、あなたのお兄さんの担任でしたが、彼はとんでもない生徒でした。私は彼を懲らしめて、彼の学校生活を悲惨なものにしてやりました。あなたをたった今、座るべき場所に座らせますからね。いつも見張ることができるようにいちばん前の席に来なさい」。なんという不公平、なんという偏見、なんという虐待でしょうか。なんというマイナス思考でしょうか！

冷酷な形で行使される権威は先生が生徒に何をしてほしいと思っているのかを示すことはできません。暴力のモデルとなるだけです。世界の一部の学校では子供が正確に答えることができなかったときに、今でも杖で打ち、恥をかかせるという教育をしているところがあります。

大きな耳の老人たち

フィージー諸島ではヴァーチューズ・プロジェクトが数多くの村で教えられています。ある村で美徳のワークショップを開いていたとき、数人のお年寄りたちに子供のころの自画像を描いてもらいました。１人残らず大きな耳をして棒のように痩せている自画像を描きました。彼らは

確かに垂れ下がるような大きな耳をしていることにファシリテーター（ヴァーチャーズ・プロジェクトの講師）は気づきました。「これは何を表わしているのですか？」とファシリテーターが聞いてみました。「私たちが子供のころ、耳がものすごい力で引っ張られることがたびたびあったために、耳は膨れ上がって大きかったのです」。その瞬間に笑い声が起こりました。しかし、その後で1人の老人が涙を流しながら言いました。「子供をもう一度育てることができたら、どんなにいいだろうと思います。暴力の代わりに美徳を使って育てることができたら、どんなに素晴らしいだろうと思います。子供に必要なのは明確な境界線だけなのですから」

学校で美徳を使って教育するのは最高です。

ほとんどの人はミドルスクール（小学校の高学年を含む中等学校）の生徒に対処するにはゲシュタポ的なテクニックしかないと信じているのです。

アメリカ、テキサス州　5年生担任　タミー・ゴッフ

境界線のない教室はリーダー不在の教室

時計の振り子が大幅に消極性、すなわち、教室の過激な民主化の方向に揺れてしまった学校もあります。そこでは、生徒は過剰なまでに自由を与えられ、口論が頻発し、先生は境界線を設定しようとしません。先生が権威を行使することがどれほど役に立つかに気づいていないのです。

境界線を与えられない生徒は
職務記述書を与えられない労働者のようなもの

エネルギーをどこに向けたらよいのか生徒は分かりません。たいていの生徒はしっかりと勉強して"良い"生徒になりたいと思っています。しかし、明確な期待と境界線がなければ"良い"生徒が何を意味するのかも不確定です。新しい仕事に就いて、初めて会社に出勤したとします。上司が来て「いい仕事をしなさい」と言うだけで、いい仕事とは何かを具体的に説明もせずにいなくなってしまったとしたらどうでしょうか。

教室に明確で公平で愛情に基づいた権威がなければ、子供が権威になる

多くの学校の体験では、美徳に基づいた境界線は、タフな生徒も含めて生徒のスピリット（より大きな自分）を深く呼び起こします。教室のなかで名指しで生徒に恥をかかせることをせずに、尊敬、思いやり、やすらぎ、いたわりなどの美徳を名指しする教育をすると、生徒は目覚しいほどに決まりに従うようになります。最善の結果が得られるのは権威を放棄したときではなく、権威を本来の目的である、学びのための安全で秩序ある環境をつくるために行使したときです。

あなたのリーダーシップのスタイルは？

権威とリーダーシップに対するひとつの見方は、もっとも非効果的からもっとも効果的という効果の連続体として考えることです。

甘やかす　横滑り　支配的　民主的　教育的

もっとも非効果的　　　　　　　　もっとも効果的

次に挙げるどの要素が、あなたのスタイルにあてはまりますか？　どの要素を保持したいですか？　どの要素を変えたいですか？

甘やかす友達タイプ

● 生徒の友達であることが重要である。

● 生徒の注意をひきつけられないことが多い。

● 成り行きに任せるのが好みで、クラスの規則はつくりたくない。

● 授業計画や1日のスケジュールはとくに立てないことが多い。

● 多くの場合、予定より遅れ焦りを感じている。

● 生徒が騒がしいときにはビデオや映画を見せてしのごうとする。

● 静粛にさせるために、時々横暴な独裁者になる必要がある。

意図：生徒の友達になること。臨機応変に楽しく創造的でいること。

よく使われる言葉：「みんな何をしたいですか？」

結果：混沌が支配する。教室は騒々しく乱雑で勉強するには難しい場所になる。先生と生徒の双方にとって刺激が過剰。先生も生徒もいらいらして疲れる。

主たる美徳：親切・友好。

実践困難な美徳：自己主張・整理整頓。

横滑りタイプ

● 最初は生徒に甘くするが手に負えない状態になると独裁者に変身する。

● しつけに対して首尾一貫したアプローチがない。

● 時として生徒に独裁的に支配されていると感じる。

● 生徒に与えている自由を生徒が乱用すると怒りを覚える。

● 教室はだいたいいつも混沌としている。

● 多くの場合、傷つけられたと感じ、誤解されていると感じる。

● あまりに権力主義的になりたくはないと思っている。

意図：生徒の自尊心を守りたい。生徒に愛されたいと思っているし、生徒にいい先生だと思われたい。

よく使われる言葉：「みんなどうして行儀良くできないのか理解できないよ」

結果：教室は多くの場合、秩序を欠き混沌としている、生徒は先生に尊敬を示さない。つねにストレスがあり、とくに学習的に挑戦されている生徒のストレスは高い。

主たる美徳：優しさ・親切・愛。

実践困難な美徳：自信・自己主張・整理整頓。

支配的な独裁者タイプ

● コントロールすることが目標である。

● 批判することが手段である。

● 頻繁に皮肉を言う。「宿題を持ってくるのを思い出せないのなら、お昼を食べるのも思い出せないだろう」

● 時には暴力も振るう。

● 生徒にレッテルを貼り、名指しで恥をかかせ、生徒を責める。「お前、よく聞け。これよりも何かもっと良いことがあるなら、行ってそれをやった方がいいんじゃないか」

● 罰と停学処分を頻繁に与える。

意図：コントロールすること。高いレベルの優越性を維持する。

よく使われる言葉：「私がそう言ったからだ」

結果：ほかの教室よりも静かで安定しているかもしれないが、生徒と先生の関係にはたえず緊張感がある。生徒に出し抜かれないようにするために罰はつねに加速していかなければならない。あなたは疲労困憊している。生徒はあなたを恨めしく思い、あなたも生徒を恨めしく思っている。別な仕事がしたいと白昼夢を見ることが多い。

主たる美徳：整理整頓・優秀。

実践困難な美徳：尊敬・親切・信頼・苛め抜きの「自己主張」。

民主的な外交官タイプ

● すべての決定に関して生徒に相談する。

● 境界線なしに選択を与える。

● 時として、生徒は選択の自由と責任にオーバーロードの状態になる。

● いつも議論と口論が行われている。これは健康な状態だろうか？

●教室はだいたいいつも混沌としている。

●教室ではおしゃべりが多すぎることがある。

●やるべきことを達成するのに時間がかかりすぎ、達成されないことも
多い。

意図：何よりも正義と平等を与えること。生徒が自分で考えるように
励ますこと。

よく使われる言葉：「君はどう思う？」

結果：効率と効果を犠牲にした平等性。教室の雰囲気は活発で、みな参
加している。生徒は自分で考えることを学び、争いを公平に解決すること
が学ばれる。しかしながら、生徒は十分な枠組みや権威がないために、
時々、不安を覚える。学習とカリキュラムの内容が時として省かれる。

主たる美徳：正義・創造性。

実践困難な美徳：自己主張・整理整頓・節度。

生徒を力づける教育者タイプ

●すべての争いや問題行動の解決のために、美徳に焦点を合わせる。
「あなたは怒りをどうすれば平和的に表現することができると思います
か？」

●クラスの境界線は明確に分かるように掲示してある。

●境界線の範囲内での選択を与える。

●境界線が破られたときには、その結果を即座に体験させる。

●問題行動を起こした生徒は結果を体験させた後で、すぐに美徳に戻ら
せる。「平和な気持ちになる心の準備ができましたか？」

●生徒に対して愛情と尊敬を示す。

●つねに生徒からの尊敬を期待する。

意図：境界線の範囲内で自由を認める。秩序と喜びに溢れた学びの環
境をつくる。教えに最適な瞬間に焦点を合わせ、人格形成のための生徒
の能力に焦点を絞る

よく使われる言葉：「どの美徳を呼び起こす必要があると思いますか？」

結果：くつろいだなかにも秩序があり、和やかな感じがある。生徒にも先生にも情熱があり、先生と生徒間、生徒同士に強い愛情の絆がある。

主たる美徳：自信・自己主張・親切・情熱。

実践困難な美徳：境界線による結果を首尾一貫して強制するという「決意」。絶対にゆずれない問題に関しての「自己主張」。

耳を傾けることによって正義を回復する

　子供が不当な出来事について苦情を言うために先生のところにやってきたときには、まず耳を傾けることが重要です。正義を回復するためには少しの干渉で十分の場合もあります。

　先生あるいは管理者が矯正を要する状況で、必要とされている美徳を識別すれば、すぐに行動の意味と美徳の達成に生徒の意識を集中させることができます。生徒の行動は何を意味したのだろうか？　生徒の行動の背後にある意味ないし意図は何だろうか？　必ず理由があります。多くの場合、絶望的な怒りや注目してほしいがための行動に代えて美徳に心を向けさせるには、まず、その理由に耳を傾ける必要があります。その生徒はどの美徳を呼び起こすことが可能だったでしょうか。美徳に生徒の心を集中させることは、名指しで恥をかかせることをせずに、生徒を励ましながら矯正的な行動をとる枠組みを与える方法です。

　　償いがその人の内面からやってこないかぎり、それによって癒されることはありません。

　　　　ダイアン・ゴッセン

優秀な実践例

まず耳を傾ける

　アメリカ、ワシントン州のレントンにあるレントンオルターナティブ・スクール（別の選択肢としての学校）のレイ・タフツ先生は、非常に難しい生徒たちの教育に携わってきました。生徒のなかには高校中退者、ギャ

ングのメンバー、麻薬取引人などもいました。

　けんかがあって、生徒が先生の部屋に懲罰のために送られてくると、彼はまず言います。

　「何があったのか、あなたの立場から、まず話を聞かせてほしい」。そして耳を傾け、生徒が表現した感情を鏡に写すように反復します。

　「ジョンが君の宿題を盗んだので非常に怒りを感じたわけね。それから、彼を殴りつけた」。それから美徳のポスターを見て言います。

　「そのとき、どの美徳を使っていれば問題を起こさずにすんだと思いますか？　その状況をもっといい形で処理するために」

　「やすらぎを忘れてしまったかもしれません」

　「まさにその通りだね。それで、この状況を平和的に処理するにはどうすればよかったと思う？　もちろん、君の権利についてもしっかりと自己主張をしてください」

　「……することができたかもしれません」

　その生徒は美徳に基づいた新しい考えを出してきます。そこでレイ先生は言います。

　「それじゃあ、今日はこれからやすらかな気持ちで、しかも自己主張もしながら過ごすようにしてみよう。それでジョンと仲直りをするために何をする必要があると思いますか？　ジョンに何をしてほしいですか？」

　このようにして生徒は自分が内面にもっている内なる贈り物を使いこなし、美徳を実践し、正義を回復することができます。この学校では懲罰を要する問題は半分以下になりました。

ヒント

生徒にこうしなさいと言わないこと。どのような人になりたいかを聞いてください。

例：「ジョージ、その積木をホセにも使わせてあげなさい」ではなく、「ジョージ、ホセ、どうすればこの積木で平等に遊べると思う？」と聞きます。これによって子供の誠実、寛容、自信の美徳が呼び起こされます。問題を即座に先生が解決するのではなく、美徳に基づいた解決策を生徒が考えるように導くのです。

報復ではなく償い

　本当の矯正というものは内から外に向かうもので、外から内へと向かうべきものではありません。子供はすでに善なるもの、すなわち、美徳を内面にもっているのです。それは外部から強制する必要はありません。内面から呼び起こすことができるものです。先生やカウンセラーが強制したり、力を使うことなく、美徳に基づいた明確で断固としたガイドラインを示せば、素晴らしい結果を得ることができます。このアプローチによって攻撃的で不遜な行動を排除しながら、自尊心を築くことができます。

　美徳に基づいた矯正の目的は正義の回復であって、正義のために報復することではありません。正義のために報復しようとすると、先生や管理者はまるで刑事になって、次のような質問をすることになります。
- ● どういう犯罪があったのか？
- ● 誰がやったのか？
- ● 犯人をどのように罰するべきだろうか？

　正義を回復しようとする場合には先生や管理者は指導者になって、次のような質問をします。
- ● 何があったのか？
- ● 誰が傷ついたのだろうか？（問題を起こした子供も含めて）。
- ● 彼らは何を必要としているのだろうか？

　完全な償いがなされるために発するべき質問。
- ● どの美徳を実践することが可能であったか？
- ● どのような償いが可能であるか？

　正義を回復するというプロセスは従来の矯正手段についての見直しを迫ります。以下に挙げる定義は従来の報復的アプローチと正義回復のアプローチの区別を明確にしてくれるかもしれません。
- ● **報復：**仕返しをする。とくに罰を与えることによって。
- ● **修復：**修正し、失われたものの償いをする。

● **責任**：効率的に反応し、説明責任をとる。

● **償い**：失われたもの、奪われたものを返す。弁償する。

● **回復**：返す。健康や意識を回復する。再建する。

● **和解**：ふたたび友達になる。争いを解決する。満足させる。

多くの学校では報復にだけ焦点を合わせています。これは問題を起こした人に対しても、問題の被害者に対しても正義を回復できない原則です。

正義を回復する理想的なプロセスにおいて生徒は次のことをします。

1．……するために自分の行動に責任をとります。

2．……の結果をもたらす償いをします。

3．和解をします。それはふたたび友達になることです。

4．人間関係を修復し、問題を起こした人を地域社会（仲間）に連れ戻します。

ゆるしだけでは十分ではありません。何らかの償いが行われ、問題が解決され、問題を起こした人がただ罰せられるだけでなく、責任をとることを正義は要求します。理想的な状況においては、和解がなされ、友情が修復され、関係者のすべてが満足感を体験します。

ヒント

ヴィジョンの宣言を強制の参照点として使うとよいでしょう（第4章、"共有する〈ヴィジョンの宣言文〉を創作する" P150参照）。

例：「私たちの学校では先生はどのように扱われるべきであると私たちは信じているのでしょうか？」「お互いをどのように扱うべきであると私たちは信じているのでしょうか？」「この状況で尊敬という美徳が実践されたらどのように聞こえるでしょうか？（どのように見えるでしょうか？　どのように感じるでしょうか？）」

問題を起こしている子供をその状況からただ引き離すよりも、長期的な解決策を探すことが賢明です。

ダイアン・ゴッセン

優秀な実践例 ………………………………………………………………………………………

償いは機能する

　矯正のカウンセラーであるジェフ・グラムリー氏はイリノイ州の非行問題の多い都会の学校（複数）でカウンセリングの仕事をしています。

　ある大規模校で矯正のシステムに正義回復のプロセスを導入したところ、２年以内に矯正勧告の件数が4,076件から2,438件に減少しました。クラス内で償いの予防的なアプローチをとった先生のクラスは、そうでないクラスの生徒に比べて成績が２０パーセント上昇しました。矯正の問題が減少するにつれて成績は上昇します。グラムリー氏はこう語っています。

　「１年目に会ったとき、彼らはすでに〈結果〉を受け取っていましたが、９５パーセント以上の生徒がその状況を正しいものにしたいと望み、心から先生との傷ついた関係を修復することを望んだのです。先生や仲間との壊れた関係を修復するための動機づけとして、停学処分の日数を減らすなどニンジンをぶら下げる必要はありませんでした。価値観や信念は植えつける必要はないのです」

………………………………………………………………………………………

　　正義を回復するということはたんなるゆるしやあがない以上のものです。
　　それは和解と傷ついた人間関係の修復も含みます。
　　犠牲者、問題を起こした人、地域社会の関係の修復を含みます。

　　　　　　　　　　　　　エヴァン・エヴァンス（銀行強盗と殺人の罪で服役中）

明確な境界線を確立するための10のガイドライン

　以下に示す美徳に土台を置いた境界線設定のためのガイドラインは数多くの国々で、地域社会や学校の役に立っています。このガイドラインを使うことによって、矯正の問題や暴力の問題が著しく減少し、同時に、親切、優しさ、安全、自尊心の文化が醸成されていきます。正義を回復することに基づいた矯正システムで必要なことのひとつは、明確な行動上の基本原則です。学校では絶対に許されないという最低ラインの行動

も含めてです。そのような基本原則をしっかりと決めておくことが安全
な避難所をつくり出すための重要な1歩です。

1. 適度であれ

少数の基本原則を選び、それを守らせることです。せいぜい3つから
5つの規則で十分です。あなたの学校のヴィジョンがガイドラインにな
ってくれるでしょう。境界線はそうした原則をサポートする行動であり、
これだけは絶対に受け入れられないという行動も含めるべきです。
規則を長々と書けば覚えることは難しくなります。境界線のリストは短
くして覚えやすくします。

我が校のヴィジョン：私たちは人、気持ち、物に尊敬の気持ちをもっ
て接することにより、自分自身、そして他の人たちに対する尊敬の思い
を示します。

我が校の規則：私たちは以下のことに対して寛容であることは絶対に
できません。
1．校内での麻薬とアルコール。
2．器物の損壊。
3．粗暴な遊び、脅迫、虐待、武器、あるいは武器らしきもの。
4．許可なしに学校を離れること。
5．石、その他の危険物を投げること。

予防に注意をはらう。

2. 具体的であれ

教室での規則は先生が具体的に期待していることに結びついていなけ
ればなりません。学校の規則はその学校の生徒たちのニーズに合うよう
に具体的にする必要があります。よく見かける行動や、こうしてほしい
という行動に基づいた規則であるべきです。

127

優秀な実践例

ギャングの身分は教室の入口に置いてくる

　ミネソタ州の市内の中心にある「少年・少女クラブ」ではギャングの肩書きは部屋の入口に置いてくるという境界線を設けています。そうすることによって、プログラムを行っている間は、みな同じ遊び場で一体になることができます。クラブの責任者であるシェイラ・オーレイン氏は次のように語っています。

　帽子についての規則はクラブによってまちまちです。あるクラブでは帽子を全面的に禁止し、2つのクラブでは帽子の着用は認められていますが、帽子のつばは前後どちらにもっていくにしても、まっすぐでなければならず、斜めにかぶることは許されません。帽子やバンダナはどのギャングに属しているかを示すために着用されることもあります。ある色の帽子をかぶり、つばが左を向いているか右を向いているかによって、どのギャングに属しているかを示します。

　ズボンの裾をまくることによっても同じことが言えます。私たちのクラブではズボンの裾をまくることは許していませんが、ギャングのメンバーであると分かっている子供を排除はしていません。しかし、ギャングの代表として来ることは禁じています。クラブは中立地帯であり、どのギャングのグループも自分の縄張りにすることはできません。

　帽子やズボンやバンダナを不適切な形で着用しているメンバーは帽子をまっすぐにかぶり、バンダナをとり、たくし上げたズボンの裾を下ろすようにと依頼されます。拒否した場合には、その場を去るように言います。1日に1回以上依頼したにもかかわらず、メンバーがそれを忘れた場合には帽子やバンダナをその日の終わりまで預かることもあります。

3. ポジティブであれ。美徳に基づいたルール

　規則をネガティブ（否定的）な言葉を使って表現することを避けます。日常生活における交流でも、「～しないように」と警告するのではなく、「～しましょう」と導くことが大切です。「～しないように」と言うと、

その考えを頭に植えつけることになります。

「ヴィジョンの宣言文」によって意識を美徳に集中するようにします（第4章、"共有する〈ヴィジョンの宣言文〉を創作する" P150参照）。美徳に意識を集中するということは、お互いにこうあってほしいあり方にコミットすることです。

ポジティブな規則は役に立ちます

- 思いやりをもってください。廊下では歩きましょう。
- 人や気持ちや物に親切にしましょう。
- 行動と言葉に尊敬の気持ちを込めましょう。
- 注意してください。安全を守りましょう。
- 私たちは平和を生み出す人です。拳の代わりに言葉を使います。

ネガティブな規則は役に立ちません

- 廊下を走ってはいけません。
- 人や気持ちや物を傷つけてはいけません。
- 先生に口答えをしてはいけません。ののしり言葉は使わないこと。
- 危険な行動はとらないようにすること。
- けんかをしてはいけません。

4. 具体的で関係のある結果を与える

絶対にしてはいけない行動がとられたときには、結果を導入するべきときです。どのような結果を体験させるにしても、それがきわめて具体的で、起こした問題行動との関連において適切であることが大切です。その結果が生徒によって選ばれたものであるのが最善です。たとえば、誰かが机の裏にガムをくっつけて「物を尊重する」規則を破ったとします。それを公平な形で償うにはどうしたらよいか、その生徒に聞いてみます。（たとえば、教室の机の裏をすべてチェックしてガムを取り除くという考えが出てくるかもしれません）。「罪」との関係においてバランス

がとれていて公正であるようにすることが大切です。子供は自分に対して過剰に厳しい罰則を下す傾向があります。ですから、生徒が自分自身に対して公平であるように指導する必要があります。

適切で公平な償いの例をいくつか挙げてみます。
● 器物の損壊──器物の弁償。
● 人を殴った──謝罪とその人に対するひとつの奉仕活動。
● 誰かのお昼を床に落とした──自分のお昼をあきらめる。
● 校舎を無断で離れた──２日間、友達とつねに行動を共にする。

学校の境界線の深刻な違反の場合には、次のような前もって決まった結果を体験させることが必要です。
● 副校長先生との時間をもつ。
● 親への通知。
● 停学。学校内ないしは学校外での停学。
　　ただし、前出のロバート・フロスト中学校のようなガイダンスと矯正のプログラムを組む（優秀な実践例"変容としての鍛練"Ｐ１１１参照）。

罰は罪にふさわしいものにする必要があります。

ウィリアム・ギルバート

５. 懲罰的な結果ではなく教育的な結果を使う：　報復的ではなく回復を目指す結果を体験させる

修正の目標は正義を回復することであり、その子供を地域社会、あるいは、グループに戻し、人間関係を修復し、問題を起こした子供を孤立させず、長期的に見て人格を築くことができるように導くことです。問題と問題を起こした生徒を排除するだけではありません。

変容をもたらすタイムアウト：「いたずら者の座る椅子」を「礼儀正しくなる椅子」という名前に代える。タイムアウト（内省の機会）を回復する時間と考えます。回復してグループに戻り、一時的に忘れてしまった、

あるいは、実行することができなかった礼儀、尊敬、協力などの美徳を回復するための時間と考えます。

回復的な停学を与える：学校内での停学が必要とされているときには、その生徒が必要としている美徳の項目のコピーを生徒に与え、その美徳を実践していたら、状況はどのように展開したと思われるか話してもらうか書いてもらいます。

法律的に必要な事柄に加えて学校外での停学が必要な場合、次のようなステップも可能です。
- ● ボランティアの指導者に来てもらい、生徒と次の活動を行います。「ヴァーチューズ・ピック」（第4章、"活動" P165, 166参照）を行う。生徒の強い美徳と弱い美徳を調べる。生徒が償いの計画を立てるのを手伝う。
- ● 生徒は計画をもって学校に戻る。

問題を起こした子供が償いによってより強くならないとすれば、それは償いではない。

ダイアン・ゴッセン

変容と和解のプロセスで不可欠なのは犠牲者と問題を起こした人と地域社会との三者の関係です。

マイケル・ハドリー博士

優秀な実践例
私には（本当の）あなたが見える

テキサス州、クレバーンに住むアレクシーナ・キーリングさんは私が本書を捧げている女性です。彼女はボランティアとして、校長先生から依頼を受け、停学処分を受けた生徒たちの指導をした人です。アレクシーナさんはそういう生徒たちと会って、彼らが内面にもっている美徳について話しました。彼女はいつもこう語りかけました。「あなたは本当の自分が誰であるか知っていますか？　あなたのなかにはたくさんの才能があるので

すよ」。それから、「ヴァーチューズ・ピック」を行って"The Family Virtues Guide"（家族のためのヴァーチューズ・ガイドブック）に書かれている美徳の説明を読み、彼らがどのような形で償いをすることができるか導くのでした。彼女のところに送られてくる生徒たちは過去に服役の経歴をもち、アレクシーナさんと出会うまではほとんど人生に絶望していた若者たちでした。彼女と会って学校に戻った彼らは本来の自分を取り戻し、自分が傷つけてしまった人たちのために正義を回復する心の準備ができていました。彼女は奉仕と勇気によって若者たちのために大きな違いを生み出した人です。

6. 一貫性をもつ

　子供たちはどこまで許されるのか、その限界を試します。あるいは、時として規則を忘れます。あるいは、調子の悪い日もあります。このようなことは前提として理解しておく必要があります。過失の原因が何であれ、絶対に破ってはならない決まりは自動的に守らせるということを信頼の美徳は要求します。それは慈悲の時ではなく正義の時です。生徒は恒常的で首尾一貫した規則しか信頼しません。そういうわけですから、最低限の決まりを作るのであれば、守らせることができる規則でなければなりません。

　ヴィジョンとその境界線を強化することに第一優先権を与えるべきです。とくに新年度のはじめにそうするとよいでしょう。親（保護者）や地域社会の人たちにボランティアとして参加してもらい、大きなクラスのなかで、あるいは、休み時間に境界線を守らせるように協力してもらうのです。

7. 規則をはっきりと伝える

　境界線を書いた紙を掲示し、親にも必ずそのコピーを送るようにします。知的な理解を統合する手段としてヴィジュアルなコミュニケーショ

ンをするとよいでしょう。ユーモアを交えてください。規則を効果的にするためのひとつの試練は、それがどのくらい覚えやすいかということです。気の利いた言い回しや韻を踏んだ言い方なども役に立ちます。たとえば、"On time every time"（いつも時間厳守）、"We dare to care"（勇気をもってケアします）。

- 生徒にハンドブックを持たせ、ハンドブックの最初のページに学校のヴィジョンを書き、最低限守らなければならない規則と、それを破った場合の結果を書いておく。
- 学年の最初に規則を導入するときには、短く、感じよく、ポジティブな言葉づかいにして、美徳に焦点を絞る。
- 生徒たちが共通のヴィジョンについて話し合い、決定した後に、それを廊下などの共有のスペースに掲示する。
- 「ヴィジョンの宣言文」のポスターを生徒に作ってもらう。
- とくに新年度のはじめに生徒に思い出させるための質問をする。「ベルが鳴ったら何をするのでしょうか？」（自分の持ち物を集めてその場を離れる準備をする）。「どの美徳を実践するのでしょうか？」（整理整頓と礼儀）。

8. 生徒が結果を受け取るとき、理由を必ず理解できるようにする

「礼儀正しくなる椅子」でタイムアウト（内省の機会）の時間を過ごした後、その生徒におろそかになっていた美徳を思い出させます。「もっと友達らしく尊敬の気持ちを表わしながらメアリーの注意をひくにはどうすればよかったですか？」「友達に対して尊敬をはらう心の準備ができましたか？」「やすらかに遊ぶ心の準備ができましたか？」「メアリーに償いをするためにどうしますか？」「あなたがそれをできることが私には分かっています」。このような言葉をかけられると、生徒たちは自分はグループに所属していると感じることができます。

停学を終えた生徒に次のような質問をします。「この状況で何を学びま

133

したか？」。「どの美徳が必要でしたか？」。それから、償いの計画の提示を求めます。ここは最初に怠った美徳を実践することが、なぜ必要であるかを説明する場面ではありません。生徒が何を学んだかに耳を傾け、償いをするためにどのような計画を立てたのかを尊敬の気持を込めて聞くときです。

拒絶ではなく内省。

優秀な実践例 ·······

美徳に基礎を置いた境界線

ウィニー・ポンガ先生は中学生に日本語を教えています。授業態度が悪いために一部の生徒に居残りをさせる必要が生じました。先生は生徒たちが自らの行動の結果を受け取ったときにどうするべきかについて"The Family Virtues Guide"（家族のためのヴァーチューズ・ガイドブック）に書かれていたプロセスを思い出しました。まず、生徒になぜ居残りをさせられたのか、その理由を聞きました。それから、美徳のポスターを見せながら、誰でも自分のなかに美徳をもっていることについて話しました。

1枚の紙に生徒が自分のなかに見た美徳を書いてもらいました。それから、また居残りをさせられることのないようにするには、翌日は教室のなかでどのように行動すべきか尋ねました。生徒は最初、話し合いをして、それからノートに書きます。

最後に、生徒は翌日役に立つであろう美徳を選びます。ウィニー先生はこのように指導することによって素晴らしい結果を得ることができました。

「何の美徳を必要としているのかについて、生徒の理解の深さには驚くべきものがありました。彼らは責任、やすらぎ、自制心などよりも、信頼、友好、自信の美徳を選んだのでした。子供たちが自分の行動を変えようと努力しているのに気づいたときには、それを承認することが非常に重要なのです」とウィニー先生は語っています。

9. 最低限守らなければならない規則は絶対に譲らない

　基本原則は絶対に守らなければならない決まりです。それはいかなる理由があっても曲げることができない規則で、その行為に対して許容範囲はゼロだということをすべての人が明確に理解していなければなりません。何かを基本原則にするときには、このことをしっかりと考えておく必要があります。

例：学校の壁にはポジティブな言い方の「ヴィジョン宣言文」しか掲示しないようにします。「私たちの学校は平和地帯です。私たちは平和的な言葉を使います。問題は平和的に解決します」。それから、家庭にニューズレターや「最低限守らなければならない規則」とか「私たちのヴィジョンをサポートするための境界線」と呼ばれる用紙を送ります。そのなかで、できるだけ簡潔に学校の安全と教育環境を守るために許されない行動を書いておきます。たとえば、恐喝、武器の保持、器物損壊は絶対に許されないということなどを書いておきます。さらに、それらの基本原則を破ったときの結果についても説明しておきます。

優秀な実践例 ⋯⋯⋯⋯⋯⋯⋯⋯⋯⋯⋯⋯⋯⋯⋯⋯⋯⋯⋯⋯⋯⋯⋯⋯⋯⋯⋯⋯

「ハーレム・アカデミー」の高い水準

　エドワード・カーペンター氏とアン・カーペンターさんにはひとつの夢がありました。ニューヨークのスラム街の子供たちに真の教育をするという夢でした。2人は「ハーレム・アカデミー」を設立し、街の通りにたむろする子供たちを集めました。この子供たちを2人は「5パーセントの子供たち」と呼びました。なぜなら、彼らが21歳の誕生日を迎えられる確率は統計的に5パーセントだったからです。彼らは麻薬の密売人、ギャングのメンバー、娼婦、その他、ありとあらゆる犯罪に関わっている子供たちでした。この私立学校は資金を与えられていましたから、入学金は要りませんでした。しかし、入学するためには学校の境界線に100パーセント意識を合わせる気持ちがあるということが必要でした。その境界線は次のようなものでした。

清潔―――― 清潔な衣服を着て登校すること。清潔であること。お酒を
飲んでいないこと。学校では麻薬使用に対しての許容範囲
はゼロである。

信頼性――― いつも時間を守ること。

やすらぎ―― 私たちは皆、味方である。この学校は暴力ゼロ地帯である。

カーペンター夫妻と先生たちはこれらの境界線を強制することをためら
いませんでした。これらの基本原則は絶対的なもので、それを破った結果
は即座に停学ないしは退学でした。生徒たちはこれらの境界線は本気で設
定されたものであることをすぐに理解しました。学校にとどまった生徒た
ちは学ぶことに100パーセント意識を合わせ、学問に対する情熱に燃えて
いました。「ハーレムア・カデミー」の大学進学率は98パーセントでした。
この学校では先住民の観点から歴史を教え、アメリカの歴史の教科書のな
かでは多くの場合含まれていない、黒人が歴史的に成し遂げた数々の偉業
も教えられました。こうして生徒たちは、自らの文化的な遺産について学
び、強烈な誇りと忠誠心をもつに至り、街の通りにたむろする人生とは別
の選択肢があることを学びました。このプロジェクトの成功の主な要因は
明確な境界線でした。

10. 先生が期待していることを明確に知らせる

毎日の生徒との交流のなかで、以下のことを実践して自己主張の美徳を
実行します。

1. 個人的な境界線を明確にする。

   「あなたが尊敬の心をもって話してくれるならば何にでも 耳を傾け
   ます」

2. 圧力なしに決定を下す。

   あることを決めかねているときには時間をかけます。「それについ
   ては考えさせてください。後で知らせます」

3. 境界線の範囲内で同意する。

   「もしも……ならいいです」と言う。たとえば、生徒がピザパーテ

ィーをやりたいと言ってきたとします。そのようなとき、"すでに
スケジュールは過密状態だし、そんなことをやる時間もエネルギ
ーもないわ"と考える代わりに、少し時間をとって考えてからこ
う言います。「そうですね、もしも1週間、あなた方が宿題の提出
期限を守ってくれるならば、私がパーティーのための準備をしな
くてもいいという条件で、あなた方が資金を集め、ボランティア
を集めるなら、金曜日の午後に開いてもいいですよ」

4. 生徒に注目してほしいときには、生徒が前もって同意している優
しく簡潔な言い方を使う。

生徒を静かにさせるために何度も怒鳴ってエネルギーを無駄にす
ることもひとつの選択肢です。もうひとつの方法は、前もって合
図を決めておいて、生徒がその合図を聞いたり、見たりしたとき
には直ちに"凍りついた状態になる"、静かになる、注意を先生に
向けるように決めておくことです。合図としては次のようなもの
が考えられます。

- ・チャイムまたはベルを鳴らす。
- ・音楽をかける。
- ・先生が腕を上げる。(生徒がそれに気づいたら生徒もそれと同
  じ動作をする)。合図を覚え始めるときに、これがすぐにでき
  た生徒の優秀、協力、尊敬の美徳を承認するとよいでしょう。

5. 境界線に積極的に反応する生徒たちの協力を承認する。

先生に注目をするといった指示をクラス全体に向かってするとき、
最初に反応した生徒を承認します。「素晴らしい協力ですね。マリ
ア、カレン、ジェームズ、あなた方はしっかりと私を見てますね」。
このようにした方が、まだ合図に反応していない子供たちに注意
を向けるよりも効果的です。効果的でないのは、「フレデリック、
私が言ったことが聞こえませんでしたか? あなたが今している
ことをやめて、こちらに注目しなさい!」といった言い方です。

6. 先生がつねに生徒に期待していることを明確な境界線のなかに入
れる。

生徒に完璧な静けさを保ってほしいときには、それがどういうと
きであるか、そのためにどういう合図をするかを生徒に話してお

きます。これについては節度を守ることを忘れないでください。というのは、騒音やおしゃべりは学びの創造的な部分であるからです。いずれにしても、先生にとって大切なことは実践するべきでしょう。先生が教室の支配人なのですから、先生の境界線を明確に伝えてください。そうすれば生徒は協力するでしょう。

優秀な実践例 ....

教材など物の面倒をみる

　ヴァーチューズ・プロジェクトのファシリテーターでニュージーランドの著名な童謡の作曲家であるラダは、子供たちの行動に関してどのような境界線を設定するかについて素晴らしいモデルを考えてくれました。

本

1. 私たちは本のページを破かないようにします。
2. 私たちは本をきれいに保存します。飲み物や絵の具やクレヨンなどで汚さないようにします。
3. 私たちは本を決められた場所へ戻します。
4. 私たちは本を分かち合います。ほかの人たちにも絵などを見せてあげます。

私たちは責任を果たします！
子供たちのなかに見出して承認するべき美徳の例

優しさ　　「あなたはその本をとても優しく扱っていますね」

整理整頓　「いいですね。本をそのようにきちんと片付けるのは整理整頓が実践されていますね」

思いやり　「アレックスにも絵が見えるように動かしてくれたのは思いやりがありますね」

やすらぎ　「物語を聞いている間、あなたがやすらかで静かだったことに気づきましたよ」

工作用粘土（プレードゥ）

1. 粘土は床ではなく正しい場所に置いておきます（テーブルの上な

ど)。

2．自分の粘土を使い、ほかの人のものは使わない。

3．粘土をきれいに保存する。

4．粘土を食べたりせず、健康を大切にする。

私たちは尊敬をはらいます！
子供たちのなかに見出して承認すべき美徳の例

清潔　　　「粘土は床ではなく、テーブルの上に置き、粘土を使った後
　　　　　は手をきれいに洗いますね」

創造性　　「粘土で新しいものを作って創造性を発揮していますね」

ゆるし　　「あなたの粘土をとったのにジョンをゆるしてあげたのはゆ
　　　　　るしの美徳の実践でしたね」

忍耐　　　「粘土を使う順番を忍耐強く待っていますね」

自然な境界線を発見する

安全ライン

　カナダのアルバータのサマー・ファミリー会議センターで大人を対象にしたワークショップを行っていたとき、アメリカヘラジカと子鹿が牧草地に来ているという話が伝わってきました。子供たちはアメリカヘラジカを見ようと教室から出て行きました。ヘラジカは結構危険な動物で、とくに子鹿が近くにいるときには子鹿に近づいたりすると攻撃してきて脚で蹴ろうとする可能性があります。先生たちは「あまり近づかないように」と叫んでいました。多くの子供たちが波のように牧草地に近づいて行きましたが、私は自然な境界線がないかと見渡しました。すると牧草地の端のところまで草が刈られていて、そこが自然な境界線になっているのに気づきました。「芝生の端で止まりなさい」と言いました。私も芝生の端まで走っていって腹ばいになってアメリカヘラジカを見つめました。子供たちも皆、私に倣いました。子供たちは誰1人として、この境界線を越えませんでした。アメリカヘラジカが子鹿と一緒に草を食み、

低潅木を食べているのをこのようにして見物するのはとても素晴らしい体験でした。彼らは華奢な脚でダンスを踊り、跳ねるようにして意気揚々と去っていきました。

　もちろんその後、私はこの機会を使って「皆さんは境界線に対して、そしてアメリカヘラジカに対して本当に尊敬をはらいましたね」と子供たちを承認しました。

クラスの規模を妥当なものにする

　できればクラスの規模は小さい方がいいでしょう。成功をおさめている一般的な境界線のひとつは小規模校でクラスも小さく、先生が子供を1人ひとり個人的に知ることができる教育環境です。このような環境だと、先生も生徒たちを励ますエネルギーをもつことができます。先生と生徒間の思いやりに満ちた関係に勝るものはありません。

美徳を使っての矯正活動は実に簡単！

　生徒の美徳を目覚めさせるために先生がモデルとなって実践すべき美徳は数多くあります。あるいは、先生自身のために実践してみるのもよいことです。気転、尊敬、愛、創造性といった美徳は非常に役に立ちます。成功する矯正活動の核心には美徳があります。

矯正を簡単にするための4つの要素
- 導くようにして権威を用いることに自信をもつ。
- 基本原則を確立することをしっかりと自己主張する。
- 生徒に対して親切に対処する。
- 教える子供たちに対して、教える内容に対して情熱をもつ。

　スウィングがなかったら意味がないんだよ。

デューク・エリントン＆アーヴィング・ミルズ

活動 Activities

（ 自己主張について話し合う ）

　自己主張の美徳についての説明を読み、学校や家庭でどのように自己主張をすることができるかについて話し合います。本書、「部の自己主張の項目（P275参照）で説明されている、攻撃、受動、自己主張の区別を読みます。

（ 見知らぬ人と遭遇したときの危険について話し合う ）

● 私たちの安全を可能にしてくれる境界線にはどのようなものがありますか？
● 見知らぬ人が車で学校に乗り込んできて、その人の車に乗るようにと誘われたら、あなたはどうしますか？
● 誰にそのことを話しますか？
● インターネット上の見知らぬ人から、自分をどのようにして守りますか？

（ ヴィジョンと境界線のポスター ）

　それぞれの教室には、独自の境界線があるかもしれません。個々の先生は自由に境界線を設定できます。境界線のリストを作るときに、生徒も巻き込んで創造的な基本原則を作ってみるとよいでしょう。そうすることによって、生徒は自分が規則を所有しているという責任感をもつことができます。

　ヴィジョンの宣言のポスターを生徒に作ってもらい、それを目立つように掲示しておくと役に立ちます。ヴィジョンの宣言のポスターに生徒の心を集中させることによって、ポジティブなエネルギーの流れをつくることができます。

生徒の活動シート

間違いにふさわしい償い

　次の１から８の償いで、その人が犯した間違いにふさわしいと思う場合には〇を、ふさわしくないと思う場合には×を記入してください。償いは間違いを犯す前の状態か、それよりも良い状態にしようと努めることを前提にしてください。それができない場合は、必要とされている美徳を修復しようとします。また、このプロセスによって当事者の弱い美徳の領域が強化されます。最後の欄に必要とされていた美徳を書いてください。

活動　　　　　　　　　　　　　　　　　〇／×　必要と
　　　　　　　　　　　　　　　　　　　　　　　　　　されていた
　　　　　　　　　　　　　　　　　　　　　　　　　　美徳

１．悪い言葉を使ったので、ゴミを片付けます。
　　（償いとして適切ですか？）.................................. ＿＿＿　＿＿＿

２．花を踏みつけたので、新しい花を植えます。
　　（償いとして適切ですか？）.................................. ＿＿＿　＿＿＿

３．彼女の紙の飾りを破ってしまったので、彼女に自分のをあげて、もうひとつ新しいものを作ります。
　　（償いとして適切ですか？）.................................. ＿＿＿　＿＿＿

４．彼を押したので、キャンディーをあげます。
　　（償いとして適切ですか？）.................................. ＿＿＿　＿＿＿

５．先生の時間を費やしてしまったので、先生の手伝いをします。
　　（償いとして適切ですか？）.................................. ＿＿＿　＿＿＿

６．彼の鉛筆をとったので、黒板を消します。
　　（償いとして適切ですか？）.................................. ＿＿＿　＿＿＿

７．休み時間に彼らのボールを奪ってゲームを終わりにしてしまったので、明日は規則に従います。
　　（償いとして適切ですか？）.................................. ＿＿＿　＿＿＿

８．自転車で彼にぶつかってしまったので、自転車の安全週間を設けます。
　　（償いとして適切ですか？）.................................. ＿＿＿　＿＿＿

"Restitution for Teens Video Guide Book" ダイアン・ゴッセン著から転載。

Permission is granted by Jalmar Press to copy this page from The Virtues Project Educator's Guide © for classroom use only.

（ 教室内に問題解決のための平和地帯をつくる ）

　２人、あるいは、それ以上の人が丸くなって座ることができる大きさの特別なマットを使って「平和会談」をします。マットが置かれた場所には掲示を出します。たとえば、「平和会談」とか「平和の場所」など。
　次のような掲示をしておきます。

―――――――――――――― 平和の場所 ――――――――――――――

１．何が起こったのかあなたの体験を真実に沿って順番に話してください。
２．相手の見解を尊敬の気持ちをもって聞いてください。
３．あなたが感じたことを正直に分かち合ってください。
４．あなた方がそれぞれ必要としている美徳を創造的に発見してください。
５．どのような償いをする必要があるか正義とゆるしの美徳を使って決めてください。
６．次に同じような状況に出合ったとき、どうすれば異なった行動をとることができるか、コミットメントの美徳を実践して決めてください。

　　おめでとう！　あなたは問題を平和的に解決しました！

―――――――――――――――――――――――――――――――――――

（ 教室を清潔に保つ ）

● 教室は整理整頓して感じのよい環境にしておきます。そのような教室は心を鎮め、スピリットを慰めてくれます。
● 「ヴィジョンの宣言文」と境界線のポスターを生徒に作ってもらい掲示しておきます。

（ 美徳証明書とハグノートを家庭に送る ）

　生徒が努力して進歩を遂げているときにはご褒美をあげましょう。特定の美徳を見事に発揮している生徒と、最善の努力をして進歩を遂げている生徒に特別な権利をご褒美としてあげましょう。優秀な生徒とわずかな進歩のために非常な努力をしなければならない生徒の両方に対して公平であるべきです。

学校全体での活動 School-wide Activities

（ 境界線を明確に伝える ）

1. 「ヴィジョンの宣言文」（第4章、"共有する〈ヴィジョン宣言文〉を創作する" P150参照）とあなたの学校の境界線を速報、その他の形で家庭に送って知らせます。学校を安全で楽しい教育環境にするためにヘルパーとして、また指導者として親（保護者）がいかに重要であるかを伝えてください。

2. ヴィジョンの宣言と境界線をテーマにしたスローガンのコンテストを先生がスポンサーになって開催するとよいでしょう。

3. 全校の集会で生徒に学校の規則についての寸劇を演じてもらいます。

（ 平和部隊を創設する ）

　責任感の強い生徒を募って平和部隊を結成し、平和を維持し、何か争いが生じたり騒ぎが起こったときに問題を察知し介入する体制をつくることができます。平和部隊の生徒は飾り帯やジャケットなどで区別しておき、問題があったときにほかの生徒たちが接触できるようにします。

優秀な実践例 ···

子供が子供を助ける

　カナダのブリティッシュ・コロンビアにあるブレントウッド・ベイ小学校には「アンバサダーズ」（大使）と呼ばれる平和維持のためのグループがあって、メンバーは「アンバサダーズ」と書かれた黄色いジャケットを着ています。

　児童は誰でもいじめられていると感じたり、助けが必要と感じたときには、ＷＩＴのテクニック、つまり、 1）"Walk away" その場を立ち去る。 2）"Ignore the aggressor" 攻撃者を無視する。 3）"Try to talk it out" 話し合いで解決しようと努力する。

　それらを試み、それでも攻撃がやまないときには「アンバサダーズ」の

一員に助けを求めます。「アンバサダーズ」の境界線は肉体的な暴力が関係しているときには、大人に助けを求め介入してもらうことです。

このプログラムのコーディネーターであるキャロル・ケンウェイさんは、このグループの役割は争いを管理する役割以上のものがあると説明しています。

「この子供たちは仲間に入れることがとても上手なのです。1人でいる児童を見かけるとその子供を交えてゲームを始めたり、その子供に一緒におしゃべりをしようと誘ったりします。彼らは特別なニーズのある子供たちに対してもとてもよくしてくれるのです」

章のまとめ

明確な境界線を設定する

- ✔ 矯正システムを正義の回復に基づいて設定する。
- ✔ つねに学びに奉仕するために権威を行使する。
- ✔ 権威をリーダーシップであると見なし、自分のリーダーシップのあり方がどのようなものであるかを自覚する。
- ✔ 耳を傾けることによって正義を回復する。
- ✔ 美徳を矯正の参照点にする。
- ✔ 境界線を設定する。
  - ・節度を守る――規則は４つか５つに限定する。
  - ・具体的にする――それぞれの状況に関係した行動に焦点を絞る。
  - ・ポジティブにする――美徳に基づいて規則を作り、できればポジティブな言葉を使う。
  - ・絶対に守らなければならない規則に関しては具体的で関連性のある結果を体験させる。
  - ・教育的な結果を体験させる。懲罰的な結果ではなく、回復と償いをもたらすものとする。
  - ・首尾一貫性のあるものにする。
  - ・規則を明確に伝える。
  - ・生徒に結果を体験させるときには、関係する美徳を生徒が必ず理解できるようにする。
  - ・絶対に守らなければならない規則は妥協不可能なものとする。
  - ・先生が期待していることを明確にすることにおいて、自己主張の美徳を実践する。
- ✔ 自然な境界線を発見する。
- ✔ クラスの規模を扱いやすいものに抑える。
- ✔ 学校を安全な場所にするために生徒の平和部隊を設立する。

Honor
the Spirit

第4章

スピリットを尊重する

なぜ生きるのかが発見できれば、どのように生きるかは自然に分かる。

作家　ジム・バルク

学校のスピリットを呼び覚ます

　最近は「スピリチュアル」という言葉が、子供が必要としている側面のひとつとして多くの教育目標のなかに含まれるようになりました。ウエブスターの『新世界辞典』の"spirit"の定義のなかには、「本質的な資質。生気を与える原則。生命。意思。思考」などがあります。学校のスピリットは「情熱的な忠誠心」と定義されています。教育という文脈のなかで「スピリチュアル」という言葉を有効に考えるには次のような概念と関連したものとして考えることもできます。

● 意味と目的意識。
● 信念と価値観。
● 人格における美徳の達成。

　この章では学校のスピリットを高めるためのいくつかの方法と、内包的で統合的な形で子供のスピリチュアルなニーズに応えるための具体的な方法を提示します。現在の多文化的な社会においては、美徳に焦点を絞ることは霊性の基本的資質である人格の意味と達成に敬意をはらいながら取り組むひとつの方法です。美徳はスピリチュアルな次元に取り組むための共通言語です。これは多元的な社会においては不可欠なことです。というのは、多元的な社会において子供は宗教的であるかもしれないし、宗教的ではないかもしれません。宗教的である場合、それぞれが異なった宗教である可能性が高いのです。宗教は特定の信仰のコードないしは信念体系です。価値観というものは私たちが何を重要であるかと考えているかを表わすもので、文化によって異なります。美徳はあらゆる文化によって普遍的に尊重されているものです。

　安全で配慮が行き届いた学習環境、尊敬の念に満ちた学習環境をつくるためのもっとも力強い方法は、それを要求するだけでなく、それに息吹を与えることです。いろいろな方法で、学校や組織に対する「情熱的な忠誠心」だけでなく、美徳の意味や達成に息吹を与えることができます。たとえば、次のような方法があります。

1．すべての子供のなかに潜在的な美徳を見る。

2．共有の「ヴィジョンの宣言文」を創作する。

3．子供が実践することを期待している美徳を、先生がお手本となって実践する。

4．意味の番人となるような物語を分かち合う。

5．芸術活動のなかで美徳に焦点を絞る。

6．はじめと終わりに節目をつけ、特別なときを記すための儀式を行う。

潜在的な可能性を見る

美徳の言語を話し、毎日、教えに最適な瞬間を発見していくなかで、私たちは生徒に内在するスピリット（より大きな自分）を尊重しているのです。私たちにこれを可能にしてくれるのは、1人ひとりの子供を潜在的な可能性という観点から見ようとする気持ちです。

人間として完全に機能するためには、ほかの人間との関わりにおいて意味を探求する必要があります。しかし、この意味はほかの人間を思いやりと尊敬の念をもって遇するようになって、初めて獲得することができるのです。

カナダ, ブリティッシュ・コロンビア,

キャンベルリバーのディスカバリー・スクール校長　E．レニー

優秀な実践例

潜在的な可能性を見る

マグダレン・カーニー博士は、教育者としての道を歩み始めたばかりのときに、年度の半ばにデトロイトのスラム街にある学校のクラスの担任をするという体験をしたことがありました。校長先生が教えてくれたことといえば、前担任が突然辞めたということ、このクラスは「特別な生徒」のクラスであるということだけでした。

教室に入ると、大混乱もいいところで、紙クズが舞い飛び、生徒は脚を

机の上に投げ出し、その騒音たるや耳を劈くばかりでした。教卓の上の出席簿を開けてみました。生徒の名前を見ると、その横に140から160までの数字が記入されていました。彼女は内心で思いました。"元気がよいのも無理はないわ。この子供たちはすごい知能指数をもっているのだから"彼女はにっこりと微笑んでクラスの秩序を取り戻しました。

　最初、生徒は宿題をきちんと提出できませんでした。提出されたものは大急ぎでいい加減にやったものだけでした。彼女は彼らが潜在的にもっている素晴らしい能力について話しはじめました。彼らに最高の努力を期待しているということを話しました。彼らには与えられた特別な能力を活用する責任があることをつねに思い出させる会話を続けました。変化が起こりはじめました。子供たちは誇りをもってしっかりと座るようになり、一生懸命に勉強するようになりました。彼らの作業は創造的で厳密でユニークでした。

　ある日、校長先生が教室を通りかかり覗き込みました。生徒たちが全身の神経を集中して小論文を書いていました。後で校長先生はマグダレン先生を校長室に呼んで聞きました。

「あの生徒たちに何をしたのですか？　彼らの成績は普通のレベルをはるかに超えているじゃないですか？」

「当然ですよ。彼らには特別な才能があるのですからね」

「特別な才能？　彼らは特別なニーズのある生徒たちですよ。問題行動が多く知能が遅れている連中ですよ」

「でも、出席簿に知能指数が高いことが書いてあるじゃないですか」

「あれは知能指数じゃなくてロッカーの番号です！」

「まあ、どうでもいいですけど」

　　成功よりも重要なのは意味があるということです。
　　意味があるとはほかの人に貢献するということです。
　　　"Highly Effective People"（効率性の高い人びと）の著者　スティーブン・カヴィー

共有する「ヴィジョンの宣言文」を創作する

　真の意味での学校のスピリットと高い士気を呼び起こす最善の方法の
ひとつは、学校やクラスの「ヴィジョンの宣言文」を子供たちのものに
することです。ヴィジョンを創作する過程に子供を参加させれば、これ
を達成することができます。時間をかけて皆で選んだ美徳について共有
するヴィジョンを創作したクラスには、グループ全体が本当に尊重する
ものに対する参照点があります。尊敬の枠組みがあります。

1. クラス全体で、あるいは、いくつかの小グループに分けて、人はお
   互いに対してどのように行動すべきかについて、子供たちの家族
   はどのように考えているかを分かち合ってもらいます。
2. 学校ではお互いに対してどのように行動するべきかを生徒に聞いて
   みます。
3. 主なテーマで関係する美徳について自由討論を行い、出てきた考え
   をどんどん黒板に書きます。「私たちはお互いを尊敬しています」
   「私たちはお互いに配慮します」「私たちはフェアに遊びます」
4. このクラスでお互いに対してどのように行動したいかについての考
   えを表わす美徳を最高４つまで挙げるように生徒に依頼します。
5. それらの美徳を取り込んだひとつの簡単な文章をつくります。これ
   は皆、コミットすることができるヴィジョンで、すべての生徒が
   同意することが大切です。

> 　私たちは人、身体、気持ち、物に対して親切と尊敬を示します。
> 　私たちは勉強を楽しみます。

　学校全体の「ヴィジョンの宣言文」も同じような方法で作ることができ
ます。あるいは、クラスのヴィジョンを見直して学校全体のヴィジョンに
も１部を取り入れるのもよいでしょう。次のことに注意しましょう。

● 短いこと。
● 簡単に記憶できること。

● 美徳に焦点を絞っていること。

● いつもはっきりと見える場所に貼っておくこと。

　次の例はアメリカの中学校のものです。"Restitution:Restrucruring School Discipline"（償い：学校の矯正システムの再編）の著者であるダイアン・ゴッセン氏の提供によるものです。

> ウエスト・スクールは家族であり、お互いの尊厳と尊敬を通して達成にコミットしています。

1グラムの予防薬は1キロの治癒薬に匹敵する。

作者不詳

1分間の誠実度チェック

　「ヴィジョンの宣言文」は矯正システムを導いてくれるたいまつです。誰かが不親切な行動をとったときや、思慮を欠いた行動に走ったときに頼ることができる参照点です。

　私たち自身の"誠実度をチェック"する必要があるとき、自分が同意しているヴィジョンを自分がどれだけ反映しているかを知りたいとき、そういうときには「ヴィジョンの宣言文」を見て、自分のとっている行動が、それにふさわしいかどうかを自分自身に聞いてみればよいのです。それは毎日の教えに最適な瞬間の参照点にもなります。たとえば、あなたの学校の「ヴィジョンの宣言文」が次のようなものだったとします。「私たちはみな友達であり、お互いに対して親切に行動します。私たちは人と物と気持ちに尊敬をはらい、配慮をもって接します」

　ジムがほかの子供の鉛筆をとって返そうとしません。ジムの先生は次のような質問をすることができます。

　「ジム、人や物との接し方について私たちはどういうことを信じてい

ますか？」

「ジム、マニュエルの鉛筆を奪うことは親切な行為でしたか？　尊敬の美徳を示しましたか？」

「親切にするにはどういう行動をとることができたと思いますか？」

「この問題をどうすれば解決できると思いますか？」

「このようなとき、次はどういう行動をとりますか？」

教室に５２の美徳が書いてあるポスターを貼っておいて、「誠実度チェック」を行うこともできます。生徒に向かって聞きます。「誠実度チェックをしてみましょう。私たちは今、どの美徳を必要としていますか？」

先生がリーダーシップを生徒と分かち合い、矯正活動が先生中心ではなく美徳中心のとき、学校のスピリットは育っていきます。理想的には年度のはじめに時間をかけて、クラスや学校全体の「ヴィジョンの宣言文」を作れば、やすらぎと喜びに満ちた教育環境への大きな投資になります。それは行動基準のための参照点になってくれるでしょう。

私たちはただ生計を営むためにここにいるのではない。
世界がより大きなヴィジョンをもって、希望と達成の精妙なスピリット
をもって豊かに息づくことができるように、私たちはここに存在している。
私たちは世界を豊かにするために存在しているのである。
この使命を忘れたならば、自らを貧しくすることになる。

ウッドロー・ウィルソン

優秀な実践例 ···

選択する

カナダのブリティッシュ・コロンビアに住むエディス・グーランド先生は価値のシステムを教育に導入し、これによって生徒たちは選択することの大切さを学ぶことができました。１人の生徒は自分で考えた言葉を使ってポスターをつくりました。

選択する

選択は決断です。

私たちは一生涯にわたって選択を続けます。

私たちの選択によって私たちが誰であるかが決まります。

高校2年生　マーク

グーランド先生は高校3年生に言いました。

「レワン、価値のシステムはあなたのために役立ったようですね」

レワン：「新しい生き方をしている感じです。最初、Discovery Passage School（道を発見するための学校）に来て価値のシステムについて勉強を始めたとき、生きてはいたけど、今のような人生ではありませんでした。これは新しい人生です。樹木が空に向かって伸びていこうとするような感じです。前の人生では、僕は獲物を追跡する犬みたいに、ひとつのことしかできませんでした。獲物の鳥のことだけを考えるとか。狩猟犬のような人はいつも同じです。いつも同じ場所にいます。来る日も、来る日も同じことをやり、同じことを考えています。しかし、樹木のような人は毎日違ったこともでき、素晴らしく新しい感情を体験できます。そういう人の＜場所＞は拡大します。知識を集めるような感じです」

エディス・グーランド先生は子供が価値のシステムを発達させるのに役立つステップとして以下のステップを挙げています。

1. 私たちは選択します。
2. さまざまな選択肢のなかから、
3. それがどういう結果をもたらすかを考えて、
4. 何が大切であるかに基づいて。
5. 私たちの選択を公にして宣言します。
6. 選択にしたがって行動します。
7. 私たちが言うことを実行するのが習慣になるまで、選択したことと首尾一貫した行動をとり続けます。

人に実践してほしい美徳のお手本になる

　美徳のお手本になるということは完璧になることを意味するわけではありません。皆が同意した同じヴィジョンに対して説明責任をとるということです。何が大切であるかを学ぶために生徒はたえず先生を見ています。そのような先生であるあなたを救ってくれるもの、それは謙虚という美徳の実践です。ありがたいことにあなたは完璧である必要はありません。生徒と同じように学び、成長したいという気持ちさえあればよいのです。誰でも調子の悪い日はあるものです。時として、そういう日は謙虚の美徳を実践する完璧なタイミングで、生徒に辛抱してくれるように依頼すればよいでしょう。「今日は忍耐力がないので、みんなが忍耐の美徳を発揮してね」と頼むのです。

優秀な実践例
謙虚のお手本

　カナダのバンクーバーで小学6年生を教えているアツサ先生は彼女のクラスの子供を前にして、かんしゃくを起こしてしまったことがあります。

　翌日、そのことを後悔しながら学校に来て、クラスの児童たちに謝ることにしました。彼女は言いました。「皆さんに謝らなければなりません。私は昨日、忍耐をなくしました。本当に悪いと思っています」。すると1人の児童が言いました。「先生、私たちは従順であることを忘れてしまいました。私たちも悪かったと思っています」。「私はこれからもっと忍耐強くなることを約束します」と先生は言いました。「私たちは先生に対してもっと従順になることを約束します」とその児童は言い、ほかの児童たちも頷きました。

　この出来事はクラスが全校集会で寸劇を演じる直前に起こったのでしたが、寸劇は大成功だったそうです。

　「あの日からクラスの絆がとても強くなりました。とても素晴らしいことでした。私たち1人ひとりにとって教えに最適な瞬間だったのです」とアツサ先生は語っています。

物語を一緒に体験する

　もちろん、物語はつねに子供たちの注意を完全にひきつけます。年齢に関係なくいつもそうです。「むかしむかし」という魔法の言葉を聞くと子供たちは目を輝かせ、胸を高鳴らせて話に耳を傾けます。物語は私たちの文化の価値を体現しています。物語は子供たちが自分自身の価値観を定義づけ、自分がもっている価値観を自覚する手助けをしてくれます。

　先生が自分自身について語り、自分の体験や自分の家族について分かち合うのは生徒に意味の感覚に目覚めさせるためのひとつの方法です。歴史や文学の通常の授業のときに、生徒の個人的な物語を語るように奨励することによって、授業の内容に意味という味付けをすることができます。個人的な物語を「今週の美徳」と関連づけて「サークルの時間」に分かち合うことができれば、生徒の行動をただ監視するよりもはるかに効果的に人格の文化の醸成に役立ちます。

　　　誰が物語を語るにしろ、その人が文化を定義する。

　　　　　　　　　　　　　　　　　　　デービッド・ウォルシュ

優秀な実践例
「今日の私は何色？」

　アメリカ、ワシントン州のケントにあるセコイア中学校のアン・ボック先生は生徒が自分の物語を分かち合えるように非常に創造的な方法を考えつきました。生徒がピンク、グリーン、ブルーの色紙を1枚、あるいは、2枚選び、その日の気持ちに合った美徳をその紙に書きます。

　「私は美徳に関してピンクです。なぜかというと……」という文章は生徒が幸せで、自信に溢れていて、自分の家にいるように学校が居心地よくて、特定の美徳がうまく実践されていることを意味します。

　「私は美徳を育むことにおいてグリーンです。なぜかというと……」という文章は自分が経験している成長ないしはポジティブ（肯定的）な変

化に感謝していることを意味します。

「私は美徳に関してブルーです。なぜかというと……」という文章は調子が悪く、困難を体験していて、気分がすぐれず、美徳の実践も難しい状態であることを意味します。

　例：「私は寛容の美徳に関してグリーンです。なぜかというと誰かが僕の昼食を台無しにしたときに、僕は彼とけんかをしない選択をすることによって寛容の美徳を示したからです」

　1人の6年生は次のように書きました。「私はやすらぎの美徳に関してブルーです。なぜかというと昨夜は9時間も寝たのに、それでも疲れを感じているからです。頭痛がするし、耳が痛いし、鼻は詰まっているし、のども痛いし、声はかすれているし、やすらぎに関してブルーです。もうひとつの理由として、セーターを着て、タートルネックのシャツを着ているのに寒気がするからです。学校で勉強する代わりに家で寝ていることができたら、どんなにいいだろうなと思います。私の心がやすらかでない理由はこういうことです」

　もう1人の生徒は次のように書きました。「私は今日、寛容の美徳に関してグリーンです。なぜかというと誰かが私の昼食を台無しにしたときに、その人とけんかをしなかったから寛容の美徳を示したと思います。人は意地悪で冷酷になれるということを考えると私は今日、ブルーです」

　1人の生徒は次のような分かち合いをしました。「私は和の美徳に関してピンクです。なぜかというと私の和の美徳はガールスカウトの活動から来ています。私たちはチームワークのコースを勉強したり、建設のプロジェクトを一緒にやります。私は情熱の美徳に関してピンクです。なぜかというと人びとが必要としているものを提供する手助けをすることが大好きだからです」

物語を一緒に体験するための「ヴァーチューズ・ピック」

「物語を一緒に体験する」（ソロモン諸島で使われている表現）ひとつの方法は週に１回、「ヴァーチューズ・ピック」をすることです。「ヴァーチューズ・ピック」とはクラスの誰かがヴァーチューズ・カードを箱のなかから１枚選びます。そのカードには美徳の定義と「成功のしるし」が書かれています。そのカードをクラス全体に向かって読み上げます。それから、クラスの１人ひとりがその美徳を実践したときの体験の物語を話します。クラス全体で行うこともできますし、もっと小さなグループに分けて行うこともできます。その美徳を絵で表現したり、それについて詩を書くのもよいでしょう。この活動は子供にとっても、大人にとっても年齢に関係なく意味深いものがあります。これについては章の後半でさらに詳しく説明します。

アートで美徳に焦点を絞る

尊敬の川、創造性の豊穣の角

美徳を発達させるにあたって、環境のなかにヴィジュアルなキュー（合図）をおいておくと非常に役立ちます。子供たちが美徳をヴィジュアルにしたものをつくったり、いつも目にしていると、知的な統合がもっとも良い形で起こります。つまり意味の統合が起こるのです。「今週の美徳」と結びついたヴィジュアルなテーマは、美徳を文化の自然な要素にする手助けをしてくれます。

カリフォルニアのエル・カミノ・リアルスクールの校長先生で、美徳に基づいた人格教育の先駆者であるユージーン・ベドリー氏によると、子供たちが美徳をリアルなものとして体験するには美徳のシンボル（象徴）が必要だということです。同情の橋、尊敬の川、尊敬への道、親切なハートのように美徳と象徴を結びつけるのが効果的だというのです。

本書に記されている５２の美徳が書かれたポスターを目につくところに貼っておくのも役に立ちます。

演劇のパフォーマンスで美徳を呼び物にする

「美徳の演劇集団」をつくって美徳を呼び物にした戯曲を書いて演じて
もらうのもよいでしょう。意味の込められた戯曲であれば何でもよいで
しょう。あなたの環境内の美徳を強化するうえで、これは力を発揮して
くれるはずです。歴史上の人物について勉強しているときにもこの活動
は役に立ちます。

詩のなかで美徳を教える

作家のシェリー・タッカー氏は美徳と創造的な執筆を結びつけるため
のいろいろな方法を教えています（"生徒の活動シート――美徳の詩" P175参
照）。掲示板に美徳の物語や詩を掲示します。あなたの学校の特有な美徳
についての詩を書いて掲示します。

> 美の知覚は道徳的な試験である。
>
> ヘンリー・デービッド・ソロー

優秀な実践例 ....
美徳の壁画

アメリカ、ニューメキシコ州のアルバーカーキーにあるペトログリフ
小学校ではネパール出身のサリタ・バーキー先生の指導の下で、多文化
意識を高めるためのアート・プロジェクトを組織しました。

メキシコ、ネパール、ロシア、イギリス、アメリカ、マレーシア、ア
フリカ、イスラエル、その他の国々の音楽を聴きながら、総勢で100人
の４年生と５年生が１２メートルの長さの壁画を描いたのです。この壁
画のテーマは「美徳の打ち上げ」でした。児童たちはたくさんの色とデ
ザインからなる熱気球の壁画を描いたのでした。それぞれの色とデザイ
ンが和、いたわり、尊敬、礼儀、忍耐などの美徳を表わしていました。
さまざまな文化の人たちが世界中で熱気球を打ち上げている姿も壁画に
描かれました。

そのほかの学習活動も壁画プロジェクトに織り込まれました。たとえ

ば、和の美徳を紹介する前に「ハワイのユニティーの歌」を合唱しました。この美徳が自分の人生においてどのような意味をもっているかについて話し合いました。

　児童たちは壁画を描きながら、よく時事問題について話し合っていました。児童のなかにはイスラエルのラビン首相が世界に向けて平和のメッセージを送ったことに敬意を表わすべきだと話している子もいましたが、ラビン首相がすでに暗殺されていたことを知って、熱気球のゴンドラに、アメリカの国旗の隣りにイスラエルの国旗も加えて描きました。世界の熱気球も描いて、「私たちの母なる地球はひとつの人間家族が住んでいる家です」という名前をつけました。

　一部の児童たちは壁画についての物語を書き、美術のクラスのほかの児童たちと、その物語を分かち合いました。

　この活動は畏敬の念を覚えるような共同体意識を育み、素晴らしいばかりの情熱と創造性に息吹を与えました。そのため、多くの児童は休み時間も描き続けることを望んだほどです。児童たちはこのプロジェクトが行われている間、感嘆と感謝の気持ちをよく表現していました。「君の熱気球は実に美しいね」「自分がアーチストだったなんて知らなかった」「友達と一緒にやってもいいですか？」「学び方として、これはすごく楽しいね！」

　　美しきものは道徳である。
　　それがすべてである。
　　　　　　　グスタフ・フロベール

美徳の音楽を演奏する

　素晴らしい美徳のCDがたくさんあります。歌詞がついているものもあります（"参考資料" P430参照）。全校集会で「今週の美徳」に関係した美徳の歌をうたうことによって学校のスピリットを高めることもできるでしょう。

儀式における美徳

卒業式：卒業式は1人ひとりの生徒が学校の幸せな教育環境に貢献した美徳をいくつか承認する最高の機会です。あるいは、生徒が傑出している美徳を承認する機会にすることもできます。生徒たちが先生や管理者や地域社会の人たちを承認する機会にするのも素晴らしいことです。人を承認するもっとも簡単な方法は美徳を承認することです。宝石の形をした名札に美徳を書いて記念品にすることもできます。

祝賀会：優秀の美徳に加えて、友好、決意、いたわりなどの美徳も付け加えるとよいでしょう。

退職：退職する先生やスタッフに敬意を表わす方法として、美徳の承認は意味のある方法です。美徳の承認を生徒が作った美しいカードに書いて記念品としてプレゼントするとよいでしょう。

喪失と悲しみ：生徒ないしは先生が亡くなった場合、その人に尊敬の念をはらう儀式を行い、生徒たちや先生たちに、その人についての物語を語り、その人のなかに見た美徳を分かち合うことによって、癒しを体験しながら終結の儀式にすることができるでしょう。

儀式のはじめに：合宿、始業式、キャンプなどを開始するとき、全員が立ったままで円をつくります。1人ひとりが名前とどこに住んでいるか、この集いに彼または彼女が貢献する美徳が何であるかを言います。

「私の名前はフアン・ロペスです。デラニー通りに住んでいます。私は寛容の美徳を貢献します」

優秀な実践例 ⋯⋯⋯⋯⋯⋯⋯⋯⋯⋯⋯⋯⋯⋯⋯⋯⋯⋯⋯⋯⋯⋯⋯⋯⋯⋯⋯⋯⋯⋯⋯⋯

信頼のゲーム

ニュージーランドのタウポのジャネット・ジャクソンさんは「しっかりと立つプログラム」の第1部のプロセスとして、次のようなものをつくりました。

「目的は自分について分かち合うことによって、お互いをよく知ること
にあります」

● 「しっかりと立つプログラム」の歴史を簡潔に説明する。

● ファシリテーターとチューター（助手）を簡単に紹介する。

● 信頼のゲーム「賢明で勇敢で強い」。

「自分についての個人的な情報を分かち合うことによってこれを達成し
ます」

● 私の名前の歴史。

　　1．私の名前は？

　　2．誰がその名前をつけたか。

　　3．私の名前の意味は？

　　4．この名前について私はどう感じているか。

　　5．自分のことで分かち合いたいこと。

　　6．今日、私が貢献する美徳。

優秀な実践例

お互いを尊重する

　カナダのブリティッシュ・コロンビアのロジャース小学校のジャナイ
ン・ロイ先生は美徳をどのように活用しているかの実践例をふたつ話し
てくれました。

　1998年10月にリンダ（原著者）が学校に来て講演をしたのですが、そ
の後で、先生全員がヴァーチューズ・プロジェクトを学校で教えること
にコミットしました。

● 1つひとつの美徳をカードに書いて、学校のいちばん目立つ廊下に
　掲示しました。

● 学校の中心にある掲示板を「美徳の掲示板」にして、美徳をテーマ
　にした美術、物語、さまざまな考えなどを掲示しました。

● 2週間に1回、心の焦点を絞るべき美徳を選びます。その美徳を1カ月に2回行われる全校集会でさまざまな形で提示します。「私はいつも美徳を提示する創造的で意味のある方法を模索しています」感謝祭に「感謝」の美徳を扱うことになったときは白紙のポスター用紙を美徳の掲示板に貼り、横にペンを置いておき、児童たちに自分が感謝していることを自由に書くようにしました。これはみんなの掲示板ですから誰でも書いていいのです。驚いたことに、最初の日の終わりにはポスター用紙は感謝の言葉でいっぱいになっていました。そこで新しい用紙をさらに貼りました。毎日、用紙は児童やスタッフが感謝していることについての言葉でいっぱいになりました。1週間の終わりには、掲示板全体がいっぱいになり、すでに感謝の言葉が書かれている用紙は掲示板のまわりの壁に移さなければならなくなりました。

家族に対して、友達に対して、学校に対して皆がどんなに感謝しているかをこのような形で見ることができ、それは素晴らしい光景でした。

　最後の登校日に児童たちは教室の外に立って涙を流していました。小学校を卒業して中学校に行く卒業生たちでした。すると1人の児童が美徳の掲示板から「いたわり」のカードを剥がして、真の意味で「いたわり」の美徳を体現していた同級生に貼ったのです。1人ひとり児童たちは美徳のカードを剥がして、注意深く別な児童に貼ったのです。こうしてしばらくすると卒業生全員が美徳のカードを身に着けていました。それは驚くべき光景でした。私たちのこの成功の物語を喜んでくださることでしょう。これはヴァーチューズ・プロジェクトのおかげで実現したことなのですから。

「感謝のサークル」で締めくくる：年度の終わり、合宿、キャンプなどを締めくくる素晴らしい方法として「感謝のサークル」があります。

　全員で円をつくって立ちます。1人ひとり両手を前方に出して、両手の指を絡ませて「感謝のバスケット」をつくります。1人ひとりが、み

んなで一緒に過ごした時間からもらった贈り物をひと言かふた言で表現するという機会です。パスしたいときには手を振って隣の人にまわします。こういう状況で言われる言葉の例としては「友情」「叡智」「先生の親切さ」「自分を知ることができた」などがあります。

　　オプション：その後、みんなで手をつないで歌をうたいます。

　　話す杖：閉会のサークルで、どのような物であれ、それを「話す杖」にして隣の人に手渡しながら、その人に対して美徳を承認します。

　　毛糸の玉投げ：大きな円をつくります。誰かが毛糸の玉を片手に持って毛糸の端を握りながら円の反対側の人の方に投げます。投げるときに、「私は＿＿＿＿＿の美徳に今コミットします」と言います。毛糸の玉をキャッチした人は毛糸がぴんと張るように握って、「私は＿＿＿＿＿の美徳に今コミットします」と言いながら毛糸の玉を投げます。これを毛糸の天蓋ができるまで続けます。子供たちはこうして出来上がった天蓋の下に入るのが大好きです。出来上がったところで天蓋を上下に揺らしながら、みんなで歌をうたったり、曲を演奏したりすることもできます。

　　生徒の間を歩く先生が与えるのは自らの叡智ではなく信頼と愛である。
　　先生に叡智があるならば、あなたに彼または彼女の叡智の家に入ることを強いることはなく、あなた自身の心の入口へと導くであろう。
　　なんとなれば、ある人のヴィジョンがほかの人のヴィジョンに翼を貸すことはないからである。

　　　　　　　カリル・ギブラン

優秀な実践例 ....
美徳の贈り物
　ニュージーランドのケンブリッジにあるリーミントン小学校のスー・ギャメツア先生は、年度の終わりに生徒のために特別な承認の儀式を行いました。

私は毎週、ひとつの美徳を教えました。それが校長先生や生徒の親とも関係があることを説明しました。年度の半ばごろに保護者面談をしたときに、ある児童の父親が私の美徳の教育に心から賛同してこう言いました。「これこそ学校が教えるべきものですね。月曜日になると息子が学校から帰ってきて〈今週の美徳〉について話してくれるのがとても楽しみなのです」。年度の終わりにこの家族から贈り物をいただきました。美しい手づくりの天使で、装飾用プレートには「1998年、ナンバーワンの先生へ」と書かれていました。

　年度の終わりに、児童1人ひとりに教室の前に座ってもらいます。毎日、5人か6人くらいですが、前に出て座っている児童が、その1年に示した美徳をほかの児童たちが承認するのです。先生も同じように教室の前に座ってこれを行います。

　これが終わると、それぞれが承認された美徳のリストを受け取り、それをパソコンで打ち出します。名前を太字でいちばん上に打ち、美徳のリストをその下に打ちます。美徳に関係があるような絵を選び、それに縁取りをします。それらをカラーのカードの上に載せてラミネートします。これは先生とクラス全体からの1人ひとりの児童への贈り物です。私も自分のカードを宝物にしています。

活動 Activities

（ ヴァーチューズ・ピック ）

　カウンセリングを行っているとき、あるいは美徳の分かち合いサークルでヴァチューズ・カードを使うと、とても楽しく行動と変化の機会に心を集中させることができます。特定の美徳を受け取るということは決して非難ではなく、導きないしは確認です。

＞＞＞ 1人ひとりが選ぶ ＜＜＜

　この活動は子供だけでなく大人にとっても役に立ちます。ヴァーチューズ・カード（P427参照）を取り出します。優しくカードをきって生徒にカードを選ばせます。そのとき、心の中で何か質問をしながら、あるいは、悩み事があればそれを考えながら引いて、自分に問いかけてみます。「どの美徳がこの問題の解決を助けてくれるだろう？」。あるいは、心をオープンにして「今日はどういう美徳が必要だろう？」。数分かけて美徳について書かれた文章を読み、省察します。1日を通して、その美徳を心の中に置いておきます。1人の生徒とこれを行うときには先生がまずお手本を見せるとよいでしょう。そうすることによって、小さな分かち合いのサークルが生まれます。

＞＞＞ 分かち合いのサークルでのヴァーチューズ・ピック ＜＜＜

　2つの方法があります。

1.　1枚のヴァーチューズ・カードを選び、声に出して読み上げ、1人ひとりにその美徳を実践したときの体験、あるいは、今日その美徳がどのように語りかけているかを話す機会を提供します。美徳の分かち合いのサークルの境界線を思い出してください。
　　自己主張──パスしてもいいです。

尊敬——完璧な沈黙のなかで100パーセントそこにいながら耳を傾けます。

信頼——ここで分かち合われることは秘密です。

2. 1人ひとりにカードを選んでもらいます。ヴァーチューズ・カードをきれいな箱か袋に入れてまわします。あるいは、カードを扇のように広げて1人ひとりに選んでもらうこともできます。3人ずつの小さな分かち合いのサークルないしは全体を分かち合いのサークルにすることも可能です。どれくらいの時間があるかによって決めるといいでしょう。1人が分かち合いをするときは、ほかの人たちは静かに聞きます。

- ヴァーチューズ・カードを声に出して読む。あるいは、誰かが読んでいる間、静かに聞く。
- いま人生で起こっていることに照らし合わせて、その美徳がどのような意味をもっているかを分かち合う。
- すでに自分が実行していることの確認として、あるいは、何か新しいことを始めるための導きとして、この美徳が提供してくれることについて分かち合います。
- 分かち合いのサークルにいるほかの人たちは、静かに100パーセントそこにいて分かち合いを聞き、話が終わったときに話のなかに見た美徳を承認します。ここで承認する美徳は分かち合ったことと関連があるものにします。時間に限りがあるときには承認する人を2人だけに限定することもできるでしょう。
- すべての人が分かち合いを終えるまで、これを続けます。

「ヴァーチューズ・ピック」を3人の小さな分かち合いサークルで行うと約15分かかります。

(宝石の形をした名札)

いろいろな色の厚紙を使って生徒に宝石の形を作ってもらいます。真

珠、ダイヤモンド、何でもいいでしょう。宝石の形をした名札ができたところで、真ん中に名前を大きく書きます。

この名札をグリッター（きらきら輝く粉）を糊でくっつけたり、マーカーペンでカラフルにしてもいいでしょう。今日はみんなが自分のなかに宝石を持っていることを思い出すために、この名札をつけるのだということを説明します。

（ ロウソクを灯す ）

静かな内省の時間や物語の時間のためにロウソクを灯すと、生徒たちはそれを楽しみにするようになります。美徳の分かち合いサークルや特別な分かち合いを始める前に、これを行うのもひとつの方法です。

（ どの美徳をクラスに貢献しますか ）

これはロウソクを灯す方法の代わりに使えるプロセスです。ロウソクなしで行ってみてください。

1人ひとりの生徒に、今年度、学校で何を楽しみにしているか、学校、あるいは、クラスに対して自分は何の美徳をもってくるか（貢献するか）について話してもらいます。

「私の名前はスーザンです。
数学を楽しみにしています。
私は親切の美徳をもってきます」

それぞれが分かち合いを終えた後に、クラス全員で「スーザン、歓迎します」、あるいは、「スーザン、ありがとう」と言います。

（ インスピレーションの散歩 ）

校舎のまわりや校庭をインスピレーションの散歩をします。

花、クモ、木、葉っぱ、空など、何かを見つけて、それに深く心の焦点を絞ります。そのものについて日記を書いてもいいでしょう。あるいは、詩を書きたくなるかもしれません。

そのものはあなたに何と言っているでしょうか。どのようなレッスンを提供しているでしょうか。聞いてください。「あなたから私への贈り物は何ですか？」「あなたはどのような美徳を私に見せてくれるのですか？」

例：もしも、アリに心の焦点を合わせたとすれば、勤勉と和の美徳についての詩を書くことができるかもしれません。そしてまた、それらの美徳が今のあなたの人生でどのように役立つかについて書くこともできるでしょう。

この活動の境界線は次の通りです。
● 自分の力で行う。
● 静かにする。
● 対象物に全神経を集中して見る。
● 紙とペンを使ってもよい。
● 教室に戻ったら、自分の体験について数分間書く。
● それからパートナーないしは小さなグループに自分の体験を話す。

これを美徳の分かち合いサークルで行ってみるとよいでしょう。話をしている人に静かに耳を傾け、分かち合いが終わった後で、その人の美徳を承認します。「ケリー、アリから学ぼうとするあなたに謙虚の美徳が見えます」

（長老会議）

これは問題解決のひとつの形で、子供たちの叡智を利用して子供たちがお互いに問題解決ができるようにするものです。

次に示す「優秀な実践例」が具体的な方法を教えてくれるでしょう。

優秀な実践例
長老会議
　オーストラリアのマシド・ジョーンズ先生は担任する6年生がつくった尊敬を基本にした活動を次のように説明してくれました。

　毎週子供たちが、それぞれが直面している問題を無記名で紙に書き、それを「美徳の郵便受け」に入れます。1週間に1度、クラス全体によって選ばれた5人の長老が長いガウン（家から持ってきた大きなコートなど）を身に着けて、クラスの前に半円をつくって座ります。郵便受けから紙を取り出し、クラス全員に向かって読み上げ、その問題を解決するのに、どの美徳が役に立つと思うかを話します。「長老」の参考となるために教室に美徳のポスターを貼っておくと役に立ちます。

優秀な実践例
宝石拾い1
　子供たちの触覚的なニーズを考慮して、オーストラリアのスー・ヘイゼルハースト先生は次のような活動を考案しました。

　模造紙を準備して2人の人物の姿を黒い線で描きます。1人目の下に「この人は美徳を実践しています」と書き、2人目の下に「この人は美徳を実践していません」と書きます。

　1人ひとりの子供に2人のハートにグリッターを糊で貼りつけてもらいます。それから2人目の人物の上にトレーシングペーパーを置いてもらいます。子供たちに、この活動が自分にとって何を意味するか話してもらいます。私にとって、これは非常に勇気づけられるイメージをもっています。つまり、誰でも美徳を内面にもっているけれども、その美徳を使って磨きをかける必要があるということなのです。

　私の娘があるとき、疲れすぎて礼儀の美徳を実践できないと言ったことがありました。上記の絵を頭に思い浮かべながら、私は彼女が疲れて

いることを承認し、それでも、礼儀の美徳を表わすことを依頼しました。「これは疲れているときでも、どうやって礼儀の美徳を発見するかを学ぶ機会ですね。心の奥深くに行けば、その美徳があるのだから」

しばらく時間はかかりましたが、彼女は礼儀の美徳を見つけることができました。

この体験から、美徳を実践するために別な感情を克服することは可能だということを私たちは学びました。これは勇気づけられる体験でした。なぜなら、彼女はそのような状況でも礼儀正しくできることを体験し、私が彼女の能力を信じているということを知ったからです。

優秀な実践例

宝石探し2

次の話もオーストラリアのスー・ヘイゼルハースト先生からのものです。

容器に米（それと似たものでもよい）を3分の2まで入れます。そこに、おもちゃの宝石をいくつか容器のなかに入れます。多ければ多いほどいいでしょう。

それから、子供に言います。「今日、すごく見つけやすい美徳のことを思ってください」。すると子供が「愛」と答えたとします。「見て、愛はいちばん上にあるよ。愛の宝石をどうぞ拾い出して！」。子供は米の上にある宝石を選んで、それが愛の宝石であることに心を奪われます。

もうひとつの質問をします。「今日どういう美徳が見つけにくいか教えてくれる？」。子供が「忍耐」と答えます。「そうか……、それじゃあ、お米のビンの底の方まで手を入れて、忍耐の宝石を見つけてくれるかな」と言います。

子供がひとつの宝石を取り出します。「すごい、それは忍耐の宝石だ！深いところまで手を入れて忍耐を見つけてくれたことを承認します」と子供に言います。

1人ひとりの子供とこれを行い、どんな美徳でも見つけやすい日もあるし、見つけるのに苦労する日もあることを話します。

私の娘は４歳ですが、先週、ある美徳を見つけようとしていましたが、「一生懸命に掘り出そうとしたけれどなかなか届かないの」と言いました。こう言いながら、彼女はその美徳を見つけようとして自分のハートのなかに手を伸ばしてもなかなか届かないという仕草をしました。

　この活動は子供、大人、老人、３歳から９３歳まで、あらゆる年齢層の人に有効です。多くの親は子供たちがすでにもっている望ましい行動を引き出そうとするよりも、望ましい行動を子供に教え込まなければならないと考えていますが、この活動はそのパラダイムを変えることができます。

　この活動を娘の学校の校長先生に見せたところ、彼はこれを学校のすべての子供たちに提供するようにと先生たちに依頼しました。

　要約すると、私たちが美徳を実践すると私たちの宝石がきらきらと輝くのに対して、美徳を実践しないと私たちのなかにある宝石が見えにくいのです。

（ パーソナルな美徳のポスター ）

優秀な実践例
人格へのコミット
　ニュージーランドのパエカカリキ小学校のバイリンガル・ユニットの先生方は、５歳から１２歳の４０人の子供たちを教えています。このプログラムは包括的なプログラムで、英語とマオリ語の２つの言語でプログラムは行われています。２人の先生が担当していますが、マオリ語と英語でヴァーチューズ・プログラムを教えてもいます。上級学年を教えているミキ・レイキハナ先生は、年度のはじめに、児童たちが１年の目標を設定し、発達させたい人格的資質についての目標を設定するように指導します。

　1. 先生がヴァーチューズ・カードを壁に貼り、教室で必要とされていると感じる特定の美徳の特徴を復習する。

2. 児童たちに1年間実践したいと思う美徳を2つか3つ選ばせて、児童自身がそれを実行しているイラストの入ったポスターを作ってもらう。

3. ポスターの下に子供たちがコミットしている美徳についての宣言文（確言）を英語とマオリ語で書く。

   例：「私は今年、尊敬と自己主張の美徳を実践します」

優秀な実践例

美徳成功のポスター

　ニュージーランドのタウポにおける「しっかりと立つプログラム」のコーディネーターであるジャネット・ジャクソンさんは自分で美しいポスターを作りました。

　このポスターは彼女のグループの若い女性たちをモデルにしました。彼女たちはジャネットさんに倣って何時間もかけて美徳のポスターを作り、それをジャネットさんはラミネートしました。

　それぞれのポスターには本書に書かれている美徳の定義、「成功のしるし」が引用されました。この生徒たちにとって、それは尊敬を込めた非常に個人的な活動でした。

生徒の活動シート

美徳の盾

1. 盾の左上の部分に強い美徳、つまり、あなたが優秀さを発揮している美徳、あなたが得意とする美徳の名前を書きます。それから、その美徳のシンボル、または絵を描きます。
2. 右上の部分にあなたの家族が優秀さを発揮している美徳の名前を書き、そのシンボル、または絵を描きます。
3. 左下の部分に「喜び」と書き、あなたに喜びをもたらしてくれるもののシンボル、または絵を描きます。
4. 右下の部分に成長の美徳、つまり、あなたにとって実践が難しい美徳を書きます。それはあなたが育て上げていく必要のある美徳です。それから、その美徳のシンボル、または絵を描きます。
5. 盾の中心にあなたを象徴するシンボルを描いてください。たとえば、馬が好きであれば馬とか馬蹄を描くといいでしょう。
6. 美徳の分かち合いサークルやクラスで、あなたの盾について話します。自分の盾について話し終えた人にサークルのほかの人たちが美徳の承認をします。

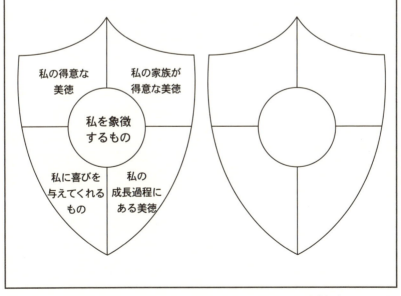

優秀な実践例

美徳の落書き

　カナダのブリティッシュ・コロンビア、ニュー・ウエストにあるコノート・ハイツ・コミュニティースクールでは落書きの日を設け、何枚もの大きなキャンバスに壁を描いて、その「壁」に彼らの学校の核となっている美徳をさまざまな表現にして刻みました。これらの絵は多目的教室の壁に貼ってあります。

（ 美徳の木 ）

　紙に木を描いて切り抜きます。あるいは本物の木を使ってもかまいません。その木を学校の共用の場所に置き、「今週の美徳」を紙または果物の形に切ったフェルトに書き木に実らせます。また、生徒たちに誰かが美徳を実行しているところを捕まえるように奨励して、捕まえたら、その生徒の名前と彼または彼女が美徳を実践して何をしたかを書きます。

　「私は＿＿＿＿＿＿さんが＿＿＿＿＿＿をして＿＿＿＿＿＿の美徳を実践したことを承認します」

年少の子供たちには果物の美徳の木を作るとよいでしょう。

　「美徳はすぐれた人格の果物です」と書いたサインを木に下げます。サインを紙またはフェルトで作るといいでしょう。厚紙やフェルトを果物の形に切り抜いて作ります。果物の1つひとつに美徳の名前を書きます。「自己主張のあるりんご」「親切なキィウィ」「尊敬の心をもったラズベリー」「節度のあるメロン」などなど。子供たちの名前は葉の上に書き、何かの美徳を実践しているのを発見されたら、その子供の名前が書いてある葉を一時的に、その美徳の果物のところに移動します。

　美徳の名前が書いてある美徳のシールやバッジは親切、勇気、寛大などの行為を強化してくれます。

生徒の活動シート

美徳の詩

美徳に個性を与えよう

美徳を選んで書いてください＿＿＿＿＿＿＿＿＿＿。

　それから、あなたがその美徳になった振りをして、次の質問に答えてください。完全な文章で書くようにしてください。

例：

1．私は創造性です。

2．私は空と木と風のなかに住んでいます。

3．私の好きな色は虹色ですが、いろいろ変わります。

次の質問のすべて、あるいは、一部に答えてください

1．美徳さん、あなたの名前は何ですか？

2．あなたはどこに住んでいるの？

3．好きな色は何色ですか？

4．どういう服が好きですか？

5．仕事は何ですか？

6．あなたの家族や友達は誰ですか？

7．休みのときはどこに行くの？

8．好きな休みは？

9．どのように感じていますか？

10．どのように動くの？

"Painting the Sky : Writing Poetry with Children" の著者、シェリー・タッカー氏の翻案。

Permission is granted by Jalmar Press to copy this page from The Virtues Project Educator's Guide ©for classroom use only.

（美徳の歌）

学校の全校集会で「今週の美徳」についての歌をうたいます（"参考資料" P430参照）。

（美徳の日記帳）

生徒に自分にとって大切な美徳を選んでもらい、日記帳を作ってもらいます。

日記帳には絵、心に浮かんだいろいろな考え、体験、詩など自由に書きます。

「やすらぎの味は……」
「やすらぎの音は……」
「やすらぎに触れた感じは……」
「やすらぎの匂いは……」
「やすらぎの色は……」

学校全体での活動　School-wide Activities

（ 美徳の全校集会 ）

美徳の確言を読み上げ、生徒も声を出してこれに唱和します。それから、1分間、黙とうして、その美徳について内省します。これによって尊敬とやすらぎの雰囲気が生まれます。

（ 美徳の掲示板 ）

「今週の美徳」の掲示板を各教室、図書館、学校の共用の場所に置き、絵、詩、エッセイ、生徒が書き入れる日誌などを掲示するとよいでしょう。

（ 学校の名前で美徳の頭字語を作る ）

美徳の頭字語を作るときは、できるだけリストにある実際の美徳の言葉を使うようにします。というのは、これらの美徳には特別な意味があり、強い影響力をもっているからです。

北山中学校
きた	協力
やま	優しさ
ちゅうがっこう	忠誠心

星川小学校
ほ	奉仕
し	信頼
か	感謝
わ	和
しょうがっこう	親切

（ 美徳の庭 ）

あなたの学校に美徳の庭を造りましょう。

「忍耐強いペチュニア」「尊敬の眼差しをもったラズベリー」「固い決心のダリア」などなど。庭をデザインし、花を植えて世話をすることによって生まれる美しい庭はあなたの学校のスピリットを高揚させてくれるでしょう。

（ 美徳に感謝するパーティー ）

このパーティーは年度の終わりに近づいたら開催するとよいでしょう。

すべての生徒、先生、管理者、事務のスタッフ、ボランティアの人に「美徳証明書」に名前を書いてもらいます。この証明書を紙の袋かバスケットに入れて全校集会で全員に渡します。

大規模校の場合には、小さなグループに分けて誰がどのような美徳を実践したか、お互いが分かるようにします。すべての人を含めることが大事です。

渡された「美徳証明書」に記入した後、その人を探して「美徳証明書」を渡してあげます。

宝石の形をした名札を使って、ほかの人が美徳を書き足すことができるようにしてもよいでしょう。こうすることで、誰もが少なくともひとつの承認を得ることができます。

章のまとめ

スピリットを尊重する

✔ 1人ひとりの子供のなかにある潜在的な可能性を見る。美徳を探す。

✔ あなたのクラスや学校の共有の「ヴィジョンの宣言文」を作る。「ヴィジョンの宣言文」と美徳のポスターを使って、1分間の「誠実度チェック」をする。
「私たちは何を信じているのか？」「私たちは今、どの美徳を 必要としているのだろうか？」

✔ 子供に実践してほしいと思っている美徳のお手本になる。

✔ アート・ワークのなかで美徳に焦点を絞る。

✔ 物語を分かち合う。物語は意味の番人。

✔ 年度のはじめや終わりなど、特別なときに儀式を行う。

Offer the Art of Spiritual Companioning™

第5章

「スピリチュアルな同伴」の技術

叡智はすべての人のなかにある。――諺より

「スピリチュアルな同伴」のあり方

「スピリチュアルな同伴」の技術を第一国家（ファースト・ネーション）の若いお母さんが実に上手に描写してくれました。彼女はこのコミュニケーションの道具を彼女の２人の子供に使ったのですが、"spiritual companioning"（スピリチュアルな同伴）という言葉をなかなか覚えることができませんでした。カナダ北部で行っていたワークショップの３日目に彼女はやってきて言いました。「あれですけど、あれは子供と使うととてもよかったです。言葉が思い出せないのですが、私は〈一緒に歩く〉って言っていますけど」

「スピリチュアルな同伴」とは人と一緒に歩くことです。押すこともせず、引っ張ることもせず、そこに一緒にいて、その人が自分自身の叡智を発見できるような質問を提示することです。

「スピリチュアル」という理由は、それは問題解決を超越したものであり、状況の意味と意図と美徳へと導くものであるからです。物事の核心にある美徳に呼びかけることによって人格を強化するのです。早急な解決をもたらすことではなく、耳を傾けることによって、その人が自らの声を聞き、自らの叡智を発見できるように導くことです。問題、喪失、失望などを解決するのに必要な叡智は、誰かほかの人から授かるものではなく私たちのなかにある、という信念に基づいた敬意のこもった好奇心の一形態です。

「スピリチュアルな同伴」はほかの人が問題に対処しているプロセスに対する信頼に基づいて与えられるものです。その人はスピリチュアルなチャンピオンであり、自らの人生の教訓を学ぶ能力があると見なすことです。

あなたが与えることのできる最高のプレゼントは、あなたの存在であり、あなたの揺らぐことのない注意と関心です。あなたの注意力の質は、たとえそれが数秒間であったとしても、あなたがどれくらい集中しているかということと直接比例しています。多くの場合、心配して気をつかってくれる人がそばにいてくれるだけで、悲しみや苛立ちを覚えている

人の"気分がよくなる"ものです。気分がよくなるというのは多くの場合、話を聞いてもらえたと感じるからであり、心のなかにある鬱屈した思いを空っぽにすることができたおかげなのです。そうした心の底にはつねに真珠のような真実があります。時として、混乱、悲しみ、怒りなどのコップを空にするためには、より積極的で徹底した「スピリチュアルな同伴」が必要です。それから、そのコップを再び満たして決意を新たにするためには美徳について内省することが必要になります。

「スピリチュアルな同伴」は次のようなニーズを満たす力強い方法です。
● 見てもらう。
● 聞いてもらう。
● 真剣に受け止めてもらう。
● 物語を話し、その価値を認めてもらう。
● 出来事に意味と目的を発見する。
● 物事の核心に辿り着く。

「スピリチュアルな同伴」は次のような状況で役に立ちます。
● 誰かが矯正のためにあなたのところに送られてきたとき。
● 誰かが強い感情、悲しみ、怒り、喜び、怖れの真只中にいるとき。
● 誰かが混乱しているとき。
● 誰かが道徳的なジレンマに悩んでいるとき。

「スピリチュアルな同伴」	
ではない ✕	である ◯
解決してあげる	一緒に歩く
救済	尊敬
治療	いたわりのある存在
忠告	耳を傾ける
共鳴	共感に満ちた無執着
話す	質問する
犠牲者意識に基づいている	美徳に基づいている

あなたの注意力の質は、あなたがどれくらい集中しているかということと直接比例しています。

人の魂に深く耳を傾け、その人が自らを開示し、新たなる自分を発見することになれば、それは人が人に対して施すことのできるほとんど最高の奉仕である。

ダグラス・スティーン

子供が道徳的な選択をする助けとして

人格を形成するためのもっとも重要な方法のひとつは、子供が道徳的な選択をする能力をサポートすることです。

「スピリチュアルな同伴」は、子供が自らの叡智と識別力を発見するのをサポートする技術であり、テクニックです。それは子供が解決しなければならない問題に直面し、あることに対して強い感情を抱いているときに、愛情深い大人がとる典型的なアプローチとはまったく異なったものです。愛情深い大人は、このような状況において、子供に自分たちの叡智を与えて、できるだけ早く問題を解決しようとします。「……すればいいでしょう」と言います。あるいは、事実に目を向けることを拒否して、強い感情から子供の気持ちをそらそうとして、「ちょっと水を持ってこようか？」「泣かないで、だいじょうぶよ」と言います。

魔法の言葉

「スピリチュアルな同伴」での魔法の言葉は「何」、そして時々使う「どのようにして」です。刑事になって、誰が、いつ、どこで、なぜの質問をすると非常に時間がかかり、裁判官、陪審員、問題解決者の役割を演じることになります。「スピリチュアルな同伴」での参照点はあなたの価値判断ではなく、話をしている人のハートであり、心であり、人格です。彼らのリードに従うのです。彼らが、「これ最低」と言ったら、「何が最低

なの？」と聞きます。「これまでで最高の休暇だった」と言ったら、「何が休暇を最高にしてくれたの？」と聞きます。

完璧な双子の話

　突然、書くことをやめ、ずっと書くことを拒否している聡明な６歳の女の子のカウンセリングを依頼されたことがあります。私が座ると彼女は軽蔑するような、ほっといてほしいのに、といった表情をしました。"また、私に書くことを強制しようっていうのでしょう"と考えているのが見え見えでした。話は次のように進みました。

　「ジーン、書くことで何か問題があるようですね」
　「はい、書かなければ良い仕事に就けないことは知っていますよ」
　「まあ、そうかもしれないけど。だけど私はあなたがそのことについて、どう感じているかに関心があるの」
　彼女は驚いたようでした。

　ジーン：「私それが大嫌いなの」
　「何が大嫌いなの？」
　ジーン：「あの馬鹿みたいな黒い線」
　「黒い線」
　ジーン：「そうよ、大嫌い、大嫌い」
　（私の声も彼女の強い感情にマッチするように強くして）「その憎たらしい黒い線がどうしたの？」
　「アルファベットの文字を私が書きたいと思っているように書けないの」
　「どういうふうに書きたいの？」
　「私の妹のように」
　「妹さんはあなたが書きたいと思っているような文字を書けるわけ？」
　「大嫌い」
　「それの何が大嫌いなの？」
　彼女は茶目っ気のある笑いを見せて言いました。「私たちって一卵性双生児で、私はすべてのことで彼女よりも優れているのだけれど、書くこと

に関しては彼女の方が上手なの」

「ああそう」と私も微笑みを返して、「あることでは彼女よりも上手ではないということは、あなたにとってどういうことを意味しますか？」

「分からない。でも好きじゃない。だから、私はもう絶対に書かないの」

彼女は線の引いてある紙を取り出します（薄いブルーの線）。文字は黒インクで書かれています。彼女が書いた文字のまっすぐに書くべき部分はぐにゃぐにゃと曲がっています。

「それじゃあ、黒い線を私に見せて」

彼女は自分が書いた文字を指差しながら「最低よ」

「どういうふうに最低なの？」

ジーン：「みんなぐにゃぐにゃしている」

「かなりぐにゃぐにゃしてるわね」

ジーン：「大嫌い！」

私は手のひらで机をドンと叩きながら言いました。「ひどいぐにゃぐにゃの黒い線！」

彼女も机を叩き、私たちはしばらくそれを続けました。それから2人で大笑いをしました。

「ジーン、ぐにゃぐにゃな黒い線のどういうところがいちばん嫌いなの？」

ジーン：「間違って書くと書き直せない」

「どうすればもう一度、書き直すことができると思う？」

彼女は考えて、それから驚いた表情をしました。「鉛筆と消しゴム！」

「先生はそれを許してくれる？」

「許してくれる」

「あなたは自分がすることのすべてに自信があるようですね」

ジーン：「あります」

「間違ってもだいじょうぶだということを受け入れる自信と謙虚さをあなたに与えてくれるのは何だと思う？　あるいは妹さんよりもあなたがすべてのことが上手でないということも含めてね」

彼女は微笑んで言いました。「すべて私の方が上手だったら公平じゃあないわよね」

私も微笑み返して聞きました。「この話で何が役に立ちましたか？」

「間違ったときにどうしたらよいか今では分かったし、間違ってもいいんだということも分かったことかな」

私は言いました。「歌を教えましょうか。〈間違ってもだいじょうぶ。間違いながら学ぶのだから〉」

彼女も一緒に歌ってくれました。

私は言いました。「ジーン、私はあなたの優秀でありたいというあり方を尊敬します。すべてのことに最善を尽くしたいというあり方を尊敬します。それから、書くための新しい方法を考え出した創造性も承認します。それから、完璧でなくてもよいという謙虚さも承認します」

ジーン：（にっこりと笑って）「ありがとう、あなたは耳を傾けて話を聞くのがいちばん得意なんですか？」

ジーンの先生の報告によると、彼女はその後、何の問題もなく、今では鉛筆を使って書いているということです。この「スピリチュアルな同伴」は、約１０分かかりました。その前に、先生と両親の話が何時間も行われ、ジーンに書かせようとご褒美で釣ろうとしたり、脅したり、すかしたりすることに何時間も費やされていました。

「スピリチュアルな同伴」は深い尊敬を反映する態度から生まれますが、次のような特徴があります。

- ●深く耳を傾け、集中した注意力を必要とする。
- ●こうしてほしいという「予定」や結果を前もって決めないときにのみ効果的である。
- ●サポートが目的であり、救済や、コントロールが目的ではない。
- ●受容的な沈黙を使い、上手に質問する。
- ●相手のプロセスを信頼する。

準備

「スピリチュアルな同伴」のための準備として2つの美徳に頼る必要があります。共感と無執着の美徳です。この2つはあなたが耳を傾ける相手とあなた自身を守ってくれるものとして考えてください。共感とあなたのいたわりが相手に流れていくことを可能にしてくれます。無執着な態度は相手の感情や問題をあなた自身が引き受けてしまうことから守ってくれます。

「スピリチュアルな同伴」の7つのステップ

フルコースの「スピリチュアルな同伴」には7つのステップがあります。それをいつもすべて使う必要はありません。しかし、深い悲しみのなかにいる人や道徳的なジレンマに悩んでいる人に対して「スピリチュアルな同伴」を行うときには、このプロセスすべてが役に立つでしょう。

1. 心のドアを開く

あなたが会話の主導権を握っている場合、心のドアを開く質問をします。
「どうしてる？」
「何があったの？」
「問題って何？」
「今日の調子はどう？」
共感の思いをもって相手に身体を近づけたり、共感に満ちた眼差しを相手に向けることが、多くの場合、心のドアを開ける最善の方法です。

2. 受容的な沈黙をもうける

受容的な沈黙は相手が十分に話すスペースをつくります。中断することなくすべてのことを洗いざらい話す機会を提供してくれます。相手の人に深く注目しながら100パーセントそこにいてください。

3. 心のコップを空にする質問をする

あなたの目指すところは、答えが「はい」「いいえ」ではない質問で、価値判断とはできるだけ関係のない好奇心を示す質問をすることによって、相手が心のコップを空っぽにして、問題の核心まで辿り着くことです。話をしている人に合わせることが大切です。その人の言葉を使い、その人の描写の方法を使います。こちらの都合でボリュームを上げたり下げたりせずに、相手のエネルギーのレベルに合わせます。

「何」「どのように」「いつ」を使って質問し、「なぜ」は使わないことが大切です。「なぜ、泣いているのですか？」とか、「なぜ、それをしたのですか？」と聞くのは尋問のような感じがしますし、今すぐに分析することを求めているようなものです。それは防御的な姿勢をつくります。さらに、感情からの遊離を促します。「誰が」という質問も役に立ちません。それはあなたがその状況に関して価値判断をするための情報収集の質問であるからです。こうした質問よりも、「何が痛みますか？」「どのように痛いのですか？」「いつ痛みを感じますか？」のような質問をします。

「はい」「いいえ」の答えを引き出さない質問をします。

「怖いですか？」とか「今日は調子がいいですか？」のような、言葉を相手の口に押し込むような質問はしないことです。

例：

「それはあなたにとってどのような感じですか？」

「何が心配ですか？」

「それはあなたにとってどうですか？」

「あなたがいちばん心配しているのは何ですか？」

「それはあなたにとって何を意味しますか？」

「これに関していちばん難しいのはどういうことですか？」

「いつ、いちばん悲しいと感じますか？（失望その他）」

子供はよく「分からない」と答えます。そんな時、「何が分からないの？」「何で混乱しているの？」と聞いてみます。

あなたが本当に彼らの真実を知りたいのだという信頼が生まれると、

多くの場合、「分からない」と言わなくなります。

4. 感覚的な合図に焦点を絞る

　彼らの気持ちを反映し、彼らのリードに従い、彼らの言葉を使い、感覚的な合図、つまり、彼らのボディーランゲージ（身体言語）に注意します。彼らが息を吐き出すようにしているときは、「何を吐き出そうとしているの？」と聞いてみます。泣いているときには、「これは何の涙なの？」と聞きます。腕組みをしているときには、「何を手放したくないの？」と聞きます。たとえば、「彼は僕の腕をぶったんだ」というように、身体についての描写をしたときには、その腕を見て何かに気づいたら、「腫れているみたいね」とか、「赤くなっていますね」のように応じます。話を省略したり、話をそらさずに、相手の話に注意をはらいます。彼らが何かを描写しているときには、身体の感覚について彼らが使っている言葉を繰り返します。「水のなかに飛び込んだら、水が鼻まであった！」と言ったら、「鼻まで！」と言ってその出来事を想像します。彼らと一緒にいることです。

5. 美徳について考える質問をする

　「スピリチュアルな同伴」の心のコップを空にさせるプロセスでは、相手のリードに従っていきます。相手の人が問題の核心に辿り着く手助けをするのです。その後はあなたがリードして、彼ら自身の美徳でそのコップを満たしてあげます。彼ら自身の答えを導くような質問をすることによってこれを達成します。彼らが必要としている美徳のバランスをはかり、どのような美徳が彼らを助けてくれるかを考えるように導いてください。

　「これを解決する親切で自己主張のある方法は何だと思いますか？」

　「あなたの誠実なあり方を維持するにはどうしたらよいと思いますか？どうするのが正しいと感じますか？」

　「何があなたに＿＿＿＿＿＿する勇気を与えてくれますか？」

　「あなたは何を必要としていますか？」

　「私はあなたをどのようにサポートできますか？」

6. 締めくくりの質問をする

　次の２つの質問は相手の人が思考と感情を統合して終了するのに役立ちます。
「この話で何が役に立ちましたか？」
「前よりもはっきりしたことは何ですか？」

7. 美徳を承認する

　つねに美徳を承認して話を終えます。「私にはあなたの勇気が見えます」
「友人へのあなたの忠誠心と正しくありたいという誠実さを承認します」
「あなたは自分がしたことに責任をとって謙虚の美徳を実践しました」

「スピリチュアルな同伴」のプロセス

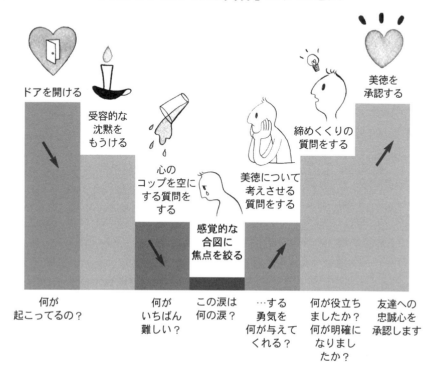

境界線を設定する

「スピリチュアルな同伴」とはあり方です。同伴の状況の多くは非常に短いものです。たとえば、傷を見てそれについてコメントします。「本当に腫れていますね」、あるいは、「それはあなたにとってどうでしたか？」

しかし、いつ「スピリチュアルな同伴」を行うかについては境界線を設定することが大切です。そのときに同伴をするだけの時間やエネルギーがないときは行わないことです。スピリチュアルな同伴者として相手の話を聞きたいけれど十分な時間がないときには、どれくらい話を聞けるかについて境界線を設定して相手に告げます。「１０分間、あなたと過ごすことができます」「２分しかありませんが、その間は集中してお話を聞きましょう」、あるいは、別なときに話を聞くように時間を設定する選択もできます。

前もって決めておいた時間に近づいたら、締めくくりの質問をすることによってプロセスの終了へと導きます。「ほぼ時間になりましたので、ひとつ質問をさせてください。この話で何が役に立ちましたか？」

通常のカウンセリングのセッションでは時間に関して境界線を設け、それを守ることが大切です。話をしている人が境界線を守ることは期待しないことです。あなたが責任をもって締めくくりの質問をします。警鐘を与えてください。「あと数分残っています。何か言うことがありますか？」

締めくくりの時間が必ず取れるようにします。「今日の話の後で、何が明確になりましたか？」。必ず、必ず、最後に美徳を承認します。相手の人が分かち合った話で気づいた美徳を承認します。「この難しい問題に立ち向かっているあなたの勇気を承認します」「あなたが自分自身に対して正直であることを承認します」

子供が黙ってしまったとき

沈黙している人と「スピリチュアルな同伴」を行う最善の方法はあなた自身の意識を調整して、暖かく、共感をもって、無執着に心を集中するこ

とです。相手が何かを言うのを待てば、相手はあなたの緊張感を感じとります。あなたが静かに同伴すれば相手はあなたの心の静けさを感じます。

　話をさせようとか、幸せにしてあげようとかしないことです。一緒にいることが大切です。心のドアを開くような質問をします。「あなたに今、何が起こっているのですか？」。それでも沈黙が続いたならば、「話をすることでいちばん難しいのはどういうことですか？」と聞いてみます。時間がなくなりかけて、それでも何も言わないときは、「何か分かりませんが、話をするのは難しいようですね。あなたが私を必要としているならば、私はここにいますからね」と言います。

　必ず、必ず、最後に美徳を承認します。

怒っている人との「スピリチュアルな同伴」

　自分の子供は"絶対に間違ったことはしない"と思っている怒り狂った親（保護者）の挑戦を受けた経験はありませんか。２人の怒り狂った生徒がけんかをやめず、どうしたらよいか分からないと感じたことはありますか。あなた自身も怒り狂って、誰も耳を貸してはくれず、あなたの怒りを阻止し、なだめようとするだけというような体験はありませんか。

　このようなときに「スピリチュアルな同伴」を行うと抵抗と怒りの壁を取り外すことができます。「スピリチュアルな同伴」は相手が言っていることに同意することでもなければ、反対することでもありません。無執着に、しかも共感をもって、いかなる価値判断もすることなく、相手の見解に完全に耳を傾けることです。相手が攻撃的な態度に出たときは、その行動をやめさせなければなりませんが、怒りのあまり声を荒げたときは、そしてそれが「スピリチュアルな同伴」を行うのに適切なときであると感じたならば、心のコップを空にする質問をします。怒りは多くの場合、絶望感や正義が踏みにじられたと感じていることが原因だということを覚えておくべきです。

「このクソ学校なんか大嫌いだ！」
「何が大嫌いなのですか？」

　これは丁寧な言葉を使わなければならないとお説教をするときではありません。それよりも真実に耳を傾け、相手が感じていることに「スピリチュアルな同伴」を行うことの方が大切なときもあります。たいていの場合、「スピリチュアルな同伴」によって、人はすぐに静かになります。それは自分の声を聞いてもらえたと感じるからです。

怒るのではなく好奇心を発揮する

　子供があなたに向かって怒りを表現してきた場合、あなた自身の怒りでその怒りをエスカレートするのは避けなければなりません。とくに、このようなときには無執着と尊敬を自らがお手本となって示す必要があります。

　「スピリチュアルな同伴」の態度は役に立ちます。最初に、「スピリチュアルな同伴」をすべきか、それとも、その状況を教えに最適な瞬間として活用し、尊敬の心をもって協力的に結果に執着することなくあなたが言ったこと、あるいは、行ったことを受け入れるように導いてあげるべきかを決めます。次のような質問をするとよいかもしれません。「動揺しているのが私には分かります。この状況をたった今、結果に執着することなく受け入れるには何が助けになると思いますか？」

　「スピリチュアルな同伴」が適切であると判断したならば、心のコップを空にする質問をして、後は耳を傾けます。議論をして、相手の意見を論駁してはいけません。相手の見解に興味をもって耳を傾けるのです。「スピリチュアルな同伴」は相手が言っていることに対して同意せよとの暗示はしていません。相手にはそのように考える権利があることを尊重するだけです。

「不公平だ。僕はこのことで居残りなんかされるべきじゃない」
「それについて何が不公平なのですか？」

「あれをやったのは僕だけじゃない」

「あなただけではない」

「そう」

「それでは、どうすれば公平だと思いますか？」

「やった人全員に居残りをさせればいい」

「ジョン、あなたが感じている正義感は分かりました。それは私も考えてみましょう。ここであなたにお願いしたいのはリーダーとしてのあなたの責任について考えてほしいということです。この状況でどのようにすれば、あなたは責任ある行動をとることができたと思いますか？　あなたの考えをどうぞ書いてください。その後で話しましょう」

「スピリチュアルな同伴」は相手が言っていることに同意することでもなければ、反対することでもありません。相手の見解に完全に耳を傾けることです。

争いの解決への新鮮なアプローチ

「スピリチュアルな同伴」は大人であれ、生徒であれ、平和を維持するためのきわめて効果的な道具です。暴力の阻止、争いの解決において効果的です。多くの学校では生徒によって構成された平和部隊や"人間関係の質をコントロールする"チームがあります（学校が奨励している最大の資質は美徳です）。彼らはそのメンバーであることが分かるように飾り帯やジャケットを身に着けていて、争いが発生したときにはいつでも呼ぶことができます。彼らはパトロールもして、自分たちが役に立てる状況をつねに探しています。

「スピリチュアルな同伴」は、すぐに解決策を与えてしまうような大人が外側から問題を解決するよりも時間がかかるかもしれません。しかし、問題の予防と人格の形成という観点からすると時間をかける価値があります。子供がけんかをしているときに、従来の介入よりも少ない時間ですむこともあります。同伴は子供たちに美徳に基づいた人生の術を与え

るため、その子供が将来、自らをより上手に管理できるようになります。

　2人の人がけんかをしているとき、あるいは、争っているとき、「スピリチュアルな同伴」をするには基本的な3つの質問があります。

　1．何があったかを聞く。
　　「何があったのですか？」「何が行なわれているのですか？」（心のドアを開ける質問）。双方順番に、一度に1人ずつ話してもらう。
　2．両者の気持ちに耳を傾ける。
　　「どのように感じていますか？」「それをしたのは何をしたかったからですか？」（心のコップを空にする質問）。
　3．2人に修正させる。
　　「あなたは何を必要としていますか？」「どうすれば状況を正常に戻すことができると思いますか？」「それを平和的に成し遂げるには、どうしたらよいと思いますか？」「どうすればあなた方2人にとって公平だと思いますか？」（美徳を反映する質問）。

　2人が問題を解決したとき、2人が示した美徳に関して、それぞれを承認します。たとえば、本当のことを語った「真実」、平和的な解決法を発見したことに対して「やすらぎ」、問題解決の新しい方法を見つけた「創造性」、教えに最適な瞬間を受け入れた「謙虚」、間違いを認めたことに対して「責任」の美徳。

優秀な実践例
平和の大使
　カナダのブリティッシュ・コロンビアのブレントウッド小学校では、「平和の大使」に任命された児童たちは紛争解決のトレーニングを数週間にわたって受けます。児童同士の争いに遭遇したとき（肉体的な暴力の場合には大人を呼ぶ）、彼らは一連の質問をします。

　1．問題を明確にする。
　　「ジョン、何があったの？」「アン、何が起こったのかどうぞ教えて」

「何がほしかったのですか？」「ボールを奪ったとき、何を考えていたのですか？」

2．問題を繰り返して言う。

「遊びたかったということですか？」

3．解決策の自由討論。

「何が必要なの？」「2人にとって公平な解決策は何だと思う？」

4．解決策に同意する。

5．解決策がうまくいっているかどうか報告してもらう。

次に平和部隊の隊員がバスケットボールでけんかをしている2人に遭遇したときの会話例を紹介します。

大使：「どうしたのですか？　どうぞ交代で自分の意見を言ってください。君からどうぞ」

児童A（被害者）：「彼がボールをとったんだ。僕がボールを持っていたのに」

児童B（加害者）：「やってないよ」

大使：（児童Bを無視して）「彼がボールをとったわけ？」

児童A：「そう。フェアじゃないよ」

大使：「君が先にボールを持っていたのだから、それをとるのはフェアじゃないと感じている、そういうことね」

児童A：「そういうこと」

大使：（児童Bの方を向いて）「それで、何があったのですか？」

児童B：「遊んでいただけさ。彼はわからずやさ」

大使：「彼がわからずやで、どう感じたのですか？」

児童B：「僕はふざけていただけなのに」

大使：「つまり、彼と遊びたかったってことですか？」

児童B：「そう」

大使：「それでボールを奪ったけど、それはうまくいかなかったということか」

児童B：「そう」

大使： 「彼に尊敬の気持ちを表わしながら遊ぶには、どうすればよかったと思いますか？」

児童B： 「ボールを奪う代わりに彼に聞くべきだった」

大使： （児童Aに向かって）「君に尊敬の気持ちを表わすには、彼にどのようにしてほしかったですか？」

児童A： 「聞いてくれればよかったんだよ。〈一緒に遊べる？〉ってさ。そうすれば、僕が一緒に遊びたければ遊ぶから」

大使： （児童Bに向かって）「もしも、彼が一緒に遊びたくないって言ったら、尊敬の美徳はどういうふうに表現されると思いますか？」

児童B： 「誰か別の人を探すよ」

大使： 「その通りだね。素晴らしい柔軟性だ。ここで起こったことを正直に話してくれたことに対して2人を承認します。
（児童Aに対して）「権利についてきちんと自己主張したことを承認します」
（児童Bに対して）「間違いを認めたことに関して君の謙虚の美徳を承認します。これでフェアにするにはどうしたらいいかな？」

児童A： 「彼と遊ぶよ」

大使： 「素晴らしい友好の美徳を承認します」

　身体にケガを負ったり、器物が破損されたり、感情が傷つけられた場合には、美徳について考える段階で2つの明確なステップが必要になります。

1. 被害者と加害者の双方に次の質問をします。
　「これを次のような形で処理するには、どうすればよかったと思いますか？」
　　やすらぎをもって
　　自己主張し
　　親切に
　　優しく

尊敬をもって

2. どのように修正することができるかを聞きます。
「どうすればこの状況を正すことができると思いますか？」
「フェアな形で、この状況を修正するにはどうしたらよいと思いますか？」
「償いをするのに彼に何をしてほしいですか？」
「あなたはどのように償いをしますか？」
「2人の仲を修復するのに、あなた（被害者）に何ができると思いますか？」

　スピリチュアルな同伴者として、平和を維持する人として、被害者と加害者の双方が償いによって心の修復ができることが大切です。
　子供は自分自身の行動に対して行き過ぎた罰を下す傾向があります。「どうすれば、この状況を正すことができると思いますか？」と聞かれると多くの場合、自分が相手にしたのと同じ虐待を受けるべきだと答えます。誰かのお昼をとったとすると、翌日は自分はお昼ご飯を抜くべきだと答えるかもしれません。このような場合、自分が犯した罪の償いをするために自分を罰するよりも、2人の関係を修復し、被害者だけでなく自分自身も強くしてくれるような償いを考えるように導いてあげてください。

　それから、最後は美徳を承認して終わります。「＿＿＿＿＿に対して感謝します」

問題を承認したこと。
一緒に問題を平和的に解決したこと。
自分の行動に関して説明責任をとったこと。

　スピリチュアルな同伴者として、平和を維持する人として、被害者と加害者の双方が償いによって心の修復ができることが大切です。

問題解決法としての「スピリチュアルな同伴」

「スピリチュアルな同伴」は問題解決に役立ちます。というのは、それは非難志向ではなく解決志向であるからです。それは教えに最適な瞬間に美徳に焦点を絞るやり方であり、ただ問題をなくそうとするやり方ではありません。いずれにしても、問題はそういう形でなくなるものではありません。

次に挙げるテキサスの中学校の事例はその良い例です。

優秀な実践例
「スピリチュアルな同伴」の奇跡

タミー・ゴッフ先生はテキサス州、ミズーリ市のランタン・レーン小学校の5年生の担任をしていますが、これは彼女の教室で起ったことです。彼女は校長先生と一緒にヴァーチューズ・プロジェクトのワークショップから帰ってきたところでした。

児童たちが小説を書くプロジェクトの最後の仕上げとして、民族主義についてのラップを作曲していました。このプロジェクトを成功させるのに、どのような美徳が必要になるかは前もって話し合いをし、誰もがやる気十分で頑張っていました。いくつかのグループに別れて小説を書くプロジェクトが進行していたのですが、そのひとつのグループが分裂寸前になり、これ以上、プロジェクトを続けられない状況になりました。

私は自分に向かって言いました。「だいじょうぶ、タミー。あなたはちょうどヴァーチューズのワークショップでトレーニングを受けてきたところなのだから、これは、そこで習ったことを応用するチャンスよ」

実際そうしました。このグループの4人の児童たちと時間を過ごし、スピリチュアルな同伴者として話し合い、耳を傾け、彼らが何を心配しているかを突き止めました。問題の核心に辿り着いた後で、美徳について皆で内省しました。児童たちはこのプロジェクトを完成するのに役立ついくつかの美徳の名前を挙げることができ、ふたたびプロジェクトに取り組みはじめました。

それから約5分後、私が別なグループと作業を行っていると、誰かが

肩を叩きました。振り返ると４人の児童がニコニコして立っていました。彼らは素晴らしいできばえでプロジェクトを完成させ、美徳を上手に使えたことで最高の幸せを味わっていました。４人の１人、カイルの顔を私は忘れることはないでしょう。驚きと喜びの入り混じった顔で彼はこう言ったのです。「ゴッフ先生、美徳って奇跡ですね」

美徳の分かち合いサークル

　美徳のサークルは分かち合いサークルのひとつです。この活動には非常な尊敬と信頼が必要であることをはっきりと伝えてください。そこでの話題が個人的な場合にはティッシュペーパーを用意しておくといいでしょう。「私にとって友情が意味するもの」などの話題もあります。あるいは、サークルをつくって、それぞれが考えていることを自由に分かち合ってもいいでしょう。

　次のガイドラインに従ってください。

1．生徒がそれぞれ分かち合いをするときには、おしゃべりをせず静かにしていること。鳥の羽根、あるいは、棒を用意して話をする人に手渡すようにする方法もあります。

2．時間に限りがある場合は、１人が話す時間をそれぞれ１分から３分にするとよいでしょう。

3．自分の順番がまわってきたときにパスする権利があります。

4．ほかの人が話すことができるのは、誰かが話し終えた直後に、その人の美徳を承認するときだけにします。話し終えたときに、その話の内容と関係のある美徳を数人が 承認します。

　「＿＿＿＿＿＿＿することによって＿＿＿＿＿＿の美徳を実践したことを承認します」

5．秘密厳守が非常に大切です。ここで分かち合われた情報は完全な秘密にします。誰かが話したことに関して、いかなるときにも何も言ってはいけません。

次にこの活動の境界線を示します。

〉境界線〈

1. 尊敬：人が分かち合いをするとき、完全な沈黙を守ります。
2. 共感と無執着：ほかの人の感情を自分のなかに取り入れることなく、その感情に共感します。
3. 信頼：ここで言われることの秘密は守られます。
4. 承認：お互いに美徳を承認します。

「スピリチュアルな同伴」のためにシンボルを創造して使うとよいかもしれません。たとえば、共感と無執着でできたヴェールがハートを覆っている姿を想像します。このヴェールは共感の思いが流れ出ること許しますが、ほかの人の感情を取り入れることは許しません。サークルが始まる前に生徒たちに片手を胸の上に置いてもらい、共感と無執着のヴェールのことを思い出してもらいます。

1分間カウンセリング

人の話を聞く気持ちがあるときには、ただ話を聞くという境界線を設定してください。聞くことに集中できないときには、時間がとれるまで待ってくれるようにと生徒に依頼するのが最善です。わずかな時間しか集中できないと感じた場合は正直に言います。「1分間なら話を聞くことができます。1分間、できるだけ集中して話を聞きましょう。何があったのですか？」

「スピリチュアルな同伴」は「途切れのない注意力」という言葉に新しい意味をもたせるものです。

子供が心のコップを空にすることを許し、それから、聞きます。「今、どのような美徳が助けになると思いますか？」「どの美徳を使う必要があると思いますか？」。ある美徳が必要だとあなたに見えたならば、こう聞いてみます。「これを解決するのに＿＿＿＿＿の美徳が必要だとすれば、

それを実践するのに何が必要だと思いますか？」

　小学生が雪の結晶をつくったときの例があります
　「できないよ。難しすぎるもの」
　「何が難しいの？」
　「分からないもの」
　「何が分からないの？」
　「どうすれば、この形に切れるのかが分からない」
　「その形を切るための自信をもつには、どうすればいいかな？」
　「切って見せてもらえば」
　「分かった。それじゃあ、今度はあなたがやってみて。何が必要か
　きちんと自己主張ができましたね」

カウンセリングでの「ヴァーチューズ・ピック」

　「ヴァーチューズ・ピック」は生徒のポジティブ（肯定的）な資質を呼
び起こすためにカウンセラーによって使われている手法のひとつです。
楽しく行うこともできれば敬意をはらいながら行うゲームとすることも
できます。美徳について要点を定義したものが書かれているヴァーチュ
ーズ・カードを用意します。生徒が問題について分かち合いをした後に、
ヴァーチューズ・カードを1枚選んでもらいます。

● 目を閉じた状態でカードを選んでもらい、それから選んだカードを
　声に出して読んでもらいます。
●「この美徳はあなたをどのように助けてくれると思いますか？　この
　美徳はあなたの心にどのように響きますか？」と聞きます。
● 子供が分かち合いを終えたとき、その子供が分かち合いをするなか
　で掴みかけていると思われる美徳を承認します。
　あなたもヴァーチューズ・カードを引いて、その子供と分かち合い
　をするのもよいでしょう。

悲しみと「スピリチュアルな同伴」

近しい人が亡くなったとき、あるいは、喪失の状況が生じたとき、子供であれ、大人であれ、体験する悲しみの反応に対して、安全な避難場所を提供することが大切です。受容的な沈黙を使うべきときです。その人とただ一緒にいるだけのときです。

次のことが必要です。

1. その人は泣くことも含めて、心のコップを空にする必要があります。このプロセスでは相手がそれを歓迎するならば、身体に触れることが役立ちます。相手が送ってくる言葉以外の合図に従ってください。肩に手を置いたり、手を差し出すこともよいでしょう。相手があなたの方に身体を動かしてくるようであれば、もっと接触します。離れるようであれば、スペースを尊重します。

2. そのことについて話します。多くの場合、近しい人を亡くした人は同じ話を何度も繰り返します。耳を傾け感覚的な合図を送り続けることによって、それを奨励してください。
「パパはただそこに横になっていた。両方の目が開いていたの」
カウンセラー：「両方の目が開いていたのね」

3. 心を集中して苦しみのなかに一緒に入っていきます。それから、次のような質問をすることによって、その人を苦しみのなかから外へと導き出します。
「何が必要ですか？」「お父さんがいちばん好きだったことは何ですか？」

4. つねに美徳を承認して終わります。
「あなたがどれくらいお父さんを愛しているか私には分かります」

災害と「スピリチュアルな同伴」

大きな災害が起こった場合、たとえば、火事、暴力事件などで数多くの人が危険にさらされたり、亡くなった場合、人は自分の気持ちを表現

する安全な場所が必要になります。美徳の分かち合いサークルの機会を
つくって分かち合いをしたい人に、その災害によってどんな影響を受け
たか、何がいちばん心配かなどについて話してもらうとよいでしょう。
その分かち合いの内容に反応する必要はありません。「ジョン、ありがと
う」のように話の後で承認することです。それが適切であると感じたら、
グループの１人か２人が美徳を承認することもできるでしょう。

優秀な実践例

癒しのサークル

　カナダのブリティッシュ・コロンビアの第一国家（ファースト・ネイ
ション）のコミュニティーのために行われた、「癒しを思い出そう」とい
う名前の会議で基調講演をしたことがありました。

　会議の２日目に、出席していたあるコミュニティーの数人の人たちが、
彼らの小さな町の３人が亡くなったという知らせを受けました。１人は
病気で、２人は事故で亡くなったということでした。私はウインスト
ン・ウチュニー氏とともに特別な癒しのサークルに招かれました。ウイ
ンストン氏は長老で、チャントを唱え、サルビアを燃やすことによって
神聖な雰囲気を醸し出しました。人びとは静かに泣いていました。１人
のドラマーがサークルに加わり、悲しみの歌を演奏し、さらなる涙を誘
いました。それから、皆の心の準備ができたとき、１人ひとりが心のな
かを分かち合う機会を与えられました。なかには激しく泣きじゃくる人
もいました。若者もいましたがサークルで話し始めるまでは感覚を失っ
たかのようにじっとしていました。話し始めると彼も涙から解放されて
いきました。彼らは失った親戚や友達について覚えていることを話し、
どれほどショックを受けたかについて話しました。人によっては誰かに
抱擁してもらって泣く必要のある人もいました。そこにいたすべての人
にとって非常な癒しをもたらしてくれた神聖な体験でした。

　災害の後には人びとに安全であると感じられる場所を提供することが
必要であると教えてくれました。癒しのサークルの境界線として話をす
るときは１人だけというルールを守ることが非常に大切です。

自殺予防のカウンセリングにおける「スピリチュアルな同伴」

　自殺の観念や脅迫にとらわれるケースを扱うカウンセラーは、その人が問題の核心に到達する手助けができなければなりません。そのような状況では、失敗した人間関係、友達や親戚に対する怒り、喪失、失敗、孤立感などの問題が必ずあります。

　当然のことですが、あなたにその準備ができていない場合にはカウンセリングの責務を引き受けるべきではありません。しかしながら、カウンセリングをしているときに、自殺したいという言葉への対処を迫られる場合があります。

　「スピリチュアルな同伴」を行うときはすべてそうなのですが、目標はその人が心のコップを空にする手助けをすることによって、問題の根底に必ず横たわっている真実へと辿り着くことにあります。彼らに自分自身の真実の声が聞こえると、自殺以外の方法で問題に対処する道を選択する自由も与えられます。

「私はこれ以上、生きていたくない」
「どのようなことで生きていたくないのですか？」
「食べられないのです。眠れないのです」
「何があなたを眠らせないのですか？」
「ボーイフレンドにふられたんです。彼がそんなことをするなんて」

受容的な沈黙。

「何がいちばん辛いですか？」
「恋人同士だったんです。それなのに私を捨てたんです」
「あなたを捨てた」

涙。

「捨てられていちばん辛いことは何ですか？」
「私には何の価値もないみたいに感じて」
「何の価値もないってどんな感じがするの？　身体のどこの部分でそ

れを感じますか？」

「ここ」（と言って胃のところを指す）。

「そこが空っぽ？」

「そう。そして痛い」（ふたたび泣く）。

十分にコップを空にした後で、彼女の気持ちをふたたび外に出す必要があります。

「この痛みに対処するのに何が役に立つと思いますか？」

「友達」

「友達が助けてくれる？」

「はい」

「メリッサ、これを切り抜ける勇気は何が与えてくれると思いますか？」

（笑って）「これで世界が終わるわけじゃないと思うことかな」

「自分の生命を奪うようなことをしないって約束してくれる？」

「自信がないわ」

「いま話をして何が前よりも明確になりましたか？」

「この人生を生き抜くことができるってこと」

「文字通り生き抜くって約束してもらう必要があるわ」

「約束します」

「メリッサ、この試練に対するあなたの勇気を承認します。それに、助けを求めてくれた自己主張を承認します」

「スピリチュアルな同伴」はどのような介入においても少なくとも最初の一歩です。どんなに若い人であっても、個々人がもっている内なる強さを尊重し、彼らが自らの体験を検証し、自らの答えを発見し、自らの傷を癒し、人生の困難な問題に健全な方法で対処できることを信じるからこそ可能となります。

「スピリチュアルな同伴」はどのような介入においても少なくとも最初の一歩です。

活動 Activities

（悲しい──怒っている──嬉しい──怖いゲーム）

これらの感情を表わしている顔と、その言葉が書いてあるカードを作ります。これらのカードをサークルの中心に置き、次のプロセスを、まず先生が行ってみせます。

1. 1枚のカードを選ぶ（表を上にしても下にしてもよい）。
2. 美徳の分かち合いサークルと同じ方法で、皆が耳を傾けている状況のなかで言います。
   「私は_____のときに悲しく感じます」
   「私は_____のときに嬉しく感じます」（なるべく具体的に言います）。
   「私は風邪をひいたために教えることができないとき、悲しいです」
   （本当のことだけを言います）。
3. それぞれの人がカードをめくって分かち合いをして、2、3回まわったところで、左の人が右の人に対して、その人が分かち合ったときに気がついた美徳を承認します。

（この活動はジュディー・モリンさんが考案したものです）。

嬉しい　　　　怒っている　　　　怖い　　　　悲しい

生徒の活動シート

同級生のピースメーカー

2人の人が口論している状況の役割演技（ロールプレイ）をします。2人はけんかをしていて、2人が同級生のピースメーカーの役割です。ピースメーカーは次のステップに従います。

1. **ドアを開ける：**「2人の間で何が起こっているのですか？　どうぞ順番に話してください」
2. **心のコップを空にする：**「何が（いちばん難しい、意地悪、不公平）でしたか？」。その人が発している合図を受け止める。
3. **感覚的な合図に焦点を合わせる：**「あなたの体、どうしたの？　肋骨が痛いの？」
4. **美徳について考える：**「相手の人にどのような美徳を実践してもらう必要があると思いますか？」「あなた自身のためにどのような美徳に頼るべきだと思いますか？」
5. **修復へのコミット：**「これを修復するのに何が必要ですか？」
6. **締めくくり：**「あなたにとって教えに最適な瞬間の主なものはどれでしたか？」「いま話したことによって、何がより明確になりましたか？」
7. **双方の美徳の承認。**

討論のための質問

「これを見てどう感じましたか？」
「ピースメーカーの助けがなかったらどうなったと思いますか？」
「ピースメーカーが行ったことで効果的だと思ったことをひとつ挙げてください」
「これらのやりとりをもっと良いものにするにはどうすればよかったと思いますか？」
「ピースメーカーのいちばん良いことは何だと思いますか？」
「ピースメーカーがいてよかったと思ったときのことを描写してください」

Permission is granted by Jalmar Press to copy this page from The Virtues Project Educator's Guide © for classroom use only.

学校全体での活動 School-wide Activities

(美徳に基づいた戦略計画)

あなたの学校やクラブで行う戦略計画活動で、次のような質問をすることができます。これらの質問は対象が子供でも大人でも効果的で、ヴァーチューズ・プロジェクトの5つの戦略をすべて反映しています。

● 私たちのもっとも強い美徳は何でしょうか？

● どの美徳をより発達させる必要があるでしょうか？

● 私たちがいま直面している3つの主要な、教えに最適な瞬間は何でしょうか？

● 安全で、よく学ぶことができる環境をつくるためにはどのような境界線が必要だと思いますか？

● 誰／何がその声を聞いていないと思いますか？

● 何に耳を傾ける必要があると思いますか？

● この活動でいちばんありがたいと思ったことは何ですか？

章のまとめ

「スピリチュアルな同伴」の技術

✔ 相手の人とそこに100パーセントいる——あなたが与えること
ができる最高の贈り物。

✔ 問題を解決しようとしない。救済しようとしない。生徒が問題
を自分のものとして見つめ、解決し、道徳的な選択をする機会
を与える。

✔ 「はい」「いいえ」では答えられない質問をするために、「何」
「どのように」という魔法の言葉を使う。

✔ 言葉を生徒の口に押し込まない。生徒が言うことに耳を傾ける。

✔ 人は自分の問題を解決する叡智をもっていることを信頼する。

✔ カウンセリングをする心の準備として、共感と無執着の美徳を
使う。

　・「はい」「いいえ」で答えられない質問をして心のドアを開く。

　・受容的な沈黙をもうける。

　・心のコップを空にする質問をする。

　・感覚的な合図に焦点を絞る。

　・美徳について考える質問をする。

　・締めくくりの質問をする。

　・つねに美徳を承認して終了する。こうすることによって誰かが
　　あなたに心を開いた後で、その人の威厳を回復できる。

✔ あなたの時間と集中力に境界線を設定する。

✔ 相手の気持ちに耳を傾け、関わっている正義の問題を理解し、「ス
ピリチュアルな同伴」を行うことによって怒りを拡散させる。

✔ 争いの解決、問題の解決、戦略的な計画のために「スピリチュア
ルな同伴」を使う。

THE VIRTUES PROJECT

II

美徳：人格の贈り物

Ⅱ部の使い方

　ここでは52の美徳について説明します。それぞれの美徳の説明には次の要素が含まれています。

- 美徳の定義
- 美徳の実践理由
- 美徳の実践方法
- 成功のしるし
- 確言

毎日読む

　美徳の5つの要素を活用するひとつの方法は教室において、または放送システムを通して、毎日ひとつの部分を読み、「今週の美徳」プログラムに対する意識を刺激することです。本書、第1章「美徳の言葉を話す」の〈毎日読む〉の項（P59,60）を参照してください。

討論とロールプレイ

　それぞれの美徳のページには、「次の状況では美徳をどのように表現しますか」というシナリオが用意されています。これをロールプレイ（役割演技）で行うにはふたつの方法があります。

1. 美徳を実践しなかった場合、どのような状況になるかについて討論します。その後で、美徳が実践された場合、状況がどのように展開するか、ポジティブ（肯定的）な形で生徒にロールプレイを行ってもらいます。ロールプレイは体験を内在化するうえで非常に強烈なインパクトがあるため、ネガティブ（否定的）な状況についてはロールプレイを行わず、話し合いの方がよい場合もあります。
2. 美徳の実践「前」「後」をロールプレイすることによって、美徳を実践しなかった場合のネガティブな結果と美徳を実践した場合のポジティブな結果をユーモラスに印象づけることも可能です。

それぞれの美徳には「活動」のためにページ割かれていて、そこには次の5つの活動のポイントが説明されています。

✳ 美徳の活動

美徳を使った活動：あなたのグループやクラスのなかで美徳に焦点を絞る簡単な方法が紹介されています。

？ 美徳について考えるための質問

これらの質問は生徒が自分の人生において美徳の意味を考え、どうしたら美徳をマスターできるかについて考える助けとなるように構成されています。

✎ 美徳を絵に描く

ここでは美徳に関連したアート・プロジェクトについての提案・アイデアが挙げられています。

❀ ポスター用語

美徳のポスターを作るときに役立つ語句が紹介されています。もちろん、自分で創造的な言葉を考案するのもよいでしょう。

➴ 名言

ひとつの美徳に関して少なくとも5つの名言が紹介されています。これを教室に掲示したり、毎週、声に出して読むという使い方もあります。これらの名言は先生や生徒に美徳を実践するインスピレーションを与えるようにと意図されています。

美徳：人格の贈り物　目次

愛	219	清潔	323
いたわり	223	誠実	327
思いやり	227	整理整頓	331
感謝	231	責任	335
寛大	235	節度	339
寛容	239	創造性	343
気転	243	尊敬	347
共感	247	忠誠心	351
協力	251	慎み	355
勤勉	255	手伝い	359
決意	259	忍耐	363
謙虚	263	奉仕	367
コミットメント	267	無執着	371
識別	271	名誉	375
自己主張	275	目的意識	379
自信	279	優しさ	383
自制心	283	やすらぎ	387
柔軟性	287	勇気	391
正直	291	友好	395
情熱	295	優秀	399
真摯	299	ゆるし	403
親切	303	喜び	407
辛抱強さ	307	理解	411
信頼	311	理想主義	415
信頼性	315	礼儀	419
正義	319	和	423

愛

愛とは？

　愛とはあなたの心を満たす特別な感情です。微笑によって、感じよく話をすることによって、思いやりのある行動によって、ハギング（抱き合うこと）をすることによって愛を表現することができます。愛とは人やものに特別ないたわりと優しさで接することです。その人やものがあなたにとって、とても大切だからそうするのです。愛とはあなたが接してほしいように、ほかの人たちに接することです。いたわりと尊敬の思いを込めて接することです。

美徳の実践理由

　愛がなかったら、人は寂しく思うことでしょう。自分が人に大切に思われていると感じられなかったら、人は幸せを実感できません。そのようなとき、人は時々、怒っているかのように行動し、人を近づけません。誰でも人に好かれたいと思っています。誰でも人に好かれれば嬉しいものです。あなたが人に対して愛情を示すと、その人は自分が大切な存在であると感じられ、より優しく、より親切になります。愛は伝染します。愛は広がります。

美徳の実践法

　愛するということは人の身になって考え、人が感じていることにいたわりを示すことです。人を受け入れ、ありのままに愛することです。知らない人たちに対しても愛情を示すことができます。人に起こることにいたわりを示し、愛情の思いを送ることによって、それができます。分かち合うことは愛情を示すひとつの方法です。持ち物、時間、あなた自身を分かち合うことも愛情表現です。愛するということは自分がどのように接してほしいかと考え、それと同じように人に接することです。

次の状況では愛の美徳をどのように表現しますか

- 自分がとった行動について自分を責める気持ちになった。
- お父さんが病気なので何か思いやりを示したい。
- 子供が駄々をこねている。
- 小鳥が巣から落ちているのに気づいた。
- 先生が好きでその気持ちを表現したい。
- すごく気に入っている特別な物を持っている。

◎ 成功のしるし

おめでとう！　次のことを実行しているあなたは愛の美徳を発揮しています。

- 自分が接してほしいように人に接する。
- 親切で愛情のこもった言葉をかける。
- 持ち物を分かち合い、自分自身を分かち合う。
- 愛情を示す。
- 愛情のこもったことを考える。
- 好きなものの世話をよくして大切にする。

～ 確言 ～

私には愛情があります。私は思いやりのある行動、優しい言葉によって愛情を示します。私は自分が接してほしいようにほかの人に接します。

愛の活動 ……………………………………………………………………

❋ ものを見せて話をする

生徒たちが大切にしているものを学校に持ってきてもらいます。"Show and Tell"（ものを見せて、それについて話をすること）を行って、この特別なものをどのように愛情を込めて扱うかを生徒に話してもらいます。

？ 美徳について考えるための質問

● 人に対して愛情を示す３つの方法を挙げてください。

● 動物に対して愛情を示す３つの方法を挙げてください。

● 人や動物以外にあなたが好きなものの名前を挙げてください。

● あなたは何をするのが大好きですか？

● 愛情を込めて仕事をするとどういうことが起こりますか？

● 人にどのように接してほしいですか？

● 愛情を込めて人に接する３つの方法を挙げてください。

✎ 愛を絵に描く

一軒の家を描いて、そのなかにあなたが愛している人を全部入れてください。誰でもかまいません。面識のない人でもよいし、有名な人や歴史上の人物でもかまいません。

✿ ポスター用語

● 大切なのは愛だけ。

● 愛は持続する。

● 愛は親切。

● 愛は優しい。

● 愛は忍耐強い。

● 愛は謙虚だ。

➥ 名言

あなたがなすべきことは愛を探すことではなく、あなたが愛に対して自分のなかに築いた壁を探して見つけることである。

ルーミー

愛はただ石のようにじっとしているものではない。
パンのように作らなければならないものである。
そして、いつも新しく作り続けなければならないものである。

ウルスラ・レギーン

愛は人を癒す。
愛を与える人を癒し、愛を受け取る人も癒される。

カール・メニンガー

愛をいたるところに広めることです。
まずはあなたの家庭から。

マザー・テレサ

人類を成長させることができるのは愛だけである。
なぜなら、愛は生命を生み、永遠に継続する唯一のエネルギー形態だからである。

ミッシェル・クワスト

敵を友に変容できるのは愛の力だけである。

マーティン・ルーサー・キング

いたわり

いたわりとは？

いたわりとはあなたにとって大切な人やものに愛情を与え、注意をはらうことです。人のことをいたわるとき、あなたはその人に援助の手を差し出します。注意をはらいながら最善の努力をします。人びとや物事を優しさと尊敬の気持ちを込めて扱います。いたわりによってこの世界は、より安全な場所になります。

美徳の実践理由

いたわりがなければ何も重要ではなくなってしまいます。誰も重要ではなくなってしまいます。傷ついた人がいても、病んでいる人がいても、助けてくれる人はいなくなってしまいます。"どうでもいい"という態度の人には、いい加減で不完全な仕事しかできません。物は壊れます。人は傷つくものです。いたわりのある人は傷ついた人の孤独を和らげることができます。いたわりのある人を人びとは信頼します。いたわりの思いはこの世界をより安全で良い場所にしてくれます。

美徳の実践法

人に対していたわりをもつとき、あなたは親切な行為によって愛情と気づかいを示します。元気かどうか、どのようなことを思っているのか聞いてみます。悲しそうにしているときには、「私に何かできることがありますか？」と聞いてみます。物事をきちんと優しく処理し、すべてに最善を尽くします。自分に対しては、尊敬の気持ちを込めて身体を扱い、清潔さと健康を保ちます。必要としているものを自分に与えます。

次の状況ではいたわりの美徳をどのように表現しますか

- 家事の手伝いをしている。
- 友達の１人が悲しそうにしているのに気づいた。
- 学校から帰ってお母さんと話を始めた。
- ペットの面倒をみている。
- 宿題をしている。
- あることで心を悩ませていて、それについて話をするのが難しい 。

◎ 成功のしるし

　おめでとう！　次のことを実行しているあなたはいたわりの美徳を発揮しています。

- 人、自分、地球にいたわりの思いを込めて接する。
- 人をしっかりと見て、人の話に注意深く耳を傾ける。
- 物事を注意深く処理する。
- 自分が世話を任されたものや人に対して優しく愛情を込めて接する。
- 自分の身体に尊敬の思いをもって接する。
- 情熱的に優秀な結果を求めて努力する。

〜 確言 〜

　私は人に対して、自分自身に対していたわりを示します。人や動物のニーズに対して愛情を込めて注意をはらいます。自分の仕事のすべてに最善を尽くします。

いたわりの活動 ……………………………………………

※ いたわりの活動

- クラスや家族のペットが必要としているもののすべてについて自由討論をする。
- 地球に対するいたわりに焦点を絞ったプロジェクトを実施する。たとえば、近所の通りを掃除するプロジェクトなど。

●お年寄りに援助の手を差しのべる。

●クラスの誰か、あるいは、家族の誰かのことを考えて、その人のために1週間、いたわりに基づいた行為を行う。それから、どういう変化が起こったか気づいたことを分かち合う。

？ 美徳について考えるための質問

●人があなたにいたわりの思いをもっているとき、それはどのように分かりますか？

●人がいたわりを示さないとき、あなたはどう感じますか？

●今週、あなたが行ったいたわりの行為を3つ挙げてください。

●本や物語の主人公を1人取り上げて、彼または彼女が一番いたわりを示したことは何かを説明してください。

●新聞や雑誌を読んで、いたわりを必要としている人たちの話を探してください。人、あるいは、あなたにできることを考えてください。

●地球に対していたわりを示すことで、あなたにできる3つの方法を考えてみましょう（例：リサイクル/再利用、リユース/再使用、リデュース/削減）。

✎ いたわりを絵に描く

あなたが大切に思っている人の絵を描いてみましょう。地球にいたわりをもって世話をしている人たちの絵を描いてみましょう。「いたわり」のコラージュ（切り絵）を作ってみましょう。

✿ ポスター用語

●いたわりを見せて。

●いたわるということは特別な愛情の表現です。

●はい、私はいたわりをもっています。

●最善を尽くす。

●地球は私たちの家。家の面倒をみましょう。

227

●❖名言

いたわりがなければいくら知識があっても意味はない。

作者不詳

慈善は家庭から始まる。

テレンス

いたわりの思いがいちばん大切である。

ヒューゲル

自分自身を大切にすることなく人を大切にすることなど可能だろうか？

トマス・ブラウン

人命の破壊ではなく、人命をいたわり、人の幸せを大切にすることこそ、立派な政府の第一にして唯一の妥当な目的である。

トマス・ジェファーソン

この大地のあらゆる部分が私の人びとにとっては神聖なのです。

きらきらと輝く松の葉の1本1本が、砂浜の1つひとつが、暗い森に立ちこめる霧の1つひとつが、開墾地の1つひとつが、すだく虫の1匹1匹が、私の部族の記憶と体験のなかにおいて神聖なものなのです。

——1885年、当時のアメリカ大統領に宛てたチーフ・シアトルの手紙より

 # 思いやり

思いやりとは？

　思いやりとは人のことを考え、人の気持ちを考えてあげることです。自分の行動が人にどのような影響を及ぼすかについて思いやり、人がどのように感じるかについていたわることです。相手の人は何が好きなのか、何が嫌いなのかに注意して、その人が幸せになることをしてあげることです。

美徳の実践理由

　人がわがままな行動をとって思いやりを示さないと、ほかの人が傷つきます。音楽をがんがん鳴らしたり、大切な人の誕生日を忘れたり、人がつまずくかもしれないのに物を置きっぱなしにすれば、その人は思いやりを発揮していません。ある人に対して思いやりを示すと、その人は自分が大切な存在なのだと感じます。その人は幸せを感じて、ほかの人を幸せにしてあげたいと思うようになります。

美徳の実践法

　思いやりは人が何を必要としているかに気づいて、あなたの行動がどういう影響を与えているかについて考えることから始まります。人がどのように感じるかに気を配ります。ほかの人たちもあなたと同じくらい大切であるかのように行動します。人に幸せをもたらすために小さな親切を実行します。誰かにプレゼントをあげるときには何がその人を喜ばせるかについて注意深く考えます。悲しみに沈んでいる人に優しく注意をはらうようにします。

次の状況では思いやりの美徳をどのように表現しますか

- 弟が病気で寝ていなければならず退屈している。
- あなたと両親の音楽の好みは非常にかけ離れている。家のなかで音楽をかけるとき、どのくらいの音量にすべきか。
- 親友の誕生日が迫っている。
- 学校の玄関からドアを開けて入ろうとしているところだが、後ろに誰かが続いている。
- 担任の先生が資料を腕いっぱいに抱えて前を歩いている。
- 学校から家に帰ってきたら、おばあちゃんが昼寝をしていた。

◎ 成功のしるし

おめでとう！ 次のことを実行しているあなたは思いやりの美徳を発揮しています。

- 人のニーズや気持ちを尊重する。
- 人のニーズを自分自身のニーズと同じくらい大切だと思う。
- 自分の行動が人びとにどういう影響を与えるかを立ち止まって考える。
- 人の身になって考える。
- 優しい気持ちで注意をはらう。
- 人に幸せをもたらすために小さな親切を行うことを考える。

〜 確言 〜

私は人に対して思いやりをもっています。自分の行動が人びとにどういう影響を与えるかを立ち止まって考えます。人に幸せをもたらす思いやりのあることを実行します。

思いやりの活動 ....

✳ 思いやりの活動

- あなたが大切に思っている人たちについて考え、彼らに幸せをもたらすために何をしたらよいかを心のなかに地図として描きましょう。

●１日いっぱい、出会う人の１人ひとりに対して思いやりをもって行動してみましょう。次の日に、それを実践してどのような感じがしたか、その行動が友達や家族、町の通りで出会った人に対してどういう影響を及ぼしたかを分かち合いましょう。

●助けを必要としている人、親切な行為を必要としている人のことを思い浮かべて、その人のために何か思いやりのあることを実行してみましょう。

●カウンセラー、先生、学校の事務員さんなど、誰か１人を選んで、何も言わずに１週間、その人のために何か思いやりのあることを実行してみましょう。１週間たったら、その人に何か気づいたことがあるかどうか聞いてみましょう。

●秘密の友達：生徒の１人ひとりが名前のカードが入っている箱からカードを１枚取り、その人のために１週間、思いやりのあることを実行します。１週間たったら皆に秘密の友達が誰だったかを知らせます。

? 美徳について考えるための質問

●これまで誰かがあなたのためにしてくれたことのなかでいちばん思いやりを感じたことは何ですか？

●これまでで（誰かが何かをしてくれたために）最高に驚いたことは何ですか？

●あなたが誰かのためにしたことのなかでいちばん思いやりを発揮したことを挙げてください。

●ある人にとって最高の贈り物が何か、どうして分かりますか？

●あなたの家族に対して大きな違い起こすことができる３つの思いやりのある行為を考えてください。

●それを実行することにコミットしてください。１週間してから、気づいた違いを報告してください。

✎ 思いやりを絵に描く

家族の誰かに思いやりのあることを実行しているあなたの絵を描いてみましょう。

❀ ポスター用語

● これを考えてみてね。
● 人のためにする。
● ちょっとでもいいから与える。
● ちょっとした思いやりが遠くまで届く。
● 思いやりは幸せを連れてくる。
● 親切な行為で驚かそう。

➡ 名言

つねに同胞のために親切を行い、愛と思いやりと援助を提供することに心を向けるようにしよう。

アブドゥル・バハー

『ちょっとした優しさを試してみよう』──歌の題名より

善人の人生の最良の部分、それは親切と愛に満ちたささやかな行為である。

ウィリアム・ワーズワース

人を誠実な気持ちで助けようとすれば、必ず自分を助けることにもなる。

作者不詳

自分自身を満足させるために生きた人生は誰をも満足させることはない。

ヴィック・キッチン

 # 感謝

感謝とは？

感謝とは自分が持っているものについてありがたいと思うことです。学ぶこと、愛すること、存在することに対する感謝の態度です。毎日、あなたの周囲で起こるささやかなことを、あなたの内部で起こるささやかな事柄をありがたいと思うことです。この世界の美しさに奇跡の思いを抱くことです。あなたの人生のなかにあるさまざまな贈り物を自覚することです。

美徳の実践理由

感謝は満足をもたらします。感謝の思いがあるとどんなことが起こってもその出来事のなかに何か良いことを見つけることができます。感謝の思いがないと人はネガティブ（否定的）になります。現状に不満を抱きます。すべてが自分の思い通りにならないと弱音を吐き不平を言います。人のことを羨みます。感謝の思いがあるとポジティブ（肯定的）な見方ができます。人生のなかに良いことを発見でき、何が起こってもそのなかにポジティブなものを見出すことができます。

美徳の実践法

感謝の思いを抱くということは持っているものに感謝し、愛する人に感謝することです。誰かがあなたのために何かをしてくれたとき、ありがたい気持ちを示すことです。あなたの人生の素晴らしさに心の焦点を絞り、与えられている祝福を何度も数えることです。困難な状況になっても学ぶべき教訓を見つけて感謝することができます。ほかの人たちがあなたに与える機会をつくることも大切です。あらゆる状況において最善の結果を期待してください。

次の状況では感謝の美徳をどのように表現しますか

- ●問題を抱えていて悲しさと敗北感を感じている。
- ●皆に人気のあるクラスメイトのようになれたらいいのにと思っている。
- ●とても美しい場所で散歩をしている。
- ●お母さんがあなたに優しくしてくれた。
- ●その場にふさわしい服を着ていないのではないかと心配している。
- ●きょう1日のことを考えている。

◎ 成功のしるし

おめでとう！　次のことを実行しているあなたは感謝の美徳を発揮しています。

- ●感謝の態度をもっている。
- ●贈り物を喜んで受け入れる気持ちがある。
- ●他人の能力を羨む代わりに、自分の能力に感謝している。
- ●人生で直面する困難は学ぶための機会であると考えている。
- ●この世界の美しさに感謝している。
- ●毎日、与えられる祝福を数えている。

～ 確言 ～

私は自分のなかにある数多くの贈り物に対して、また、自分のまわりにある数多くの贈り物に対して、今日の日に感謝します。私は私の生命に感謝します。私は教訓を探します。私は最善の結果を期待します。

感謝の活動 ……………………………………………

※ 感謝のサークル

立ったままで円陣をつくり、1人ひとりが腕をまっすぐ前に出し、両手を握って「感謝のバスケット」を作ります。1人ひとりが語ることもできますし、パスしてもいいことにします。パスするときにはバスケットを次の人に向けるか、「パス」と言えばいいでしょう。言い方は、「私の感謝の

バスケットのなかには＿＿＿＿＿＿＿があります」、あるいは、「私は＿＿＿＿＿
に感謝しています」などでよいでしょう。学期末やキャンプが終わったと
きにこの儀式を行うと素晴らしい体験ができるはずです。1人ひとことと
いう境界線を設ければ長い時間はかかりません。

✳ アイスブレイカー（緊張をときほぐすもの）

皆で部屋のなかを歩きまわってパートナーを見つけたら、「マリー、あ
なたは何に感謝していますか？」と聞きます。マリーは自分の答えを言っ
た後に同じ質問を返します。それが終わったら、また部屋を回って別なパ
ートナーを探します。1人が数人とこの会話をしたところで終わります。
パートナーが変わるごとに答えも変えます。

✳ 感謝の日記帳

毎日、あなたが感謝していることを3つ書いてください。

❓ 美徳について考えるための質問

- あなたのどのような人間関係に感謝していますか？　その関係のど
  のようなところに感謝していますか？
- あなたは誰に感謝したいですか？　どのように感謝したいですか？
- あなたの人生のどういうところにいちばん感謝していますか？
- まったく感謝しない人というのはどのような人でしょうか？
- 感謝するのが難しいのはどういうときですか？
- そういうときに感謝の気持ちをもつように助けてくれるものは何です
  か？
- 自分自身についていちばん感謝しているのは何ですか？
- あなたの人生で困難を経験したときのことを説明し、その体験から
  学んだ教訓、または美徳の名前を挙げてください。

✎ 感謝を絵に描く

あなたが感謝している人や物事のコラージュ（切り絵）を作ってみまし
ょう。

❀ ポスター用語

●感謝の態度。

●最後の最後まで楽観主義者。

●明るい面を見よう！

●◆名言

感謝の態度をもとう！

アルコール中毒者治療協会

これまでの人生には感謝！
これからの人生には喜びをもって！

ダグ・ハマーショルド

毎朝起きると誰でも２４時間のまっさらな時間をもらえるのです。
なんと貴重な贈り物でしょうか！

シック・ナト・ハン

ごく普通の１日だけど、あなたという宝物を自覚できますように。

メアリー・ジーン・アイアン

私たちは与えることができるよりもずっと多くのものを受け取っている。

サー・トマス・モア

与えれば与えるほど多くのものが与えられる。

ペギー・ジェンキンス

寛大

寛大とは？

　寛大とは与えることであり、分かち合うことです。見返りを考えずに自由に分かち合うことです。寛大であるとはすべての人にとって十分なものがあると自覚することです。自分がもっているものを与えるチャンスが見えたら、ただ喜びのために与えることです。寛大であることは愛と友情を示す最良の方法のひとつです。

美徳の実践理由

　寛大な心がなければ人びとは勝手に行動し、自分の物や時間や友情を分かち合うことを拒否するでしょう。助けを必要としている人は、誰も彼らが必要としているものを与えてくれないために絶望を感じるでしょう。私たちが自由に与えるとき、とくに犠牲がはらわれるとき、私たちのスピリット（より大きな自分）は成長します。1人の人が寛大さを発揮すると、ほかの人たちも寛大でいたいと思うようになります。

美徳の実践法

　寛大であると、自分がもっているものを分かち合うためのいろいろな方法について考えます。人が必要としているものについて考え、人を幸せにするために、いろいろなことを実行します。時間を分かち合い、考えを分かち合い、お金を分かち合います。あなたにとって本当に特別な何かを分かち合うのは、とても寛大に愛情を示すことです。自由に目いっぱい与えるというのはとても気持ちのよいものです。

次の状況では寛大の美徳をどのように表現しますか

　　●誕生日の後に友達が遊びに来た。あなたには新しいおもちゃがある。

●前にあなたのものを壊したことがある人が、あなたの大好きなもの
を借りたいと言ってきた。
●お父さんが夕食を作っているので、誰かが食卓の準備をする必要が
あるが、あなたは面白いテレビの番組を見ている最中だ。
●クラスの１人が弁当を忘れてしまい、お金も持っていない。
●誰かの誕生日が近づいていて、どんなプレゼントをしようかと考え
ている。
●世界のどこかに、おなかをすかして着るものも十分にない子供たち
がいることを学んだ。

◎ 成功のしるし

　おめでとう！　次のことを実行しているあなたは寛大の美徳を発揮して
います。

●人のニーズに対して思いやりをもっている。
●誰かが助けを必要としているときには、それにすぐ気づく。
●見返りを考えずに目いっぱい与える。
●人のために喜んで犠牲になる。
●大切な持ち物を叡智を使って分かち合う。

〜 確言 〜

　私は寛大です。私は与え、分かち合う機会を探します。思いやるための
時間をたくさんとります。私は自由に、目いっぱい喜んで与えます。

寛大の活動 ……………………………………………………

※ 寛大の一覧表

　寛大の美徳を発揮する方法の一覧表を作ってください。

●あなたの時間とエネルギーに関して。
●あなたの持ち物に関して。

家族の誰かに寛大な何かをすることを考えてください。

✳ 贈り物の箱

リサイクルした小さな箱をきれいに飾ってください。紙でハートを切り抜いて、それぞれの紙にあなたが誰かにあげたい贈り物を書いてください。たとえば、「皿洗いをします」、「食卓の準備をします」などの手伝いや、1日、分かち合ってもよいと思う遊び道具などの名前を書いて、紙をこの箱のなかに入れます。誰かに箱からハートの紙を取ってもらい、そこに書いてある贈り物を寛大な気持ちであげてください。

？ 美徳について考えるための質問

- ●分かち合うのがいちばん難しいのはどういうときですか？　どういうときに分かち合いたい気持ちになりますか？
- ●誰かがあなたと分かち合うことを拒否したとき、どのように感じますか？　誰かが分かち合ってくれるとき、どのように感じますか？
- ●寛大さを導いてくれるものは何ですか？
- ●この人には寛大になるのが難しいと思う人は誰ですか？　この人には簡単に寛大にできると思う人は誰ですか？
- ●あなたにとって大切な何かを犠牲にしたことがありますか？　そのとき、どのように感じましたか？
- ●あなたが分かち合う選択をしたものに関して、寛大さと自己主張のバランスをとるのが大切なのはどういうときですか？
- ●あなたのものを優しく扱わない人に対して、どのような境界線を設定する必要がありますか？
- ●今日、家に帰ったときに寛大の美徳を実行する3つの方法を挙げてください。

✎ 寛大を絵に描く

あなたの大好きなものを3つ絵に描いてみましょう。それは分かち合えるものですか。それとも、あなただけが使うためにとっておくものですか（それを決めるのはあなたです）。分かち合ってもよいものをひとつ含めてください。

❀ ポスター用語

● 自由に与える、目いっぱい与える。

● 喜んで与える。

● 自分を分かち合う。

● 与えれば与えるほど、もの持ちになる。

❧ 名言

自ら出ていったものは帰ってくる。

作者不詳

真の天才のしるしのひとつは豊かさの資質である。

キャサリン・ドリンカー・ボーウェン

君子とは自ら世に出ようとして他人のための足掛りを築く人であり、
自らの栄達を達成しようとして他人の栄達の達成を助ける人のことである。

孔子

楽しく与える人は与えるものの値段を見ることはしない。
贈り物を受ける人を喜ばせ、楽しませることに心を集中させるのである。

ノリッジのジュリアン

与えれば与えるほど、もの持ちになる。──*中国の諺より*

あなたが他人に与えるものは、同時にあなた自身への贈り物である。

サネヤ・ロウマン

 # 寛容

寛容とは？

寛容であるとは違いを受け入れることです。ほかの人たちがあなたとまったく同じように考えたり、見たり、話したり、行動したりすることを期待しないことです。寛容であるとは偏見をもたず、人は誰にでも感情があり、必要なものがあり、希望があり、夢があると知ることです。寛容であるとはまた、こうでなければいいのにと思う事柄を柔軟に、かつ忍耐をもって受け入れることです。

美徳の実践理由

寛容の美徳を実践しない人は、自分が望んでいることや期待していることと違う状況をがまんできません。寛容さは物事をありのままに受け入れるのに役立ちます。寛容でない人は、見かけや話し方や着ているもので人を判断します。友達になる人と、そうでない人をそういう観点で決めます。からかわれたり、仲間に入れてもらえなければ、人は悲しく寂しさを感じます。寛容であると自分たちと違うという理由で仲間はずれにするようなことはしません。

美徳の実践法

寛容の美徳を実践するということは違いを尊重し、違いを良いものとして認めることです。自分と違う人を裁いたり、からかったりすることはしません。そのような人たちがリラックスできるようにします。誰かが間違いを犯したときにはゆるしの気持ちを示します。寛容であるということは単に受動的であるのではなく、人があなたを傷つけるのを許すということではありません。そのようなことがあった場合には、自己主張することが大切です。寛容であると忍耐と柔軟性の美徳も発揮することができ、自分が改善できないことは潔く受け入れることができます。

次の状況では寛容の美徳をどのように表現しますか

● 新入生がこれまで見たことのないような服を着て教室に入ってきた。
● 数学にしか関心がない生徒を皆がからかっている。
● お母さんの迎えが、またまた遅れている。遅れるのは今週だけでも3回目だ。
● クラスメイトの1人にお昼を分けてよと何度も頼まれる。
● 学校の遠足に来ているが、とても暑くて参っている。
● 妹にはすごく人をいらいらさせる癖があってなおりそうもない。
● いつも生徒の1人に校庭でいじめられる。

◎ 成功のしるし

おめでとう！ 次のことを実行しているあなたは寛容の美徳を発揮しています。

● 違いを受け入れる。
● 偏見がない。
● 不快な状況を改善することができないときには不平を言わない。
● 親しく話しかけることによって、ほかの人たちも仲間であるように感じさせる。
● 人を変えようとするよりも自分を変える。
● 欠点も含めて人をありのままに受け入れる。

～ 確言 ～

私は寛容です。私は人の欠点を見過ごします。私は違いを良いものとして評価します。私は自分が改善できないことは潔く受け入れます。

寛容の活動 ………………………………………………

✳ 美徳を分かち合うサークル

生徒を3人ずつのグループに分けます（クラスの人数が少ない場合にはクラス全体で行ってもよいでしょう）。そのグループで分かち合いのサー

クルをつくって、ほかの人に価値判断をされたり、批判されたりしたとき、どのように感じるか、あるいは、間違いを犯したことに対して友達や親戚の人がゆるしてくれなかったら、どのように感じるかなどを分かち合います。それから、寛容の精神と理解をもって接してもらったら、どのように感じるかを分かち合います。最後に美徳を承認して、このプロセスを終了します。

❓ 美徳について考えるための質問

●多くの場合、ひとつの美徳を別の美徳でバランスをとることが必要です。自己主張をまったくしないで寛容の美徳を発揮することが馬鹿げているような状況をひとつ考えてみましょう。

●ゲームをしている最中に誰かにトランプをやろうと言われた場合、寛容であると同時に自己主張をするには、どのように応じればよいと思いますか？　その人に対してなんと答えますか？

●誰かに麻薬をあげると言われたらどうしますか？

● 3種類の偏見を挙げてください（性差別、人種差別など）。

●皆と違うために仲間に入れてもらえない人は、どのように感じると思いますか？

●誰かがあなたの前で人種差別的なことを言ったら、あなたはなんと言いますか？

●偏見の代わりに寛容の精神を広めるために、人びとにできることを3つ挙げてください。

●あなたの人生で寛容の精神が必要なのは、どんなことですか？（こうでなかったらよいのにと思っていること）。

✎ 寛容を絵に描く

1．紙のいちばん上に寛容という文字を書きます。

2．真ん中に縦の線を書きます。

3．左側に寛容の精神を示されなかった体験、たとえば、誰かに裁かれたと感じたとき、仲間はずれにされたときの絵を描いてください。

4．右側にあなたに対して誰かが寛容さを発揮してくれたとき、たと

243

えば、仲間に入れてもらったとき、友達のように接してもらったときの絵を描いてください。

✿ ポスター用語

- 違いに感謝しよう！
- 多様性における統一。
- 見下すのではなく、お互いを見上げよう！
- 自分が改善できないことは潔く受け入れる。

名言

偏見を手放そう。

ブリガム・ヤング

すべての人にあなたが自分に与えている権利を与えよう。

ロバート・インガソル

……寛容を実践し、よき隣人として共に生きる。――『国連憲章』より

私たちは地球にやってきたとき、皆、違った船に乗ってきたかもしれませんが、今は皆、同じボートに乗っているのです。

マーティン・ルーサー・キング・ジュニア

不同意は私たちの関係の一部です。
ゆるしの精神も一緒です。
というのは、私たちはまったく正反対の性格なのです。
しかし、愛はつねにあるのです。

クローデット・レネ

誰でも微笑むときは同じ言葉を話している。

作者不詳

 # 気転

気転とは？

　気転とは真実を優しく告げることです。あなたの言葉が相手の人にどのような影響を与えるかを考慮しながら真実を告げることです。言うべきことと、言うべきではないことを弁えることです。気転とは話す前に考えることを意味します。気転を発揮するとき、からかったり、違いを指摘して人に恥をかかせるようなことはしません。人は誰でも自分の気持ちを思いやってほしいと思っています。それと同じ思いをもって人の気持ちを思いやることです。

美徳の実践理由

　人が気転を発揮しないと無礼でぶっきらぼうな態度をとることになります。頭に浮かんだことを何でも口にするでしょう。それは真実かもしれませんが、人を傷つけたり、恥をかかせるような結果となるでしょう。人は、それを聞いてすぐに怒りだすでしょう。気転を利かせないでコミュニケーションをすれば、友達を失うことにもなるでしょう。気転を利かせて話せば、あなたが言いにくいことを言ったとしても人は耳を傾ける気持ちになるでしょう。気転の美徳は人と人との間に橋をかけてくれます。

美徳の実践法

　真実を告げるときに親切な思いを抱くことによって気転を利かせることができます。話をする前に間をおいて考えることです。反射的に何かを言うのではなく、気転を利かせて行動するのです。怒ったり、心が動揺しているときには気転を利かせることがとくに重要です。気持ちを大声を出して吐き出すのではなく、時間をかけて心を鎮め、それから気転を利かせて気持ちを分かち合います。気転を利かせれば、どんなことでも人に言うことができますし、それを聞いた人も言ってくれたことに感謝するでしょう。

次の状況では気転の美徳をどのように表現しますか

●ハンディキャップのある人と会った。
●あることで弟にものすごい怒りを感じている。
●先生が公平でないとき、心がすごく動揺する。
●友達が変な髪型にしてきて、好きかどうかと聞かれた。
●何人かの友達と一緒にいたら、皆がある人について噂話を始めた。
●お父さんとハギング (抱き合うこと) をしたら息が臭いのに気づいた。

◎ 成功のしるし

おめでとう！　次のことを実行しているあなたは気転の美徳を発揮しています。

●話す前に考える。
●本当のことを言った方がよいか、黙っていた方がよいかを考えてから決める。
●感じのよくない考えや批判的な考えは口に出さずに胸にしまっておくことが多い。
●人の気持ちに敏感である。
●本当のことを言うときには親切に優しく言うようにしている。
●普通の人と感じが違う人でも、皆と同じように接している。

〜 確言 〜

私は気転を利かせて行動します。私は話す前に考えます。私は人の気持ちを思いやります。私は本当のことを親切に優しく話します。

気転の活動 ···

✳ 気転の一覧表

気転が必要とされる状況の一覧表を作ってみましょう。

✳ 気転を利かせて行動する

物語を読むかビデオを見て、生徒に「気転を利かせて行動する」を使っ

て感想を聞きます。つまり、「ポジティブなサンドイッチ」の実演を行います (P46参照)。

1．主人公の美徳を承認します。
2．主人公がこうすれば、なお良かった点を指摘して訂正します。
3．主人公の良かった点を述べて感謝します。

？ 美徳について考えるための質問

- ●誰かが気転を利かせずに、あること言ったために恥かしい思いをさせられたことがありますか？
- ●ハンディキャップ、あるいは、身体が人と違うところがあるためにからかわれた人はどのように感じると思いますか？
- ●そういう人はどのように扱ってほしいと思っているでしょうか？
- ●普通の人とは異なる様子の人と次に出会ったとき、あなたはどのように行動しますか？
- ●みんなが噂話を始めたけれどあなたはそれに参加したくない。そんなとき、気転を利かせてなんと言ったらよいと思いますか？
- ●親友に言いにくいことを言わなければならないとき、どのように言いますか？
- ●どんなとき、人があなたに対して気転を利かせてくれたらよいと思いますか？
- ●家族に対してあなたが気転を利かせた方がよい場面を３つ挙げてください。

✎ 気転を絵に描く

ハンディキャップのある人が、ごく普通に親しみを込めた扱いを受けている場面を絵に描いてみましょう。

✿ ポスター用語

- ●真実を親切に語る。
- ●反射的な行動はやめて気転を利かせて行動しよう。
- ●優しい言葉。
- ●話す前に考えよう。

●◆名言

5千万人の人びとが馬鹿なことを言ったとしても、馬鹿なことには変わりはない。

アナトール・フランス

上手に沈黙できるようになるまでは語るべからず。

ローレンス・コフラン

口の緩みで船は沈没する。——第二次世界大戦中に政府が使った標語より

気転とは言うなれば読心術である。

セアラ・オーン・ジューエット

噂話はいたずらっぽく簡単にできる。
しかし、耐え難くなかなか消えないものである。
噂が完全に消えるということはありえない。

ヘシオドス

その場にいない人の話は誰にもさせないことにしよう。

S.プロペルティウス

彼は口を閉ざしたことに後悔はなかったが、口を開いたことにはしばしば後悔した。

プルターク

共感

共感とは？

　共感とは誰かが傷ついているときや困っているとき、その人に対して優しい思いを抱くことです。たとえ知らない人であっても、その人のことを深く気づかい、助けてあげたいという気持ちをもつことです。あなたを傷つけた人をゆるし、親切にすることです。

美徳の実践理由

　傷つけられた人や困っている人は、多くの場合、1人ぼっちだと感じます。1人ぼっちだと感じると状況はさらに悪化してしまいます。共感の思いがなければ、この世界は困難で孤独な場所になってしまいます。人に対して共感の思いをもつと私たち自身も孤独を感じなくなります。共感の思いは人を理解し、さらに自分自身を理解するのに役立ちます。

美徳の実践法

　誰かが悲しそうにしている、あるいは、困っているようだと感じることから共感は始まります。その人の立場に立って自分も同じ状況にいたら、どう感じるだろうと自分自身に聞いてみます。何かできることはないか考えてみます。時間をかけて話を聞き、優しい言葉をかけます。たとえば、「何が悲しいの？」「私に何かできることある？」などと聞いてみます。人が間違いを犯したときにはゆるす気持ちをもちましょう。誰かが友達を必要としているときには友達になってあげましょう。

次の状況では共感の美徳をどのように表現しますか

- あなたの犬が引き綱に絡まって動けなくなっている。

249

●先生が何を言ったのか分からない友達がいる。

●お母さんが病気で入院している。

●新入生が1人ぼっちで仲間はずれにされているようだ。

●お父さんが仕事から帰ってきてすごく疲れている様子だ。

●弟の親友が引っ越してしまった。

◎ 成功のしるし

　おめでとう！　次のことを実行しているあなたは共感の美徳を発揮しています。

●誰かが傷ついていることに気づいた。誰かが友達を必要としていることに気づいた。

●その人がどのように感じているか想像してみる。

●時間をかけて、その人のことを気にかけていることを知らせてあげる。

●元気かどうか聞いて、辛抱強く耳を傾ける。

●間違いを犯した人をゆるす。

●困っている人や動物を助けるために何かをする。

～ 確言 ～

　私は共感の思いをもっています。誰かが傷ついたとき、誰かが私の助けを必要としているとき、私はそれに気づきます。私は時間をかけて、その人のことを気にかけていることを知らせてあげます。

共感の活動 ……………………………………………………

✳ 奉仕のプロジェクト

●あなたが住んでいる地域で孤独を感じている人、あるいは、何らかの助けを必要としている人たちに、グループとして奉仕する方法を考えてみましょう。

●新聞を読んで、助けを必要としている人たちについての記事を探してみましょう。あなたにできるプロジェクトを決めてください。

●病気のために家で寝ている人に手紙を書いてみましょう。

？ 美徳について考えるための質問

● 共感の思いをもったとき、心のなかはどんな感じがしますか？

● 知らない人に対して、どういう状況で共感の思いを抱きましたか？

● 孤独であるというのはどのような感じですか？

● 新入生が寂しいと感じないために役立つ３つの方法を考えてください。

● お父さんかお母さんが病気で入院した場合、どのように役に立ちたいと思いますか？　どのように共感の美徳を実践したいと思いますか？

✎ 共感を絵に描く

共感の思いをもった人が、困っている人か動物を助けている絵を描いてみましょう。

✿ ポスター用語

● 私のハートは共感の思いでいっぱいです。

● 人にしてもらいたいと思うことを人にしてあげましょう。

● 私は人のことを気にかけています。

➡ 名言

共感の思いがあなた自身に対する思いを含まなければ不完全である。

ジャック・コーンフィールド

私の靴をはいて１マイル歩いてみて。——歌より

人の魂に深く耳を傾け、その人が自らを開示し、新たなる自分を発見することになれば、それは人が人に対して施すことのできるほとんど最高の奉仕である。

ダグラス・スティーン

人は誰も自分のためだけに生きることはできない。

ロス・パルメンター

251

人は不滅である。
なぜなら、人には魂があるから。
共感と犠牲と忍耐のスピリットがあるから。

ウィリアム・フォークナー

人は大いなる共感の思いを抱くこともできるし、大いなる無関心を抱くこともできる。
そして前者を育み、後者を卒業するための手段を内に秘めている。

ノーマン・カズンズ

人にしてもらいたいと思っていることを人に対してなすべきではない。
人の好みは違うかもしれないから。

ジョージ・バーナード・ショー

人があなたのところに助けを求めてやって来たときには、来たときよりも良い状態で、より幸せだと感じるまで帰してはなりません。

マザー・テレサ

# 協力

協力とは？

協力とはすべての人が恩恵を得ることができるように一緒に力を合わせることです。他人を尊敬し、皆を安全に保ち、幸せにしてくれる規則に従おうとする気持ちです。協力とはお互いに助け合い、作業量を分かち合うことです。1人ではできない作業をほかの人たちと力を合わせて行うことです。

美徳の実践理由

協力の精神がなければ、人は他人を苦しめることになります。規則をなんとも思わなくなり、人のことは、どうでもよいかのように考えてしまいます。協力して作業をすると、多くの場合、1人のときよりも多くのことを達成できます。協力があると偉大なことを成し遂げることができます。

美徳の実践法

協力的であるということは、人との関係をスムーズにするために人に合わせる気持ちをもつということです。規則を尊重します。他人のニーズを考慮します。役に立つために自分にできることを探し、助けが必要なときには助けを求めます。協力によって多くの人たちの考えが集って、新しい考えが生まれます。協力することによって、どんな場所でも安全で幸せな場所にすることができます。

次の状況では協力の美徳をどのように表現しますか

- 学校のプロジェクトで必要な情報が全部そろっていない。
- 校庭でいじめが行われているのに気づいた。

●重いものを動かす必要がある。

●新しい先生が不安そうで、まだ規則が分かっていないように見える。

●先生がクラスに依頼したことに同意できない。

◎ 成功のしるし

おめでとう！　次のことを実行しているあなたは協力の美徳を発揮しています。

●ほかの人たちとうまく作業をしている。

●助けの手やアイデアを自由に出している。

●規則を守っている。

●安全で幸せな環境を保つために自分の役割を果たしている。

●人に同意できないとき、それを平和的に表現する。

●必要なときに助けを依頼する。

〜 確言 〜

私は協力的です。私は人と仲良く作業をし、仲良く遊びます。私は規則を尊重します。私は自分自身の安全を守り、ほかの人たちの安全も守ります。

協力の活動 ……………………………………………………………

✳ 信頼して歩く

ペアをつくり、1人を目隠しにします。もう1人の人が目隠しをした人の手をとって、優しく注意しながら部屋のなかを歩きます。物や人にぶつからないようにします。しばらくしたら役割を交代します。

✳ 毛糸の玉投げ

何人かで輪になって向かい側の人に毛糸の玉を投げ合います。毛糸の玉が自分のところに投げられてきたら、毛糸の端を握りながら毛糸の玉を向かい側の人に投げます。

オプション：毛糸の玉を投げるとき、練習したいと思っている美徳の名前

を声に出して言います。「私は協力の美徳が好きです」「私は親切の美徳が
好きです」

✳ 協力のかくれんぼ

ペギー・ジェンキンス著 "The Joyful Child"（喜びにあふれた子供）から。

　2人の子供が手をとり合って隠れた子供たちを探します。誰かを見つ
けるたびに、その人も一緒に手をつないで探します。すべての子供たちが
手をつないだところでゲームは終わります。

？ 美徳について考えるための質問

- ●難しいことに遭遇して助けが必要だったときのことを話してくだ
  さい。
- ●1人ではできないことを一緒に手伝ってあげたときのことを話して
  ください。
- ●グループのなかに協力の精神がないとどういう感じがしますか？
- ●グループのなかに協力の精神があるとどういう感じがしますか？
- ●自分だけではできないけれど、人と一緒ならばできることをひとつ
  挙げてください。
- ●いじめをすべてなくすために協力してできることを3つ挙げてくだ
  さい。

✎ 協力を絵に描く

　グループで大きな紙にたくさんの人たちが力を合わせて何かをしている
絵を描きます。始める前に誰が何を描くのかを決めます。ひとつの全体的
なテーマを決めて、あとは1人ひとりが独自の創造性を発揮して描くよう
にします。

✿ ポスター用語

- ●仲良くやろう、合わせよう。
- ●一緒になれば大きなこともなんのその。
- ●安全キーパーになろう。

255

➡◆名言

お互いを助け合わなければならない。
それは自然の法則。──フランスの諺より

協力は共に立つことを可能にし、分裂は崩壊をもたらす。

ジョン・ディッケンソン

お互いを信頼し、協力しあわなければなりません。

ジョモ・ケニヤッタ

協力とは、いずれなすであろうことを微笑みをもって行うこと。

作者不詳

助けを求めることは弱いことを意味するわけでも、無能力であること
を意味するわけでもない。
多くの場合、高いレベルの正直さと知性の表われである。

アン・ウィルソン・シェフ

まあ、友達からちょっと助けてもらえば、なんとかやっていけるさ。

ジョン・レノン & ポール・マッカートニー

 # 勤勉

勤勉とは？

勤勉とは一生懸命に努力することであり、これ以上はないという最高の結果を出すことです。一歩一歩、注意しながら着実に物事を実践することです。よく考えて注意深く行動し、きちんとした結果が出るように気を配ります。勤勉であることは一生懸命に努力をして、何をするときでも持っているもののすべてを出し切ることを意味します。

美徳の実践理由

勤勉の美徳がなければ人は怠け者になって仕事をしなくなってしまいます。自分が行っていることは重要ではないかのように適当に仕事をするか、最低限のことしかしなくなるでしょう。勤勉の美徳は情熱をもって物事を立派に成し遂げるように、あなたを導いてくれるでしょう。勤勉は成功につながります。あなたが勤勉さを実践して物事に取り組むと、人はあなたを頼るようになり、あなたはつねに最善を尽くす人だと信頼されるでしょう。

美徳の実践法

まず何をするかを決めて、決めたらそのことに全力を尽くすことによって勤勉の美徳を実践します。1つひとつの行動をすべて重要であると見なして、注意深く、一度に一歩ずつ進んでいきます。急いで適当なことはしません。行為のすべてに全神経を集中します。勤勉であるには忍耐が必要です。一生懸命に努力すると素晴らしいことが実現できます。

次の状況では勤勉の美徳をどのように表現しますか

- 家族のために皿洗いをしている。
- 退屈な宿題をしている。

●音楽家になりたいと思っている。

●しなければならない作業があるのに友達が遊びに誘いに来た。

●作業をしている最中に休憩をとりたくなった。

●あるものを作りたいと思っている。

◎ 成功のしるし

　おめでとう！　次のことを実行しているあなたは勤勉の美徳を発揮しています。

●いま行っていることに集中している。

●物事を一歩ずつ注意深く行う。

●優秀な結果を出すために練習している。

●何をするときにも自分がもっているものを出し切って最善を尽くす。

●一生懸命に勉強する。

●あきらめない。

〜 確言 〜

　私は勤勉です。私は一生懸命に勉強します。私は注意深く作業をします。何をするときにも最善を尽くします。

勤勉の活動……………………………………………………

✳ 勤勉の活動

　生徒に微妙な選り分けが必要となる作業を課します。たとえば、異なった形のビーズを形によって分類するとか、裁縫などでもよいでしょう。そのような課題に勤勉に取り組むように生徒を励ましてください。

？ 美徳について考えるための質問

●皿洗いを一生懸命にやらなかった場合、皿はどのように見えるでしょうか？

●皿洗いを一生懸命にやった場合、皿はどのように見えるでしょうか？

●あなたが将来、成功するかどうか考えた場合、勤勉の美徳はどのような違いを生み出すでしょうか？

●成功している３人の人物の名前を挙げ、彼らがそれぞれのキャリアにおいて勤勉の美徳をどのように実践したか説明してください。
●勤勉が不可欠な仕事をいくつか挙げてください。
●以下の仕事をするのに急いで適当にやったとしたら、どのような結果になるでしょうか？
・橋を架ける。
・手術を行う。
・家のペンキを塗る。
・実験室で作業をする。

✎ 勤勉を絵に描く

片側に重要な仕事を勤勉の美徳を使わずにやっている人、もう一方の側に勤勉に仕事をしている人を描いてみましょう。

✿ ポスター用語

●最善を尽くす。
●自分のすべてを出し切る。
●慎重で完璧な仕事をする人。
●一生懸命が成功につながる。

●◆ 名言

学びは偶然に達成されるものではない。
情熱と勤勉の精神をもって探求して、初めて達成されるものである。

アビゲール・アダムズ

勤勉は幸運の母である。

セルバンテス

失敗と成功は偶然ではなく、もっとも厳密な正義である。

アレクサンダー・スミス

待っている間に仕事をするならば、待っている人のところにすべてのも

のがやってくる。
　　　作者不詳

　幸運は準備されたものが機会とめぐり合ったときに微笑む。
　　　　　　　　　　　　　　　　　　　　エルマー・レターマン

　機会の困ったところは、多くの場合、厳しい仕事に変装してやってく
ることである。
　　　作者不詳

　天才は１０パーセントのインスピレーションと９０パーセントの汗か
らなる。
　トマス・エディソン

 # 決意

決意とは？

決意とは、いま行っていることにエネルギーと努力を集中し、最後までやり抜くことです。決意とは意志の力を使って難しいことであっても最後までやり遂げることを意味します。何があっても目標を達成すると決意を固めるのです。非常に困難な状況であっても、試練に直面しているときでも、決意をもって続けるのです。

美徳の実践理由

決意がなければ何事も達成されることはありません。決意がなければ人は簡単にあきらめ、助けが必要なときでも助けを求めることをしないでしょう。決意さえあれば、もっとも困難な仕事でも、ひとつの挑戦として喜んで受け入れることができます。私たちはこの世界で意味のあることをなしたいと思っています。決意さえあれば、夢を実現することができます。

美徳の実践法

あなたにとって何が重要なことであるかを決めます。それから、意志の力を使ってそれを実現します。始めたことは最後までやり抜きます。障害物が現われたならば、問題に対処して、目標に向かって再び進み続けます。失望したり、道を踏み外してしまったときには目標を思い出します。自分に、「私には、いま何が必要なのだろう？」と聞いてください。それから、再び開始します。目標を達成すると気分がよいものです。

次の状況では決意の美徳をどのように表現しますか

- あなたは今、自転車に乗る練習をしている。
- 非常に難しい宿題をしているところで、提出は明日に迫っている。

●お父さんの誕生日のためにプラモデルを組み立てているが、非常に複雑だ。

●スポーツ、あるいは、美術が上手になりたいと思っている。

●新しい美徳に取り組むことにしたが、いつの間にか以前の習慣に戻ってしまった。

●お母さんのために手伝いをしているが、テレビに気をとられている。

◎ 成功のしるし

おめでとう！　次のことを実行しているあなたは決意の美徳を発揮しています。

●自分がしていることは重要であると信じている。

●自分のために目標を立てる。

●いま行っていることに集中している。

●気をそらされないようにしている。

●困難な状況になってもやり抜く。

●必要なときには助けを求める。

●始めたことは終わりまで続ける。

〜 確言 〜

私は決意しました。目標を設定し、それが達成されるまで続けます。私は物事を達成する人です。私は目標から目をそらしません。

決意の活動 ……………………………………………………

✳ 歌

ちっちゃなクモが噴水口に登った。

雨が降ってきてクモは流されてしまった。

太陽が出てきて、また乾いた。

ちっちゃなクモはまたまた噴水口に登った。

✳ あやつり人形劇

あやつり人形を使って、ひとつの物語を語ってみましょう。

何も満足にできなくて、すごくがっかりしている動物がいました。そこへ友達がやってきて、しっかり決意を固めて取り組むようにと励まします。あやつり人形があきらめから情熱と決意をもって取り組むように変化する姿を表現してみましょう。たとえば、登場人物は難しい仕事をしていてあきらめたいような気持ちになっています。冬が近づいて熊は冬ごもりのための穴を掘らなければなりません。アリは食べ物を集めなければなりません。

✳ 決意の美徳の物語

　『アリとキリギリス』。
　ヘレン・ケラーについての話をする。

？ 美徳について考えるための質問

- ●物語のなかで固い決意によって成功した登場人物の名前を挙げてください。
- ●素晴らしい決意を示した歴史上の人物の名前を挙げてください。
  （例：ヘレン・ケラー、アルベルト・アインシュタイン、リック・ハンセン）。
- ●固い決意なしにスポーツをするのはどういう感じでしょうか？　固い決意をもってスポーツをするのはどういう感じでしょうか？
- ●あなたがこれまでで、もっとも強い決意を必要としたのはどのようなときでしたか？
- ●あなたにとって気が散る最大の原因はなんですか？　それに対抗するのに何が役立ちますか？
- ●あなたが立てている人生の目標を３つ挙げてください。

✎ 決意を絵に描く

　決意をもって人生の目標のひとつを達成したあなたの絵を描いてみましょう。

❀ ポスター用語

- ●私は目標を立てます。

263

●私は目標を達成します。

●ひたすらやり抜く。

●一度始めたことは最後まで続ける。

➥名言

ひたすらに続ける。──アフリカ系アメリカ人の諺より

鷲は獲物を狙って攻撃するとき、１０回のうち７回は失敗する。
私はこれよりも良い確率を期待すべきではないだろう。

ソフィー・バーナム

ただ実行あるのみ！

作者不詳

決意と頑固の違いは、決意が強い意志から生まれるのに対して、頑固
は強い絶望から生まれることである。

作者不詳

強い動機は強い行動をもたらす。

作者不詳

人格とは完璧に教育された意思である。

ノヴァーリス

 # 謙虚

謙虚とは？

謙虚であるとき、自分はほかの人よりも重要であるというような態度はとりません。喜んで人に奉仕し、人のニーズは重要であると考えます。人に対しても、自分自身に対しても完璧であることは要求しません。人を批判することも、自分自身を批判することもしません。間違いを犯したら、間違いを認め教訓を学びます。時として間違いは私たちの最良の先生です。

美徳の実践理由

謙虚の美徳がなければ人は自分が言うことや行うことが、ほかの人たちが言うことや行うことよりも、ずっと重要であるかのように振舞うでしょう。謙虚さがあれば自分を人と比べる代わりに、自分ができることに対して、ただ感謝の思いをもつことでしょう。謙虚の美徳は学び続ける姿勢を与えてくれます。人と同等に接するようにしてくれます。人と自分の違いを認めながらも同等に接するように導いてくれます。

美徳の実践法

謙虚さの美徳を実践するにあたっては人に良い印象を与えるということは考えないことです。ただ自分らしく最善を尽くすだけです。失敗や間違いで悩む代わりに、失敗や間違いから一生懸命に教訓を学ぶのです。助けが必要なときには助けを求めてください。自分が間違っているときには、それを認め、行動を改めます。昨日よりも今日は少し良くなるように努力します。何か素晴らしいことを達成したとき、謙虚の美徳は自慢するよりも感謝することの大切さを思い出させてくれます。

次の状況では謙虚の美徳をどのように表現しますか

- 友達よりもずっと速く走れることが分かった。
- 友達の方があなたより、いつも試験の成績が良いことが分かった。
- 大きな間違いを犯して友達の気持ちを傷つけてしまった。
- 弟が家の手伝いをしているけれど、あなたはもっとしっかりやるべきだと思っている。
- あなたには恥ずかしい習慣がある。
- 自分では解決できない問題を抱えている。

◎ 成功のしるし

おめでとう！　次のことを実行しているあなたは謙虚の美徳を発揮しています。

- 人のニーズを自分のニーズと同じくらい重要だと考えている。
- 誰かを傷つけてしまったときは謝って償いをする。
- 自分が犯した間違いから学び、向上しつづける。
- 助けが必要なときには助けを求める。
- 何かを行うときには人に良い印象を与えるためにではなく、ただそのことのために最善を尽くす。
- 自慢するよりも感謝する。

〜 確言 〜

私は謙虚です。私は自分の間違いから教訓を学びます。私は人も自分も裁きません。私は成長を続け、学び続ける能力を大切にします。

謙虚の活動……………………………………………………

※ 謙虚にお茶を

お茶会を開きましょう。お互いにお茶を入れて楽しみます。

？ 美徳について考えるための質問

- あなたがこれまでに犯した間違いのなかで最高の間違いは何です

か？ つまり、あなたがそれによっていちばん学ぶことが多かった間違いは何ですか？

●誰かの気持ちを傷つけてしまったとき、謙虚の美徳をどのように示すことができますか？

●心から謝るときの言葉を３つ挙げてください。

●自分が犯した間違いを受け入れて前進するのを助けてくれるものは何だと思いますか？

●家族の誰かの役に立つために、あなたにできる２つのことを考えてください。

●批判されたり、責められたりするとどのように感じますか？

●自分は誰よりも物事がよく分かっていると考えている人のまわりにいるとどのように感じますか？

●自分が犯した間違いを隠しているとき、どんな感じがしますか？

●間違いを認めて償いをする勇気を与えてくれるのは何だと思いますか？

✎ 謙虚を絵に描く

試合に勝って感謝の気持ちをもって喜びを分かち合っているチームの絵を描いてみましょう。

✿ ポスター用語

●あなたである自由、私である自由を大切に！

●人生の教訓を学ぶ。

●教えに最適な瞬間を探す。

●学び続ける意欲。

➦ 名言

検証されない人生は生きるに値しない。

プラトン

人よりも優れている人などいないが、誰もそうとは思っていない。

トルバート・マッカロル

大いに謙虚であるとき、もっとも偉大な自分に近づく。

ラビンドラナート・タゴール

謙虚であるとは自分自身を正確に評価することにほかならない。

チャールズ・ハッドン・スパージョン

真に偉大な人物の最初のテストは謙虚さである。

ジョン・ラスキン

コミットメント

コミットメントとは？

コミットメントとはあることを、あるいは、ある人のことを深く気にかけるということです。友情のために、仕事のために、信じていることのために自分のすべてを与えることです。決断を下し、決めたことを最後までやり抜く能力です。約束したことを守ることです。

美徳の実践理由

コミットメントがなければ、どこに行くのかも分からず、さまようだけです。一度決心したことも変わってしまいます。物事が順調にいかないとすぐにあきらめてしまいます。大切に思っている人であっても、その人に失望させられたり、その人が間違いを犯すと見捨ててしまいます。コミットメントの美徳を発揮するとき、私たちは約束を必ず守ります。コミットメントによって素晴らしいことを達成できます。

美徳の実践法

コミットメントとは、自分が何をしたいのかを注意深く考え、やると決め、決めたならば何のためらいもなく100パーセントそれに取り組むことです。問題が出てきてもやめることはしません。つねに最善を尽くします。守ることができることしか約束しません。友達としてコミットするということは、友達を賢明に選び、順調なときも、不調なときも、その友達をサポートするということです。コミットメントはあなたの信頼性を増大します。コミットメントはあなたを成功へと導きます。

次の状況ではコミットメントの美徳をどのように表現しますか

● 家で手伝いをしている。

●クラスのプロジェクトのために資料を持ってくると約束した。

●明日提出の宿題を終える前に眠ってしまった。

●大きな仕事で責任を取る気持ちがあるかどうか聞かれた。

●友達が何か気に触ることをしたのに謝ろうとしない。

●新しいスポーツを始めたいと思っているが、上達できないのではないかと心配している。

◎ 成功のしるし

おめでとう！　次のことを実行しているあなたはコミットメントの美徳を発揮しています。

●約束をする前に考える。

●約束はすべて守る。

●自信をもって決断を下す。

●もうこれ以上できないと思っても、もう一歩前進する。

●すべてに対して100パーセントの努力をする。

●大切に思っている人に対して忠誠心をもっている。

～ 確言 ～

私はコミットメントの美徳を実践します。私は良い決断を下し、すべての行為に対し、持っているもののすべてを与えます。私は約束を守ります。私は忠実な友達です。

コミットメントの活動 ……………………………………

❋ コミットする

ひとつの美徳を選択して、1週間、その美徳を実践することにコミットしましょう。1週間たったら、その美徳を実践してどのように感じたか、結果として何が変わったかをクラスの人たちと分かち合います。

？ 美徳について考えるための質問

●コミットメントの美徳を実践しているスポーツ選手の名前を何人か挙げてください。彼らはこの美徳をどのように表現していますか？

●ある人を完全に信頼できるとき、あなたはどのように感じるでしょうか？

●誰かに約束を破られたとき、あなたはどのように感じますか？

●人とどのような約束をするかをどのように決めますか？

●あることを約束したくないとき、それはどのように分かりますか？

●あなたは何にコミットしていますか？

●あなたが約束を守るのを助けてくれる美徳は何でしょうか？

✎コミットメントを絵に描く

あなたの人生で本当に実現したいと思っていることを絵に描いてみましょう。

❀ ポスター用語

●がんばれ！

●100パーセント出し切れ！

●約束キーパー。

●どんなことがあっても友達だ。

●夢は必ず実現する！

➹ 名言

コミットするまでは人にはためらいがあり、元に戻る可能性があり、つねに非効率がある。

独創性と創造性に満ちた行動のすべてに関して、ひとつの基本的な真実が存在する。

この真実を知らないがために数知れないアイデアが挫折し、数知れない素晴らしい計画が頓挫する。

その真実とは人が厳然としてコミットしたとき、神意が動くということである。

人がコミットしなければ起こらなかったであろうさまざまなことが起こるのである。

ゲーテ

コミットメントはただ偶然に起こるものではない。

コミットメントはひとつの能力であり、身体の筋力が訓練によって強くなるのと同じように成長するものである。

シャーロッテ・ジョロ・ベック

あなたのどんなにささやかな行為に対しても、心と頭脳と魂を総動員しなさい。

スワミ・シヴァナンダ

破られた約束ほど素早くコミットメントをしぼませるものはない。

ゲイ・ヘンドリックス & ケイト・ルードマン

少数の思慮深いコミットした市民が世界を変えることができる可能性を決して疑ってはならない。

まったくのところ、これまで世界を変えてきたのは、そのような人びとだけなのであるから。

マーガレット・ミード

識別

識別とは？

識別とは理解のために思考と心を開くことです。心を鎮めていることについての真実を感じとることです。何が大切であり、何が大切でないかを理解することです。叡智をもって、決断する前に注意深く考え、あなたにできる最善の選択をすることです。

美徳の実践理由

識別の美徳を実践することによって、何が真実であり、何が真実でないかを認識することができます。誰があなたの信頼に値するか、また、何があなたの信頼に値するのかを知るためには識別の美徳が必要です。識別しなければ、ばかげた考えや意図をもった人のあとについていき、問題に巻き込まれることになるかもしれません。識別の美徳を実践することによって、行動する前に考えることができます。

美徳の実践法

心のもっとも深いところで真実であると感じることについて、静かに考え、そして、インスピレーションに心を開くことによって識別の美徳が培われます。心の目を使って、あなた自身の助けとなり、ほかの人たちの助けともなる叡智に満ちた決断を下しましょう。あなたのハートの叡智に耳を傾けてください。

次の状況では識別の美徳をどのように表現しますか

- あなたがやるべきではないと思っていることをやるようにけしかけられた。

●あまりにもいろいろなことに手を出しすぎ、それに圧倒されてどうしたらよいか分からなくなってしまった。

●本当に深く考えさせられる質問を先生から受けた。

●将来のことを考えながら、どのような授業を受けるべきかを考えている。

●ひとつの問題に直面していて誰かに相談する必要がある。

◎ 成功のしるし

　おめでとう！　次のことを実行しているあなたは識別の美徳を発揮しています。

●明晰に、かつ、静かに考えている。

●何が真実で、何が真実でないかを区別している。

●自分で考える。

●行動する前に考える。

●直感を信頼している。

●反省し、決定し、行動する。

〜 確言 〜

　私は識別します。私は決断する前に注意深く考えます。私には賢明な決断を下す能力があると信じています。

識別の活動 ……………………………………………………………

✳ 伝言ゲーム

　少なくとも１０人のグループで、１人がひとつの文章を作って隣の人の耳もとで囁いて、次から次へと伝えていきます。最後の人まで届いたところで、最後にメッセージを受け取った人が聞いた文章を大きな声で言います。それから、はじめの文章と比べてみます。多くの場合、文章はどこかが歪曲されて伝わります。噂話や悪口が人から人へと伝わるうちに、どのように真実が歪められていくかについて話し合います。自分が噂話の対象にされたとき、どのように感じるでしょうか。ある人について誰かがネガティブ（否定的）なことを伝えているとき、どのように気転を利かせば噂

話に加わらないでいることができるでしょうか。

✳ 選り分けゲーム

　貝殻、ビーズ、マーブルなど大きさや色がさまざまに異なった小さな物を集めます。生徒にまずサイズでそれを分類させます。それから色の明るさを基準にして分類します。さらに、いちばん美しいものから、順番に分類します。物を見る目が人によって違うこと、ある人にとってはとても美しく思えるものでも、ほかの人にはそうでもないといったことについて話し合ってみましょう。1人ひとりの見方が尊重されなければなりません。このゲームは幼い子供向けのものですが、驚いたことに、年長の子供も夢中になってしまいます。

✳ 道徳的なジレンマ

　道徳的なジレンマがテーマの物語を探してクラスで討論をします。たとえば、絶対に盗みはしないと自分自身に誓いを立てた人が、飢えている自分の家族に食べ物を与えるために、店からパンを盗んだという話があります。何が正しいか、人はどのようにして識別するのでしょうか。

? 美徳について考えるための質問

- ●ある友達があなたの忠誠心に値するかどうか、どうして分かりますか？
- ●どういう仕事をするかを決めるとき、考えるべき問題にはどのようなものがありますか？
- ●問題を誰に相談したらよいか、どうすればわかりますか？
- ●あなたがいちばん明晰な思考ができるのはいつですか？
- ●心を鎮めて静かに考えるように導いてくれるものは何ですか？
- ●何があなたにインスピレーションを与えてくれますか？
- ●あなたがこれまで下した決断のなかで最高のものをひとつ挙げてください。

✎ 識別を絵に描く

　あなたにインスピレーションを与え、心を鎮めるのに役立つものをコ

ラージュ（切り絵）を作るか絵に描いてみましょう。

✿ ポスター用語

- ●識別できる心。
- ●良い決断を下す。
- ●真理の探求者。
- ●立ち止まり、考え、行動する。
- ●勇気をもって夢をもつ。

➦名言

孤独は静かな水面の明晰さをもたらし、叡智は夢の周期を完結する。

ナンシー・ウッド

夢見ることを失う人は人生を失う。——オーストラリア先住民の格言より

人生そのものが神秘に基礎を置いているという事実を受け入れるまで、何も学ぶことはできない。

ヘンリー・ミラー

私たちが体験できるもっとも美しいもの、それは神秘的なものである。それは根源的な感情であり、真の芸術と真の科学の揺籃の傍らに立つものである。

アルベルト・アインシュタイン

あなた自身の内部にある静謐と接触し、この人生で起こることのすべてには意味があると知ることが大切です。

エリザベス・キューブラー・ロス

自己主張

自己主張とは？

自己主張をもつということはプラス思考で自信があることを意味します。特別な才能があって自分は価値のある存在であると自覚しているのです。自分を主張するとき、あなたは自分で考えて、必要なものがあればくださいと言います。何が正しいかという真実を語る自信をもっています。

美徳の実践理由

自己主張がなければ私たちは受動的になり、他人にいじめられ、問題に巻き込まれることになります。自己主張をもたないと「いいえ」と言えません。誰かに傷つけられても怖れのために人に言うことができません。自己主張をもたないと攻撃的になりすぎ、人をいじめ、けんかをし、他人をコントロールしようとするかもしれません。きちんと自分を主張すると人は私たちを尊敬し、私たちもほかの人を尊敬します。自己主張をもつと正しいことのために立ち上がることができます。

美徳の実践法

自分を主張するとき、あなたはあなた自身のリーダーです。あなたは立ち上がって意見を言います。不公平で自分を傷つけるような扱いを受け入れることはありません。あなたは自分がすることとしないことに境界線を設定し、必要なときには助けを求めます。自分の本当の気持ちを相手に対する思いやりをもって分かち合います。独自の考えや意見、才能を表現します。独特な方法で、この世界に違いを生み出します。

次の状況では自己主張の美徳をどのように表現しますか

- 友達に人気のある子供に劣等感を感じている。

●攻撃的な人にいじめられた。

●先生が物語についての意見をクラス全員に聞いた。

●友達にあなたの行きたくない場所に誘われた。

●グループの人たちから悪いことをしようと誘われた。

●知らない人に車に乗らないかと誘われた。

◎ 成功のしるし

　おめでとう！　次のことを実行しているあなたは自己主張の美徳を発揮
しています。

●自分で考える。

●あなた自身の考えや気持ちを分かち合う。

●あなたの本心を相手のことを思いやりながら語る。

●人に誘われても面倒に巻き込まれない選択をする。

●あなたが欲しいものや必要としているものを依頼する。

●つねに人から尊敬されることを期待する。

〜 確言 〜

　私は自分を主張します。私は自分で考え、正しいと感じることを行いま
す。私は自分自身のリーダーです。私はつねに尊敬されることを期待しま
す。私は自分自身の考えを自由に表現します。

自己主張の活動 ……………………………………………………

✳ 心の地図

　安全でいるために、健康を維持するために、必要なものを手に入れるこ
とができるようにするために必要な心の地図を作ります。たとえば、問題
には近づかずに問題から離れる。脅迫されたら助けを求める。必要なこと
があれば発言するといった心の方針を地図にします。

✳ ロールプレイ

　誰かが人に対して尊敬をはらわなかった状況を描写してみます。たとえ
ば、映画館の列に誰かが割り込んだとしましょう。最初、受動的にこの状

況を受け止めたときにどうなるかを話し合い、過剰に攻撃的に反応した場合についても話し合います。それから、自己主張の美徳を使って、しっかりと、しかも相手のことを思いやりながら礼儀正しく対応する状況をロールプレイ（役割演技）で表現します。

？ 美徳について考えるための質問
- 受動的すぎる人にはどういうことが起こりますか？
- あまりにも攻撃的な人にはどういうことが起こりますか？
- 攻撃と主張の違いは何ですか？
- 誰かにいじめられたときに、するべきことを３つ挙げてください。
- 知らない人に一緒にどこかに行こうと言われたらなんと言いますか？　どうしますか？
- どんなとき、「いいえ」と言いにくいですか？
- けんかを避けるための３つの方法は何ですか？
- 威張っている人がほかの人に対してもっと尊敬の気持ちをもつようになるためにはどうすればよいと思いますか？
- いじめっ子と友達になるにはどうすればよいと思いますか？

✏ 自己主張を絵に描く
見知らぬ人と遭遇したときの危険について絵に描いてみましょう。

❀ ポスター用語
- 尊敬を期待する。
- あなたを表現しなさい。
- 立ち上がって意見を述べる。
- 明確な境界線を設定しよう。
- あなたの人生を生きなさい。

➷ 名言
時がはじまって以来、あなたのような存在が生まれたのは初めてなのだから、あなたはかけがえのない存在なのである。

ブレンダ・イーランド

はい、私にはできます！

　　　　　サミー・デービス・ジュニア

何よりも汝自身に真実であるべし。

　さすれば、夜の後に昼がやって来るように、いかなる人に対しても真摯になれるだろう。──『ハムレット』より

　　　　　ウィリアム・シェークスピア

　人が同伴者と歩調が合わないとすれば、おそらく、その人には別なドラムの音が聞こえているからだ。

　彼に聞こえる音楽に合わせて進ませてやればいい。

　どのようなリズムであれ、ほんのかすかにしか聞こえないものであれ。

　　　　　ヘンリー・デービッド・ソロー

　あなたの同意がなければ、誰もあなたに劣等感を抱かせることはできない。

　エレノア・ルーズベルト

 **自信**

自信とは？

自信とは何かを、誰かを信頼することです。それは一種の信頼です。自信があると、何が起こっても対処するのに必要な能力があると信頼できます。自分自身を確信し、新しいことへの挑戦を楽しみます。人を信じるとき、あなたはその人に依存し、その人を信頼します。

美徳の実践理由

自信がなければ、怖れと疑いの思いで何もできません。くよくよと心配し、確信がもてず、間違いを犯すことばかり心配します。自信があれば、つねに新しいことに挑戦し、学ぶことができます。

美徳の実践法

自信の美徳を実践するということは、勝とうが負けようが、成功しようが失敗しようが、自分は価値のある存在だと知ることです。自分を確信し、間違いから喜んで教訓を学びます。疑いの思いや怖れによってとまどうことはありません。新しいことをいろいろ試して、得意なことを発見します。ポジティブ（肯定的）に思考します。人生に自信をもち、すべてのことが良い方向へと進むことを信頼します。

次の状況では自信の美徳をどのように表現しますか

- 友達に未経験のゲームをしようと誘われた。
- クラスの皆の前でスピーチをするように頼まれた。
- スポーツに挑戦したが選手に選ばれなかった。
- お母さんの心を動揺させるようなことをしてしまった。

- ●数学のテストで悪い成績をとった。
- ●友達がたくさんいる人を見て、自分もその人の友達になりたいと思った。

◎ 成功のしるし

おめでとう！　次のことを実行しているあなたは自信の美徳を発揮しています。

- ●成功しようと失敗しようと自分は価値のある存在であることを思い出した。
- ●新しいことに挑戦する気持ちがある。
- ●自分の才能を発見した。
- ●間違いから教訓を学ぶ。
- ●心配しない。
- ●ポジティブに考える。

〜 確言 〜

私は自信をもっています。私は新しいことに挑戦するのが大好きで、何事にも全力を尽くして取り組みます。私は私の才能に感謝しています。新しい挑戦を歓迎します。

自信の活動 ……………………………………………

※ 自信の活動

- ●生徒たちに新しい友達を1人つくるという目標を設定することを勧めてみましょう。自信のある人が新しい友達をつくろうとするとき、どのように行動するか具体的に描写してもらいます。
- ●挑戦したいと思っている新しいことについて、生徒たちに考えさせます。
- ●自信の匂い、味、感触、音がどのようなものであるかを日記に書くように指導します。

？ 美徳について考えるための質問

● あなたが知っている人のなかで、いちばん自信をもっていると思われる人の名前を1人挙げてください。その人に何がそのような自信を与えるのでしょうか。

● あなたにとっていちばん自信が必要なのはどういうときですか？

● あなたはどういうときにいちばん自信を感じますか？

● あなたは何がいちばん得意ですか？　それを初めて行ったときに何があなたに自信を与えてくれましたか？

✎ 自信を絵に描く

あなたが自信をもって何かをしている絵を描いてみましょう。

✿ ポスター用語

● ポジティブに考えよう！

● 真正面から取り組もう！

● いいじゃないか！

● ただ「はい」って言えばいいんだ。

➾ 名言

私たちは成功よりも失敗から叡智を学ぶ。

何がうまくいかないかを発見することによって、どうすればうまくいくかを発見することが多いのだから。

サミュエル・スマイルズ

完全に自分らしく今という瞬間にいないと、すべてを逃してしまうことになる。

シック・ナト・ハン

自分を信頼する者だけが他人に対して忠実であることができる。

エーリヒ・フロム

あなた方は存在しているものを見て「なぜ？」と聞く。

283

しかし、私はまだ存在したことのないものを夢見て「いいじゃないか」
と言うのです。

ジョージ・バーナード・ショー

月に向かって飛び出せばいいじゃないか。
月に命中しなかったとしても星の間に着陸できるのだから。

レス・ブラウン

高遠な夢を見よ。
夢見るうちに夢そのものにあなたはなる。

作者不詳

誰でも自分のなかに良いニュースをもっている。
良いニュースというのは、あなたがどんなに偉大になり得るかをあな
たは知らないということ。
どんなに愛することができるかを知らないこと。
どんなに素晴らしいことを達成できるかを知らないこと。
潜在的な可能性がどれほど素晴らしいかを知らないこと。

アンネ・フランク

 # 自制心

自制心とは？

　自制心とは自己抑制を意味します。風に舞う木の葉のように感情によって翻弄される代わりに、本当にやりたいことを自分にさせてあげることです。傷つけられたと感じたり、怒りを覚えたときでも自分を見失うことなく、どのように話すか、どのような行動をとるかを冷静に決めることです。自制心があると自分をコントロールすることができます。

美徳の実践理由

　自制心を発揮するとき、あなたは自分の行動をコントロールします。自制心はあなたに自由をもたらしてくれます。物事を効率的に達成し、生活に秩序をもたらすことができます。自制心がなければ、なかなか物事は達成されません。食べるべきでない物を食べてしまいます。感情の抑制ができなくなります。そうなれば、人の気持ちは傷つけられることになります。自制心があると、人生はよりやすらぎに満ちたものになります。

美徳の実践法

　あなたの感情と思考を観察し、それから、どのような行動をとるかを観察してください。怒りを感じているときには怒鳴ったり殴ったりする代わりに、怒りの感情を承認し、関係者に自分が怒っていることを告げ、なぜ怒っているのかを説明します。それはあなたが選択できることです。あなたの1日に秩序とやすらぎをもたらしてくれるルーティーン（決まった活動）をつくるとよいでしょう。たとえば、いつ顔を洗うか、いつ運動をするか、いつ仕事をするか、いつ遊ぶかを決めるのです。時間制限を設けることも大切です。電話で話す時間、テレビを見る時間、いくつまで甘いお菓子を食べてもよいかなど、多すぎず少なすぎない程度に決めておくとよいでしょう。

次の状況では自制心の美徳をどのように表現しますか

● 大きな仕事をかなりの間、先送りにしてきた。
● すごく怒りを感じているときに弟とレスリングを始めた。
● 家庭では学校から帰ってきて、甘いお菓子は２つまで食べてもよい
　という決まりがあるが、いま家に自分以外は誰もいない。
● テレビを見過ぎている自分に気づいた。何もやる気がしない。
● 毎日の行いを変えることにした。
● 規則を破って、いつも罰を受けている。

◎ 成功のしるし

　おめでとう！　次のことを実行しているあなたは自制心の美徳を発揮しています。

● 感情に支配されないように無執着の美徳を使っている。
● 傷つけられたときや怒りを感じているときに、静かに話し、静かに
　行動する。
● 整理整頓し、効率的に物事を片付ける。
● 自分のためにルーティーンをつくる。
● 人が見ていなくともやるべきことをやる。
● 時間通りに作業を行う。

〜 確言 〜

　私には自制心があります。私は時間を上手に使って物事を達成します。私は感情にとらわれることなくとるべき行動を選択します。

自制心の活動 ……………………………………………

✳ 行動マップ

　平均的な１日に何をして時間を過ごすかを地図にします。何をするか、どこに行くか、最後はベッドに入って寝るまで描きます。これからも続けたいこと、変えたいことなどについて話し合います。

？ 美徳について考えるための質問

- 自制心を発揮しなかったら、どのような問題が出てくると思いますか？
- 自制心がもたらしてくれる恩恵にはどのようなものがあると思いますか？
- 感情のコントロールをなくすというのはどんな感じでしょうか？
- 感情をコントロールするのがいちばん難しいのはどのようなときですか？
- 怒りを感じたときに冷静でいることができるように、あなたにできる３つのことを挙げてください。
- テレビを見過ぎないようにするにはどうしたらよいでしょうか？
- テレビを見る代わりに何をすることができますか？

✎ 自制心を絵に描く

多くの自制心を必要とする作業を行っている自分の絵を描いてみましょう。

✿ ポスター用語

- 私の時間は私のもの。
- 私の選択。
- 私という船の船長は私。
- 先のことを考えて計画を立てよう。
- 自分で自分をコントロールする。
- 私が私のリーダー。

❧ 名言

私が私の運命のマスター。
私が私の魂の船長。

　　　　　　　　ウィリアム・アーネスト・ヘンリー

私はその気になるまで待つことはしません。
そんなことをすれば何も達成することはできません。

287

仕事をしなければならないことは心が分かっているのですから。

パール・バック

物事を行うのを先に延ばすのは時間の泥棒だ。

エドワード・ヤング

我れわれの力の範疇においてできることを、やらないということも、また我れわれの力の範疇にあるということである。

アリストテレス

他者を征服する者は強し。
自らを征服するものはさらに強し。

老子

自制心は我れわれのなかにあって、我れわれに奉仕すべきものでありながら、我れわれを支配しようとするものを本来の場所に戻してくれる。

シャルトルーズ修道会修道士

首尾一貫性こそ真の成功の鍵である。
良い成績を上げる者は首尾一貫して自制心を発揮する者である。

ジム・パルク

柔軟性

柔軟性とは？

柔軟性とは変化に対して心を開いていることです。他人の意見や気持ちを考慮して自分のやり方に必ずしもこだわらないことです。柔軟性があれば、気持ちを変える余裕が生まれます。何かをやってみてうまくいかなければ、新しい方法を試そうという気持ちになります。柔軟性はより良い方向に向けて修正することです。

美徳の実践理由

柔軟性がないと新しい方法が求められているときでも、人は古い方法にこだわり続けるでしょう。考えが硬くなってしまいます。思うように事が運ばないと怒り、感情的になって他人をコントロールしようとします。柔軟性のある人は状況に適応します。風に吹かれる柳のように身体をなびかせます。良い方向に向けて変わり続けます。

美徳の実践法

柔軟性を実践すると、悪い習慣を手放し、新しい習慣を身に着けるようになります。変化の必要性を感じたときには心の内面を見つめ、必要な美徳を探してみましょう。それから、その美徳を少しずつ、毎日実行します。変えることができないものは受け入れます。流れに身を任せることも必要です。柔軟性を発揮しているあなたは意外性を楽しむことができます。

次の状況では柔軟性の美徳をどのように表現しますか

- 同じ間違いを繰り返している。

●習慣のひとつを変えることにした。

●家族で楽しいことを計画していたのに、どたん場でキャンセルになった。

●友達のなかにあなたを意図的に避けている人がいることに気づいた。

●今の仕事がうまくいっていない。

●ある友達の行動にがまんができない。

◎ 成功のしるし

おめでとう！　次のことを実行しているあなたは柔軟性の美徳を発揮しています。

●間違いから学んでいる。

●悪い習慣を変えようとしている。

●いろいろなことに創造的で新しい方法を試している。

●自分のやり方にこだわらない。

●予想外のことが起こっても状況に合わせることができる。

●流れに身を任せて予想外のことが起こっても大丈夫だと信頼している。

〜 確言 〜

私は柔軟です。私は良い方向に向けて変わり続けています。私は物事を行うにあたって、つねに新しい方法を模索しています。私は予想外の出来事を歓迎します。

柔軟性の活動 ……………………………………………………

※ 柔軟性の鎖

子供たちに手をつないでもらい、鎖をつくります。それからつないだ手の上をまたいだり、よじったりして鎖にこぶをつくります。それから、手を離さずに元の状態に戻します。

✻ いろいろな方法

音楽をかけます。それから、音楽に合わせて皆ができるだけ人と違った動きをしたり、手を叩いたり、踊ったり、跳ねたり、膝を曲げたりします。

✻ あやつり人形劇

子供たちをいくつかのグループに分けてあやつり人形を作ってもらいます。それから人形劇を行いますが、1人の人形が非常に柔軟性を欠いていて、何でも自分の思い通りにしようとします。友達の人形がどうすれば柔軟性の美徳を実践することができるか、その方法を教えてあげます。柔軟に物事を考えることができる人のまわりには人が集まるということを見せます。

？ 美徳について考えるための質問

- ●柔軟性のない人といるとどういう感じがしますか？
- ●柔軟性のない習慣や行動パターンの例をいくつか挙げてください。
- ●柔軟性が必要なスポーツや芸術の例をいくつか挙げてください。柔軟体操を行って足の指に触ってみてください。
- ●あなたが好きな野菜の食べ方がどれくらいあるか考えてみてください（ゆでる、焼く、揚げる、生で食べるなど）。

✎ 柔軟性を絵に描く

1枚の紙に2種類の木を描いてみましょう。最初に嵐が来たら吹き倒されそうな木を1本描きます。それから、嵐が来ても生き残れそうな木を描きます。

❀ ポスター用語

- ●私はお辞儀はするけど折れません。
- ●流れに身を任せよう。
- ●意外性を歓迎します。
- ●良い方向に変わる。
- ●1日1日、少しずつ。

291

●◆名言

流れに身を任せよう。

作者不詳

私はお辞儀はするけど折れません。

ジャン・ド・ラ・フォンティーヌ

人は葦のようにしなやかで、杉の木のように固くなるべく努力すべきである。──『タルムード』(ユダヤ教の法律と伝説の集大成本) より

私は自己矛盾に満ちているだろうか?
それでよい、私は自己矛盾に満ちている。

ウォルト・ウィットマン

私は喪失に直撃されたとき、ひとつのことを学んだ。
「なぜ私が?」と聞く代わりに「次は何だろう?」と問うことを学んだ。

ジュリア・カメロン

変化は態度ひとつ隔てた向こうにある。

作者不詳

 # 正直

正直とは？

正直であるとは開かれた心をもち、信頼に値し、真実に満ちていることです。人が正直であるとき、嘘をつくことはなく、だますこともなく、盗むこともしません。正直であるとは真実を語ることです。あなたが犯した間違いのために誰かが怒っていても、失望していても、間違いを認めることです。正直であるということは、本当の自分ではない何者かであるような振りをしないことです。正直であれば、物事をありのままに信頼することができます。

美徳の実践理由

正直さは信頼を築くがゆえに大切です。人が嘘をついたり、間違いを隠したりすると、ほかの人たちはその人を信頼できなくなります。自分自身に正直でないと、人は自分にとって重要なことでも重要ではないように振舞ったり、誇張してかっこいいところを見せようとしたりします。自分自身に正直であれば、人は自分をありのままに受け入れることができます。あなたが正直であれば、人はあなたを信じることができます。

美徳の実践法

正直であるとき、自分自身をだましたり、人をだますことはしません。本気のことだけを言い、言うことはすべて本気です。約束をするときは守ることができる約束しかしません。あらゆる行動において信頼性を発揮し、嘘をついたり、だますことを拒否します。間違いを認め訂正します。自分自身に対して正直であってください。そうすれば、ほかの人たちに対しても正直になれます。かっこよく見せるために作り話をしたりする必要はありません。あなたはすでにかっこいいのです。正直なのですから。

次の状況では正直の美徳をどのように表現しますか

- お母さんが大切にしている物を間違って壊してしまった。お母さんはすごく怒るだろうと心配だ。
- スポーツでどんなに自分が上手にプレイしたかを誇張して話している自分に気づいた。
- 妹に新しいドレスが似合うかどうか聞かれたが、似合っているとは思えない。
- 誰かに対して残酷なことを言ってしまった後で、彼／彼女はそう言われても当然だと自分に言い聞かせている。
- 宿題を忘れてしまったが、先生に宿題はどこにあるのかと聞かれた。
- 店からキャンディーを盗むように友達にけしかけられた。

◎ 成功のしるし

おめでとう！　次のことを実行しているあなたは正直の美徳を発揮しています。

- 本気のことだけを言い、言ったことは本気である。
- 守ることができる約束だけをする。
- 間違いを認める。
- 嘘をついたり、だましたり、盗むことを拒否する。
- 真実を気転を利かせて告げる。
- 自分自身に対して真実を守り、正しいと思うことを実行する。

〜 確言 〜

私は正直です。私は約束を守ります。間違いを犯したときは間違いを認めます。真実を気転を利かせて優しく語ります。ほかの人たちにかっこいいところを見せる必要はありません。ありのままの自分を受け入れます。

正直の活動 ……………………………………………

✳ ロールプレイ

パイの販売員が注目を引こうとして売り物について過大な宣伝をしなが

ら売ろうとしているところをロールプレイ（役割演技）で見せます。それに対して人がどのように反応するかもロールプレイで見せます。それから、販売員が正直に説明しながら売っているところを演じます。

✳ 美徳を分かち合うサークル

パートナーに正直の美徳を実行しなかったときのこと、そのときにどう感じたかを分かち合います。それから正直の美徳を実行したときのこと、そのときにどう感じたかを分かち合います。終了したら、お互いに美徳を承認します（例：あなたは＿＿＿＿＿＿しましたが、そのやり方のなかに＿＿＿＿＿＿の美徳が見えます）。

✳ 物語

「真っ正直なエイブ」（リンカーン大統領の愛称）についての話を読み、素朴な正直さのために人びとがいかに彼を賞賛し尊敬したかについて考えます。

？ 美徳について考えるための質問

- 正直であるのがもっとも難しいのはどういうときだと思いますか？
- あなたが正直の美徳を実践したときの一例を話してください。
- 誰かが誇張した話をしているとき、どのように感じますか？
- 私たちは誇張した話をすることによって人に良い印象を与えようとすることがありますが、それはなぜだと思いますか？
- つねに真実だけを語り、約束はいつも守るというのはどのような感じでしょうか？
- 正直であることは友情を育むうえで、どのように役立つでしょうか？
- 正直であることはなぜ大切なのでしょうか？

✎ 正直を絵に描く

誰かが正直の美徳を実践しているところを絵に描いてみましょう。

❀ ポスター用語

● 正直であれ！
● 真実だけ！
● あなたに見えるもの、それをあなたは手にすることになる。

➥ 名言

誰もが隣人にだまされないようにと気を使う。
しかし、隣人をだまさないように気を使う日がいつかやってくる。
すると、すべてがうまくいく。

ラルフ・ウォルドー・エマソン

　1人ひとりが家の前を掃除すれば、村は清潔になる。——スコットランド
の諺より

　立派な言葉と怪しい見せかけが真の美徳とつながることは稀である。

孔子

正直は嘘と同じように感染する。
世の中にはもっと正直さが必要である。

アン・ウィルソン・シェフ

　このような人になりたいと夢見るのは、今のあなたを無駄にすること
である。

作者不詳

情熱

情熱とは？

情熱とはインスピレーションを得て、スピリット（より大きな自分）に満たされている状態です。明るく幸せなことです。物事に心を込めることであり、熱意をもって取り組み、自分のもっているものを100パーセント行動に出し切ることです。情熱をもつということは何かに心をときめかせていることであり、それを楽しみにしていることです。情熱はポジティブ（肯定的）な心のあり方から生まれます。

美徳の実践理由

情熱がなければ、あらゆることが退屈になってしまいます。情熱のない人自身も退屈な人になってしまいます。情熱は感染します。あなたが情熱に満ち満ちていると、人はあなたのまわりに寄ってきます。情熱は人生をさらに楽しいものにしてくれます。

美徳の実践法

情熱とはポジティブな態度です。何でも楽しむ態度があると、もっとも単純な仕事でも楽しくなります。想像力を使ってあなたがやっていることを楽しむ方法をいろいろ見つけてみましょう。ささやかな喜びを楽しむことに時間を割き、生命の奇跡を楽しみましょう。何か素晴らしいことがあったときには、情熱をもってほかの人たちと一緒にお祝いをします。あなたの情熱は微笑みを通して輝き出します。

次の状況では情熱の美徳をどのように表現しますか

- お母さん、あるいは、お父さんが作るある料理が大好きだ。
- 友達が新しい曲を演奏してくれて、それがとても気に入った。

- ●弟がスポーツでいい成績を上げた。
- ●夜、外を見たら星がたくさん輝いていた。
- ●家族のために大変な手伝いをしなければならない。

◎ 成功のしるし

　おめでとう！　次のことを実行しているあなたは情熱の美徳を発揮しています。

- ●あることを楽しみにしている。
- ●課題をこなすために創造的な方法を考える。
- ●やらなければならないことに心を込める。
- ●何かをやっているときに、微笑み、笑い、楽しんでいる。
- ●生命のさまざまな奇跡を楽しんでいる。
- ●ポジティブなスピリットで心が満ち満ちている。

〜 確言 〜

　私は情熱でいっぱいです。私は物事の良い面を見ることにします。行いのすべてに対して自分がもっているものを100パーセント出し切ります。私は想像力を使います。今日、私を待ち構えているさまざまな素晴らしい可能性に心を開いています。

情熱の活動 ……………………………………………………

※ 情熱の活動

- ●椅子取りゲームなどのゲームを、一度は情熱抜きで行い、次にたくさん情熱を込めて取り組みます。その後、それぞれの場合、どのように感じたか話し合います。
- ●りんごとか椅子などのごくありきたりの物を2回説明してみます。1回目はそれがこの世界で一番つまらないものであるかのように説明します。2回目はそれがこの世界でもっとも美しく素晴らしいものであるかのように描写します。

？ 美徳について考えるための質問

●情熱のない人はどのように見えますか？　どのような話し方をしますか？　身体の動きはどんな感じですか？（顔の表情、身体の動き、声など）。

●情熱がある人はどのように見えますか？

●あなたはどのような活動をするとき、情熱的ですか？

●将来、すごく楽しみにしていることは何ですか？

●情熱を必要とする仕事やキャリアの例を挙げてください。

●単純でつまらない仕事をしなければならないとき、情熱の美徳はどういう違いを生み出すことができると思いますか？

●退屈を感じているとき、あるいは、悲しみを感じているとき、情熱に満ちた状態に戻るように助けてくれるものは何だと思いますか？

✎ 情熱を絵に描く

大人になったときに楽しみにしていることを絵に描きましょう。退屈しきってつまらない人と、明るく情熱的な人の絵を描いてみましょう。

✿ ポスター用語

●すごい！

●素晴らしい！

●スピリットがいっぱいだ！

●素朴な喜び。

●なんて素晴らしい日だ！

●人生は楽しい。

➦ 名言

情熱：名詞、定義1　a. 熱狂的な関心または興奮。b. 熱烈な愛好。
定義2　活発な関心を鼓舞するもの。
語源はギリシャ語の「神によってインスピレーションを与えられた」を意味する。──『アメリカン・ヘリテージ英英辞典』より

楽観主義者は最悪の事態を最善の機会にする。

作者不詳

人生は楽しい。

ベンジャミン・ホフ

成功の秘訣はあなたの仕事と恋に落ちることである。

シスター・メアリー・ロレッタ

スウィングがなかったら意味がないんだよ。

デューク・エリントン ＆ アーヴィング・ミルズ

人間は自分の気持ちで決めただけの幸せを手に入れる。

アブラハム・リンカーン

幸せになるには情熱をもてるものがあるだけでいい。

チャールズ・キングズリー

 # 真摯

真摯とは？

　真摯であるとは言葉と行動において正直であることです。真摯な人は嘘をつきません。問題に巻き込まれないようにするためであっても嘘はつきません。噂話や偏見に耳を傾けることもしません。自分の目で見て何が真実であるのかを決めます。自分自身に対して真実であるということは、ありのままの自分でいるということです。良い印象を与えようと誇張したり、背伸びして大きく見せようなどとはしません。自分自身でいること、本当の自分でいることです。

美徳の実践理由

　真摯さがなければ、あなたが嘘をついているのか、真実を語っているのか誰にも分かりません。作り話をしているのか、それとも、本当にあったことをありのままに話しているのか分かりません。真摯でない人は想像の世界と現実を混同してしまいます。真摯な人は本気のことしか言いません。言うことはすべて本気です。真摯なあり方は信頼を築きます。真摯な人といると安心できます。

美徳の実践法

　つねに真実を語る選択をしてください。誰かに意見を聞かれたら、意見を述べてください。ただし、気転を利かせて述べてください。間違いを犯したら、隠そうとせずに認めてください。噂話に耳を傾ける代わりに、自分でそのことについての真実を発見してください。想像と現実の違いを認識することが大切です。作り話をしている自分に気づいたら、そこで立ち止まって本当にあったことを話してください。本当の自分よりもえらく見せようとしたりせずに、ありのままの自分を人に見せてください。あなたは今のままで本当に価値のある人なのですから。

次の状況では真摯の美徳をどのように表現しますか

- 親友があなたについて意地の悪いことを言って、もう友達でいたくないと言っていると誰かが教えてくれた。
- 間違いを隠すために言い訳をしている自分に気づいた。
- スポーツの試合での自分の活躍ぶりを誇張して話したい誘惑を感じている。
- 友達が着ている奇妙な服についてどう思うかと聞かれた。
- 誰かがいろいろな人種についてコメントをしている。
- 妹を怖がらせようと恐ろしい作り話をしようと思った。

◎ 成功のしるし

おめでとう！　次のことを実行しているあなたは真摯の美徳を発揮しています。

- 真実だけを話す。
- 噂話をする代わりに、自分で本当かどうかを調べて正義の美徳を実践している。
- どのように考えるべきかについて人に聞いたりしない。
- 事実と想像上の話の違いが分かる。
- 間違いを犯したときには認める。
- 自分はこのままで十分な存在だと知っている。かっこよく見せようとして誇張したり、嘘をついたりしない。

〜 確言 〜

私は真摯な人です。私は真実を語ります。私は真実を自分の目で確かめます。人に良い印象を与えようと誇張したりする必要はありません。私は本当の自分でいることに満足しています。

真摯の活動 ···

✳ 真偽のテスト

「草の色は緑です」のような真実を述べた文章と「お金は木になる」のよ

うな真実ではない文章の一覧表を作って、生徒に「真」「偽」を判断させます。

✳ 物語

　イソップ物語の『狼少年』を読むか話すかした後で、主人公の少年がどのように感じたか、また、どのように償いをすることができるかについて話し合ってみましょう。「嘘をついてしまった後、償いをするためにどうすればよいと思いますか?」という質問をします。

? 美徳について考えるための質問

- ●親友に嘘をつかれたら、どのように感じると思いますか?
- ●嘘をついた本人はその後、どのように感じると思いますか?
- ●私たちは自分にできることや持っているものに関して、時々誇張したくなりますが、それはなぜだと思いますか?
- ●真摯な態度は人との関係にどのように役立つと思いますか?
- ●あなたが本当に大切に思っていることをいくつか挙げてください。
- ●あなたが本当にしたいことをいくつか挙げてください。
- ●あなたの前で誰かが噂話を始めたり、偏見に満ちたことを言ったら、あなたはどうしますか?　なんと言いますか?

✎ 真摯を絵に描く

　あなたが本当にもっている美徳のいくつかをコラージュ（切り絵）にするか絵に描いてみましょう。本当の自分を表わしていると思われる美徳を選ぶとよいでしょう。

❀ ポスター用語

- ●真実は私たちを解放する。
- ●自分の言葉に忠実に。
- ●自分自身に忠実に。

➥ 名言

　何よりも汝自身に真実であるべし。

　さすれば、夜の後に昼がやって来るように、いかなる人に対しても真

303

挚になれるだろう。——『ハムレット』より

ウィリアム・シェークスピア

真実を言ってください。
いま言ってください。

ウェルナー・エアハード

真実こそ雄弁の秘訣であり、美徳の秘訣であり、道徳的な力の土台である。
真実は芸術と人生の頂点である。

H. F. アミエル

人が同伴者と歩調が合わないとすれば、おそらく、その人には別なドラムの音が聞こえているからだ。
彼に聞こえる音楽に合わせて進ませてやればいい。
どのようなリズムであれ、ほんのかすかにしか聞こえないものであれ。

ヘンリー・デービッド・ソロー

真実は存在する。
発明されたのは嘘だけだ。

ジョルジュ・ブラック

真実のために真実を愛すること、それがこの世界における人間的完成の主要な部分であり、他のすべての美徳の苗床である。

ジョン・ロック

誇張は冷静さを失った真実である。

カリル・ギブラン

真実であれ、優しくあれ、恐れるなかれ。

M. K. ガンディー

親切

親切とは？

親切とは人のことを気にかけて、他人の生活の向上のために何か良いことをすることです。人びとが必要としていることについて思いやりをもつことです。悲しみに暮れて助けを必要としている人に対して、愛と共感の思いを示すことです。親切とは自分自身、そして、ほかの人たちに優しく接することです。地球と生きとし生けるもののすべてを思いやることです。

美徳の実践理由

親切な心がなかったら、人や動物が助けを必要としていても、誰も耳を傾けることをしないでしょう。誰もが自分のことばかりを考えるだけでしょう。親切の美徳がなかったら、世界は寂しい場所になってしまいます。親切な行為によって人が手を差しのべると、助ける人と助けられる人の両者が救われることになります。地球に対して人びとが親切を欠いているために、空気、水、大地が汚染されています。このために人や動物もまた苦しんでいます。親切であることによって、すべてのもの、すべての人とつながっていると感じることができます。

美徳の実践法

誰かが、あるいは、何かが世話を必要としていることに気づくことによって、親切の美徳を実践することができます。周囲の世界に敏感になってください。想像力を使って、ほかの人たちに幸せをもたらすことについて考えてみましょう。どのような習慣が地球を傷つけるのかを考え、もっと優しい生活の仕方を考えてみましょう。残酷なことをしたい誘惑、批判したい誘惑、からかいたい誘惑に駆られたときは、そうしない決断をしましょう。そうする代わりに、親切な言葉で語ってください。人に優しく挨拶をしましょう。ペットの面倒をしっかりとみましょう。

次の状況では親切の美徳をどのように表現しますか

- ●新入生がクラスに来て寂しそうにしている。
- ●弟をからかっているうちに弟の気持ちが動揺してきた。
- ●一緒に遊んでいた生徒が耳の大きな生徒をからかい始めた。
- ●あなたが飼っている猫の毛にイガがくっついている。
- ●お母さんが最近疲れているようだ。
- ●車椅子に乗った人があなたの方に近づいてくる。

◎ 成功のしるし

おめでとう！　次のことを実行しているあなたは親切の美徳を発揮しています。

- ●悲しげで助けを必要としている人に優しく注意をはらっている。
- ●人を幸せにするためにいろいろなことをしている。
- ●環境の助けになることをしている（リサイクル／再利用、リユース／再使用、リデュース／削減）。
- ●残酷なことをする誘惑に打ち勝っている。
- ●自分とは違う人も受け入れている。

〜 確言 〜

私は親切です。私は人を助けるための方法を探します。出会う人や動物に親切にします。地球の面倒をみるために、できるだけのことをします。

親切の活動 ……………………………………………………

✳ 環境に優しくする

皆でゴミ拾いをするといった環境改善プロジェクトを行います。

？ 美徳について考えるための質問

- ●ハンディキャップのある人や普通の人とは異なった様子の人を見ると、たいていの人はどういう行動をとるでしょうか？
- ●無視されたり、からかわれたりするとどのように感じますか？

●ハンディキャップのある人に親切にする方法をひとつ挙げてください。

●動物に対して親切にする方法を３つ挙げてください。

●今日、あなたの親切を必要としている人について考えてみましょう。その人に親切にするのに何をすることができますか。

●誰かがあなたに対して親切でなかった場合、あなたはなんと言いますか？　あるいは、どうしますか？

●これまでに人や動物に対してどのような親切をしたことがありますか？

✎ 親切を絵に描く

あなたが人や動物に親切にしているところを絵に描いてみましょう。

✿ ポスター用語

●親切な眼差し。

●親切な微笑み。

●親切な言葉。

●親切な行い。

●人類に親切にしよう！

➥名言

レタスを植えたけれどよく育たなかった場合、そのレタスを責めることはしないはずです。

よく育たない理由をいろいろと探します。

もっと肥料が必要かもしれない。

もっと水をあげる必要があるかもしれません。

日当たりがよすぎるかもしれません。

レタスを責めることは絶対にしないはずです。

しかし、友人や家族に問題があるとその人を責めます。

よく面倒をみてあげれば、人もレタスのようによく育つのです。

シック・ナト・ハン

307

善人の人生の最良の部分、それは親切と愛に満ちたささやかな行為である。

ウィリアム・ワーズワース

もっとも親切な魂においてすら、最後に熟する最良の果実は心難き人たちに対する優しさであり、慎みなき人たちに対する慎みであり、冷淡な人たちに対する暖かな心である。

リクター

人があなたのところに助けを求めてやって来たときには、来たときよりもより良い状態で、より幸せだと感じるまで帰してはなりません。
神の親切の生きた証になりましょう。
親切な顔、親切な眼差し、親切な微笑み、親切で暖かな挨拶から、それは始まります。

マザー・テレサ

優しく語るという恩寵もあるが、優しく耳を傾けるのも恩寵である。

作者不詳

人が耳を傾け、手を差し出し、優しい励ましの言葉をかけ、孤独な人を理解しようと努めると、素晴らしいことが起こり始める。

ロレッタ・ギルザトリス

辛抱強さ

辛抱強さとは？

辛抱強いということは目的意識がしっかりしていて着実であることです。どんなに長い時間がかかっても、どのような障害が生じても粘り強くやると決めたことにコミットしつづけることです。良い例は『ウサギとカメ』の話でしょう。カメはウサギよりも歩みが遅いにもかかわらず、競争に勝ちました。それはカメが辛抱強く、何があっても気をそらされることなく競争をやめなかったからでした。カメは歩き続けたのでした。

美徳の実践理由

辛抱強さがなければ、人は簡単に物事をあきらめてしまうでしょう。約束を守ることもないでしょう。私たちが辛抱強さを発揮すれば、始めたことは最後までやり抜き、コミットしたことを守ります。辛抱強さの美徳を実践すれば、友情が試練にあっても友達であり続けるでしょう。問題に直面しても、問題を解決するまであきらめることはないでしょう。

美徳の実践法

あることにコミットすることによって、あるいは、ある人にコミットすることによって辛抱強さを実践します。コミットメントを賢明に選んで、それをやり抜いてください。ひとつの仕事にコミットしたならば、ペースをつくって粘り強く、一歩一歩、着実に実行していきます。友達をサポートすることが大切です。たとえそれが楽しくなかったとしても、厳しい状況にあっても友達をサポートしつづけることです。問題や疑問が生じたときには嵐のなかにあってしっかりと航行する頑丈な船のように振舞うことです。困難に打ちのめされてコースからそれることのないようにしてください。波をしっかりと乗り切ってください。

次の状況では辛抱強さの美徳をどのように表現しますか

●長いつきあいの友達と一緒にいると退屈を感じるようになった。
●難しい仕事をしている最中に疲れを感じてきた。
●スポーツ（ダンス）に長い時間をかけて練習をしてきたが、どうも自分には向いていないと思い始めた。
●家族と一緒に高い山の頂上を目指して登っているが、自分には無理のような感じがしてきた。
●未経験のことに挑戦中だが、どうもうまくいきそうにない。
●親友が引越しをすることになったが、この友情を忘れたくない。

◎ 成功のしるし

　おめでとう！　次のことを実行しているあなたは辛抱強さの美徳を発揮しています。

●誰かに、あるいは、何かにコミットする前によく考える。
●自分のペースを守る。
●目標を立てたら、目標を達成するまで粘り強くがんばる。
●一度に一歩ずつ、着実に前進する。
●疑いや試練に出合っても一度決めたコースからそれない。
●友達や愛する人をサポートしつづける。

〜 確言 〜

　私は辛抱強い人間です。私はやると決めたことを着実にやり続けます。ひたすらにやり続けます。一度はじめたことは最後までやり抜きます。私は忠実で友情を大切にする友達です。

辛抱強さの活動 ……………………………………………

✳ 辛抱強さの物語

　イソップ物語の『ウサギとカメ』について話し合いましょう。

❓ 美徳について考えるための質問

- ●あなたのこれまでの人生で『ウサギとカメ』のウサギのような行動をしたことがありますか？
- ●新しい友達との友情を大切にしたいと思うのはどうしてですか？
- ●友達にどのような資質を望みますか？
- ●次の仕事はどのような形で辛抱強さを必要とすると思いますか？次のような役目をもっている人が辛抱強くなかったらどういうことが起こりますか？
  - ・親。
  - ・消防士。
  - ・プロのスポーツ選手。
  - ・先生。
  - ・発明家。

✏ 辛抱強さを絵に描く

辛抱強さを必要とする仕事をしている人の絵を描いてみましょう。

🌸 ポスター用語

- ●ひたすらに続ける。
- ●一度はじめたことは最後までやり抜く。
- ●波に乗る。
- ●勝利者は途中で放棄しない。

●◆名言

成功は"できる"波動とともにやってくる。
失敗は"できない"波動とともにやってくる。

フレッド・シーリー

本当にやりたいと思うことがあるなら、あきらめないことです。
愛とインスピレーションがあれば間違うことなんてないと思うのです。

エラ・フィッツジェラルド

絶対にあきらめないで！

　　　　オットー・フランク（アンネ・フランクの父親）

続けなければならないという義務感は誰のなかにも存在します。
努力する義務は私たち1人ひとりのものです。
私もその義務からの呼びかけを感じたのです。

　　　　　　アブラハム・リンカーン

ひたすらに続ける。——アフリカ系アメリカ人の諺より

この世界で辛抱強さにとって代わるものはない。
才能もしかりである。
才能に恵まれながら成功きなかった人の話は掃いて捨てるほどある。
辛抱強さと決意があればできないことはない。

　　　　　　　　　　作者不詳

　もう一度、挑戦することをせずに、ただ悲しみにくれることのないよう
に導いてください。——ネイティブ・アメリカンの伝統より

すべてのものをあるがままに受け入れよ。
波は通り過ぎていく。
次々とやってくる波に対処すれば、それは皆、過ぎていく。

　　　　　　　　　トム・トムソン

勝利者は決して放棄しない。
放棄者は決して勝利しない。

　　　　　　　　　作者不詳

信頼

信頼とは？

信頼とは誰かを、あるいは、何かを信じることです。自分でコントロールしなくとも、あるいは、操作しなくとも、起こるべきことが起こるという自信をもっていることです。人生がさまざまな苦しみをもたらすとき、信頼するのは時として難しいものです。信頼とは出来事のすべてに、何か良いことがあると心の奥深いところで確信していることです。

美徳の実践理由

信頼がなければ、つねに物事をコントロールして自分が望むようにしなければならないでしょう。人のことを心配し、自分ではコントロールできないことを気にかけるでしょう。人を信頼できれば自分のことに集中できます。自分自身を信頼することは成長過程の重要な部分です。犯した間違いの1つひとつを気にする代わりに最善を尽くして、それで十分だと信頼することです。

美徳の実践法

信頼は人生に対してポジティブ（肯定的）な態度を育みます。すべては順調に行くだろうという自信をもつことが、それを実現する後押しになります。信頼があるとリラックスして心配を手放すことができます。困難な状況が生じても、それによってより強くなり、新しいことを学ぶ機会にすることもできます。人は約束を守るものだと信じることが大切です。しかし、約束を何度も破り続ける人の場合は考える必要があります。約束を破り続ける人を信頼するのは愚かなことです。そのような場合は信頼に値するような行動が示されたとき、信頼すればよいでしょう。

次の状況では信頼の美徳をどのように表現しますか

- 今年は学校で友達ができないかもしれないと心配している。
- 友達があなたとひとつの約束をした。
- 明日はピクニックだけど雨が降るかもしれないと心配だ。
- これまでに、あなたの物をなくしたことのある人が、大好きな音楽のCDを借りたいと言ってきた。
- 何か悪いことが起こるのではないかと非常に心配だ。
- 自分はスポーツが上手ではないと心配している。

◎ 成功のしるし

おめでとう！ 次のことを実行しているあなたは信頼の美徳を発揮しています。

- 出来事のすべてに何か良いことがあると信じている。
- 苦しい体験のなかに教訓を見出そうとする。
- 心配事があっても信頼の美徳の力で心配をどこかにもっていってもらう。
- 最善を尽くせば、それで十分だということを知っている。
- 信頼できない特別な理由がある場合は別にして、基本的に他人を信頼している。
- いつも文句を言ったりせず、心配もせず、物事をコントロールしようともしない。

〜 確言 〜

私は起こる出来事の1つひとつに、何か良いことが隠されていると信じています。他人をコントロールする必要はないと思っています。怖れの気持ちや心配から解放されてリラックスしています。私はやすらぎを感じています。私は1人ぼっちではないことを知っています。

信頼の活動……………………………………………………

❋ 信頼の散歩

　生徒を２人１組にします。１人の生徒は目隠しをして、もう１人が手を
とって校庭ないしは教室のなかを優しく誘導して歩きます。それから交代
します。人が導いてくれると信頼したとき、どのように感じたか、それか
ら自分がリーダーになって誘導しているときにどのように感じたか分かち
合います。

？ 美徳について考えるための質問

- ●ある人を信頼できるかできないか、どうして分かりますか？
- ●すべてはうまくいくだろうと信頼するには何が助けになりますか？
- ●自分は絶対にうまくできると信じていることを挙げてください。毎
　日行っている単純なことでかまいません。
- ●すべてが順調にいくだろうと信じることが難しいのはどういうとき
　ですか？　ひとつの状況を挙げてください。
- ●人との関係において信頼と自己主張のバランスをとる場合、具体的
　にどのように行われるでしょうか。
- ●確実にできると親友を信頼していることは何ですか？
- ●信頼できない人が何度も信頼してほしいと言ってきたらどうしま
　すか？

✎ 信頼を絵に描く

　日の出を絵に描いてみましょう。太陽は信頼を裏切ることなく、つねに
朝になると昇ります。

❀ ポスター用語

- ●友情は神聖な信頼関係だ。
- ●私は人生を信頼している。
- ●すべてはうまくいくだろう。
- ●雨は虹をもたらしてくれる。

315

●◆ 名言

私の人生に失敗はありません。
ものすごい教訓はいくつかありましたけど。

オプラ・ウィンフリー

自分自身を信頼することを学んだ途端に、人生の生き方が分かるだろう。

ゲーテ

これまでの人生には感謝！
これからの人生には信頼をもって！

ダグ・ハマーショルド

毎日、あらゆる意味で私はだんだんよくなっている。

エミール・クエ

できる限り信頼するように努力すると、多くの場合、前よりももう少し信頼できるようになる。

マーク・ギバード

信頼性

信頼性とは？

　信頼性とは信頼される価値があるということです。あなたはつねに最善を尽くすだろう、約束を守るだろう、コミットしたことは最後までやり抜くだろうということを、人はあてにすることができます。人はあなたに頼ることができます。非常に難しい状況になっても、あなたは言ったことをできる限り実行するだろうとあてにします。信頼に値する人であるとき、人はあなたを信じ、あなたも自分自身を信じることができます。

美徳の実践理由

　信頼性がなければ合意をしても、約束をしても意味がありません。信頼に値しなければ、人は私たちを信じることができるのか、頼りにできるのかどうか分かりません。信頼性の美徳を実践すると、人は私たちが約束したことをきちんと果たしているかどうか様子を見たりする必要はありません。私たちは約束を守るということを知っているので安心できます。信頼性があるということは、どんな状況においても成功の鍵となります。

美徳の実践法

　信頼性のある人は約束をする前に、それは本当に実現したいことなのかどうか、本当にできることなのかどうかを考えます。信頼性のある人は誰も見ていない状況でも規則を守ります。約束をしたならば、最善を尽くしてその約束を守ります。どんなに難しい状況になっても辛抱します。なぜなら、他人の信頼に値するということは、あなたにとってとても重要であるからです。信頼に値するとき、あなたは本来の自分なのです。

次の状況では信頼性の美徳をどのように表現しますか

- お母さんにお使いを頼まれたが、お釣りを持ってくるように言われた。
- 店の人が間違えてお釣りを余計にくれた。
- 友達にあなた以外の人には知られたくない秘密を打ち明けられた。
- 家の手伝いをすると約束したが、テレビを見ているうちに（本を読んでいるうちに）忘れてしまった。
- 誰かにあることを頼まれたが、それは自分には無理だと分かっている。
- あるものを盗むように友達から説得された。

◎ 成功のしるし

おめでとう！　次のことを実行しているあなたは信頼性の美徳を発揮しています。

- 約束する前に、確かにできるかどうかを考える。
- 約束したことを忘れない。
- 状況が難しくなっても約束を守る。
- 誰が見ていなくとも決まりは守る。
- 言葉にしたことは実行する。
- 最善を尽くして、いったん始めたことは最後までやり抜く。

〜 確言 〜

私は信頼に値する人です。私は約束を守ります。私は人の信頼に値する人です。

信頼性の活動 ……………………………………………………

✳ 約束キーパーになる

家族の誰かに対して、クラスの誰かに対して実行できる約束をひとつ考えてみてください。実際に達成することができる約束です。今週はそれを実行して、週の終わりに、その体験を分かち合ってください。その約束

を忘れずに最後まで実行するために、あなたにできることを3つ挙げて
ください。

✳ 信頼性のリレー

　信頼のリレーをしましょう。何か物を持ってゴールまで全速力で走って、
次の人にバトンタッチします。

❓ 美徳について考えるための質問

● 信頼性は、なぜ友達に必要だと思いますか？
● 誰かがあなたとの約束を破ったことが分かったとき、どのように感
　じますか？
● 一度、約束を破ってしまった人との次の約束を、どの程度信じるこ
　とができますか？
● あなたにつねに信頼性があったなら、家庭での生活はどういうふう
　になると思いますか？
● 仕事の世界で信頼性はなぜ重要なのでしょうか？（自動車産業、農
　業、ウエイトレス、医師など）。
● 信頼性はなぜ成功につながるのでしょうか？
● 誰でも間違いを犯します。間違いを犯したとき、信頼性の美徳をど
　のように実践できると思いますか？
● どうすれば信頼性のある自分になれると思いますか？
● あなたが信頼性の美徳を発揮した3つの体験を挙げてください。

✎ 信頼性を絵に描く

信頼性が大切な仕事をしている人の絵を描いてみましょう。

✿ ポスター用語

● 約束キーパー。
● 私をあてにしてください。
● つねに頼りになる人。
● 信頼に値する。

319

●◆名言

あなたに約束を破らせ、尊敬の念を失わせることを自分に有利なこと
と決して見なすべきではない。

マルクス・アウレリウス・アントニヌス

あなたは来るべき世界の種子を守る人です。

これまであったことのすべて、これから来ることのすべてが、あなた
のなかに宿っています。

あなたはリレーのランナーです。

今というこの瞬間に、あなたは松明を掲げて走るべく選ばれたのです。

走ることを拒否するわけにはいきません。

トルバート・マッカロル

人に知られることを怖れるならば、それをするな。──中国の諺より

それができると考えたとしても、あるいは、それができないと考えた
としても、あなたは正しい。

作者不詳

あなたが惹きつけるもの、それはあなたが欲するものではなく、あな
たのあり様が欲するものである。

作者不詳

信頼されることは愛されるよりも偉大な評価である。

ジョージ・マクドナルド

 # 正義

正義とは？

　正義とはあなたが行うすべてのことが公平であるということです。他人が言うことによって人や物事を判断するのではなく、自分自身で見て判断することです。正義の美徳を実践するということは自分自身の権利および他人の権利のために立ち上がるということです。間違いを犯したならば、責任をとって償いをすることです。正義はすべての人の権利が守られることを意味します。

美徳の実践理由

　正義が存在しなければ、人は他人を傷つけたり、利用したりしてもとがめられることなく、それを続けるでしょう。正義がなければ、この世界は残酷で危険な場所になってしまう可能性があります。人は性や人種や宗教によって判断されることになるでしょう。正義があれば、すべての人が本当の自分を理解してもらう公平なチャンスを与えられます。何かを非難されたとき、釈明する機会を与えられます。正義があれば、すべての人が公平な分け前を与えられます。

美徳の実践法

　誰かがあなたを傷つけているとしたら、それをやめさせるのが正義です。強い者が弱い者を傷つけるのは絶対に正しいことではありません。あなたが誰かを傷つけてしまった場合には、償いをすることによって問題を解決してください。人の話を鵜呑みにするのではなく、自分で真実を探求してください。前もって価値判断するのではなく、人を１人の人間として見ることが大切です。誰かが人をいじめたり、カンニングをしたり、嘘をついたりしたら、それを受け入れてはなりません。正義のチャンピオンになるためには勇気が必要です。正義のた

めに立ち上がるとき、時として、１人で立ち上がらなければならない
こともあります。

次の状況では正義の美徳をどのように表現しますか

- ●仲間と一緒にいて、皆が人の悪口を言い始めた。
- ●皆と違う様子の子供が、からかわれている。
- ●別な人種の人びとについて誰かが何かコメントをしている。
- ●年上の生徒が一度ならず、あなたに荒っぽいことを仕掛けてくる。
- ●あなたの部屋のなかから、ある物がなくなっているが、たぶん弟が
  とったのではないかと思う。
- ●誰かをからかっているうちに、相手の弁当を床に落としてしまった。

◎ 成功のしるし

　おめでとう！　次のことを実行しているあなたは正義の美徳を発揮して
います。

- ●自分で考える。
- ●噂話や陰口をしない。
- ●前もって人を判断せず、人をありのままに見る。
- ●自分の間違いを認め、結果を受け入れる。
- ●人と公平に分かち合う。
- ●自分自身の権利も含めて、人の権利のために立ち上がる。

〜 確言 〜

　私は正義とともに行動します。私は他人の権利のために、また、私の権
利のために立ち上がります。私には見せかける必要もなければ、防御する
必要もありません。私は償いをする選択をします。

正義の活動 ···

✳ 伝言ゲーム

　伝言ゲームをやってみましょう。あることを耳元で囁いて、次から次へ

とそのメッセージを伝えていきます。最後の人のところまで届いたとき、メッセージがどのように変わったかを聞いてみましょう。このことは噂話や陰口とどのように関係するか話し合ってみましょう。噂話を広めることは非正義に加担することです。

噂話に参加したくないときは気転を利かせて断るとよいでしょう。

✳ 正義の計画を立てる

クラス全体で争いを公正に解決するための計画を立てます。たとえば、平和地帯をつくるということもあるでしょう（第3章、"教室内に問題解決のための平和地帯をつくる"P141参照）。

？ 美徳について考えるための質問

- ●偏見を受けるというのはどのような体験でしょうか？
- ●人はなぜ、偏見をもって他人を裁いたりするのでしょうか？
- ●いじめの現場を見たらあなたはどうしますか？　いじめられている人の権利のために立ち上がって何かをし、同時に自分の安全も守るにはどうすればよいでしょうか？
- ●正義がなされればよいのにと思ったことはありますか？　それはどんなときでしたか？
- ●間違いを認めて後始末をきちんとしたことがありますか？　それはどんなときでしたか？
- ●間違いに相当した償いをしたかどうか、どうして分かりますか？
- ●私たちの安全を守ってくれる境界線ないしは基本原則にはどのようなものがありますか？

✎ 正義を絵に描く

肌の色の違う人たちが一緒に正義を実践している絵を描いてみましょう。

❀ ポスター用語

- ●振りをする必要も弁護する必要もない。償いをしよう。
- ●人種の色盲。

- ●ひとつの家族。
- ●フェアにプレイしよう。
- ●正義のために立ち上がれ！

●◆名言

間違いを犯して訂正しないものは、さらなる間違いを犯している。

孔子

自ら出ていったものは帰ってくる。

作者不詳

真の平和とは単に緊張関係が存在しないだけではない。
正義が存在することである。

マーティン・ルーサー・キング

がまんが美徳ではなくなる限界というものがある。

エドムンド・バーク

一方の話を聞いただけではまだ闇のなかにいる。
双方の話を聞けばすべてがクリアになる。

ハリバートン

ひとつの不正を別な不正で矯正することは不可能である。

セルジオ・ヴィエラ・デ・メロ

 # 清潔

清潔とは？

清潔であるとは、身体をよく洗い、身体をきれいに保ち、清潔な衣服を着ていることを意味します。心が清潔であるということは、あなたにとって良いことに思いを集中することです。誇りをもつことができないようなことをしたとき、間違い犯したときには変わるという決断をすることによって"行動の掃除をする"ことができます。清潔さを保つことは有害な麻薬を使わないことも意味します。

美徳の実践理由

清潔な人がそばにいると気持ちが良いものです。清潔さはあなたを病気から守ってくれます。食事の前やトイレの後に手を洗うことによって、病気の原因となる病原菌を撃退できます。部屋がきれいに整頓されていると、あなたの心も清潔で混乱状態を避けることができます。清潔な心は気持ちを穏やかにしてくれます。

美徳の実践法

清潔であるとは、ひんぱんに手を洗い、歯を磨くことを意味します。物を使った後は片付け、きちんとあるべき場所に置くことを意味します。間違いを犯したら、間違いの後始末をします。間違いは修正して、以後は違った行動をとるようにします。あなたに害をなすものを見たり、聞いたり、食べたりしないようにします。健康に役立つものだけを身体や心に取り入れることです。

次の状況では清潔の美徳をどのように表現しますか

● 部屋があまりにも散らかっているために自分の靴が3日間も見つか

らない。
- ●歓迎したくない考えが頭から離れないことに気がついた。
- ●寝る時間がきて、眠くて歯を磨く気になれない。
- ●学校の机にいろいろなメモが乱雑に入っている。
- ●誰かに麻薬をやらないかと誘われた。
- ●友達との約束を破ってしまった。

◎ 成功のしるし

おめでとう！　次のことを実行しているあなたは清潔の美徳を発揮しています。
- ●身体を生き生きと清潔に保っている。
- ●物を使った後に片付ける。
- ●家の掃除を手伝う。
- ●身体には健康に良い食べ物だけをとり入れる。
- ●きれいな言葉を使う。
- ●間違いを修正する。

〜 確言 〜

私は自分を生き生きと清潔に保ちます。いろいろな物をきちんと整頓します。人生を秩序あるものにします。間違いを犯したら修正します。

清潔の活動 ……………………………………………………

✳ 清潔の活動

- ●間違いの後始末をする。
  - ・後悔している間違いについて考えてみます。その後で、どのように感じましたか？　人にどのような影響を与えましたか？
  - ・その間違いの後始末をどのようにすることができたかを考えてみます。償いをするためになんと言えばよかったでしょうか？何をすればよかったでしょうか？

●学校や近所のある場所を選んで掃除をする。

●住んでいる地域、あるいは、世界のある場所の汚染について研究する。どのようにすれば状況を変えることができるか、どうすれば汚染を除去できるか明確にする。

●身体の健康や衛生について話をする。

？ 美徳について考えるための質問

●乱雑な部屋にいるとどのような感じがするでしょうか？

●乱雑な部屋にいると心がどのような影響を受けるでしょうか？　幸福感はどうでしょうか？

●清潔で整理整頓された部屋にいるとどのように感じるでしょうか？それは明確に思考する能力にどのような影響を与えるでしょうか？

●生徒の誰かが、あるいは、大人が麻薬を売りつけようとしてきたとき、どのような行動をとるべきか、なんと言うべきかについて自由討論をする。

✎ 清潔を絵に描く

汚れている子供や動物の絵を描きます。それから、その子供、または動物がきれいになった絵を描きます。身体を清潔に保つための３つの方法を絵に描きます。

❀ ポスター用語

●清潔な身体、清潔な思い、清潔な人生。

●私は自分の間違いをクリーンにします。

●麻薬ゼロ地帯。

●ゴミを入れればゴミが出る。

●地球はみんなの故郷。地球をきれいに！

☙ 名言

目には不浄なものを見せても、心に不浄なものを見せるべからず。

耳に不浄なるものは聞かせても、心に不浄なるものを聞かせるべかず。

――神道の格言より

清潔にすべし。

酒は節制すべし。——『１２ステップのプログラム』より

彼らに顔を洗わせ、歯を清潔に保たせよ。——『アントニーとクレオパト
ラ』より

ウィリアム・シェークスピア

たとえ浴槽のなかでも流れる水の音ほど心地よいものはない。

アン・ウィルソン・シェフ

純粋に生き、真実を語り、間違いを正せ。

テニソン

誠実

誠実とは？

誠実とは自分が正しいと信じていることのために立ち上がり、もっとも高貴な価値観によって生きることです。人に対して、また、自分自身に対して正直で真心のこもったあり様です。行動と言葉が一致しているとき、あなたは統合的な存在感をもちます。自分をだましていつわるようなことはありません。誠実な人の人生と心は善良で、清らかな人生を生きるのに役立つものに満ち満ちています。

美徳の実践理由

誠実さがなければ、お互いの行為を信頼することは不可能です。誠実の美徳のおかげで良心の声に耳を傾け、正しいことを実行し、真実を語ることができます。誠実に行動するとき、人は何らかの理想を体現しています。人びとはそのような人を信じ、頼りにします。誠実さは私たちに自尊心とやすらぎを与えてくれます。

美徳の実践法

あなたにとって重要な美徳について考え、最善を尽くして、それらの美徳に基づいて生きることによって誠実の美徳を実践します。間違いを犯したら後始末をします。群衆の後についていくようなことはしません。自分で考えて行動します。言葉と行動が違うことはありません。誰が見ていなくとも正しいことを行います。正しいことを行うのが困難なときでもしっかりと立って正しいことを行います。

次の状況では誠実の美徳をどのように表現しますか

● 両親が見てほしくないと言っている映画に、友達が皆、行こうとし

ている。

- 友達に彼女の秘密を守ると約束した。
- 先生が教室から出て行った。
- 学校でジャケットを見つけたけれど、それはあなたのジャケットよりも良いものだ。
- ほかの人たちが試験でカンニングしている。
- 約束した仕事をしているが、あまりにも難しい。

◎ 成功のしるし

おめでとう！　次のことを実行しているあなたは誠実の美徳を発揮しています。

- 自分にとって大切な美徳について考えている。
- 自分が信じていることのためにしっかりと立つ。
- 自分から進んで間違いの後始末をする。
- 困難であっても正しいことをする。
- 自分で考えて行動し、誘惑に負けない。
- 自分自身のリーダーである。

～ 確言 ～

私には誠実の美徳があります。私が言うことは本当にそう思っていることであり、そのようなことしか口にしません。私は正しいと思うことのために立ち上がります。私は自分自身のリーダーです。

誠実の活動 ………………………………………………………

✳ ロールプレイ

だましたい、嘘をつきたい、原則を曲げてしまいたいといった誘惑に出合う状況について話し合ってください。たとえば、すごく素敵なものが落ちているのを見つけたような場合。それから、その状況で誠実の美徳を発揮して行動した場合、どのようなことになるかロールプレイ（役割演技）で表現します。

✳ 私が支持する美徳

　あなたの名誉の行動基準において、もっとも重要な美徳を3つから5つ挙げてください。生きるうえでの信条となるような美徳です。

❓ 美徳について考えるための質問

● 誠実の美徳がなかったら、友情はどのようなものになるでしょうか？

● 友達同士が共に誠実であるとき、2人の友情はどのようなものになるでしょうか？

● 言ったことを実行しない人と一緒にいると、どのように感じるでしょうか？

● 悪いことに誘惑されても正しいことに導いてくれるものは何でしょうか？

● 誠実の美徳を実践するのが難しいのはどのようなときだと思いますか？　そうすることが簡単なのはどのようなときですか？

● もっとも重要な美徳は何だと思いますか？　いくつか挙げてください。

✎ 誠実を絵に描く

　切り抜いた文字を使って、あなたが大切に思う美徳のコラージュ（切り絵）を作ってみましょう。

❀ ポスター用語

● 正しいことを行う。

● 信じることのためにしっかりと立つ。

● 正義のために立つ。

● あなたに見えるものをあなたは手に入れることになる。

● 私が言うことは本当にそう思っていることだけであり、そのようなことしか口にしない。

➥ 名言

　悪が勝利をおさめるのに必要なことは、十分な数の善良な人びとが何

THE VIRTUES PROJECT　● 誠実

331

もしないことである。

> エドムンド・バーク

何かのために立ち上がらなければ、あらゆる陥穽(かんせい)にはまることになる。

> ヴィック・キッチン

自分を変えることによって自らの人生を一変させるだけでなく、周囲の人たちの態度をも変えることができる。

> ルドルフ・ドライカース

格好からすれば、流れとともに泳いだ方がよい。
原則からすれば、岩のようにしっかりと立たなければならない。

> トマス・ジェファーソン

人格は運命である。

> ヘラクリウス

悔恨は失われた美徳のこだまである。

> ブルワー・リットン

あなたという存在のあり方が発する声があまりにも大きいので、あなたが何を言っているのか聞こえません。

> ラルフ・ウォルドー・エマソン

整理整頓

整理整頓とは？

整理整頓とはきちんとしていることであり、調和のとれた感覚をもって生活することです。物事がきちんと整理されていて、何かが必要なときには、あるべき場所ですぐに見つけることが可能なことです。整理整頓しているということは物事がうまく運ぶように計画を立て、堂々巡りをせずに、一歩一歩、着実に成し遂げていくことです。優先順位をつけて仕事を片付けていくことです。

美徳の実践理由

整理整頓されていると時間と労力を無駄にすることなく効率的に物事を成し遂げることができます。整理整頓していないと混乱が生じて物をなくしやすくなります。物事を素早く、しかも上手に成し遂げたい人は整理整頓していなければなりません。医者や消防士の人たちが、人命を助けるのに必要な道具をどこかに置き忘れてしまったら、どういうことになるでしょうか。整理整頓していると、どのような問題に対しても解決策を発見することができます。

美徳の実践法

あなたのまわりの空間を整理整頓して魅力的にするには、どのようにアレンジするか決めてください。物を片付ける場所を設けて、使い終えたら、そこにしまうようにします。整理整頓していると物事を効率的に成し遂げることができます。計画を立て、その計画に従って、一歩一歩、進めていきます。整理整頓すると非常に難しい問題の解決に役立ちます。問題をいくつかの小さな部分に分けて、1つひとつ取り組んでいくのです。周囲が整理整頓されているとあなたの内面にも秩序が生まれます。整理整頓されていると心にやすらぎが生まれます。

次の状況では整理整頓の美徳をどのように表現しますか

● 部屋がものすごく散らかっている。
● ピースがたくさんあるパズルで遊んだ。
● 問題に取り組んでいるが非常に難しい。
● 校庭を走っていたら、始業のベルが鳴った。
● ハイキングをしていて、昼食で出たゴミを捨てる場所が見当たらない。

◎ 成功のしるし

おめでとう！　次のことを実行しているあなたは整理整頓の美徳を発揮しています。

● 1つひとつの物を片付けるための場所がある。
● 物を使った後はいつも同じ場所に片付けている。
● 仕事を始める前に計画を立てる。
● 問題を一歩一歩、解決する。
● 心にやすらぎを与えてくれるような調和のとれた空間をつくっている。

〜 確言 〜

私はきょう1日を整理整頓の美徳と共に生きます。物事を一歩一歩、成し遂げます。私の居住空間と人生のなかに美と調和を創造します。

整理整頓の活動 ……………………………………………………………

✳ 美と秩序

● チームをつくって教室の空間を美しくしましょう。どうすれば美しくなるか考えて実行しましょう。
● 家庭でのあなた自身の空間を整理整頓されたものにするための計画を立てましょう。

✳ 整理整頓の計画

● どうすればいじめの問題がなくなるか皆で考えを自由に出し合って、一歩一歩、実践するための計画を立てましょう。

✳ 一歩一歩

● 毎朝、１日の行動をひとつずつ書きとめてみましょう。
● 大好きなお菓子の作り方を手順ごとに書きとめてみます。
● 今週末の予定を一覧表にして優先順序をつけてみましょう。

？ 美徳について考えるための質問

● 散らかっている場所にいるとどのような感じがしますか？
● 清潔で整理整頓された場所にいるとどのような感じがしますか？
● 地球の秩序と美しさを守るために、私たちにどのような責任があると思いますか？
● 周囲の物をきちんと片付けておくとあなたの心の内面でどういうことが起こりますか？
● あなたが解決するのが難しいと感じている問題にどのようなものがありますか？
● その問題のひとつを解決するための３つのステップを挙げてください。
● もっと整理整頓したいと思っていることは何ですか？

✎ 整理整頓を絵に描く

完璧な寝室の絵を描いてみましょう。寝室のなかに置きたいものをあるべき場所に描いてみましょう。

❀ ポスター用語

● すべての物には片付ける場所がある。
● すべての物をあるべき場所に置く。
● 一歩一歩。
● 整理整頓。
● 私の人生と空間に調和を！

335

●◆名言

千里の旅も一歩から。

　　　　孔子

整理整頓こそ問題をマスターするための第一歩で、現実の敵は未知の
要素である。

　　トマス・マン

芸術と科学は厳密に組織された具体性のなかにしか存在できない。

　　　　ウィリアム・ブレーク

秩序は外部から社会に課せられる圧力ではない。
秩序とは内面に設定されているバランスである。

　　　　オルテガ・イ・ガセット

どこに行くのか分からないのなら、どの道を行ってもそこに行き着く
でしょう。

　　ルイス・キャロル

 # 責任

責任とは？

責任をもつということは人があなたを頼りにできることを意味します。自分の行動に関して説明責任をとることです。物事がうまく進まないときや間違いを犯したときに、言い訳をする代わりに償いをすることです。責任をもつということは約束を守るということです。どのような仕事に対しても最善を尽くすことです。責任とは状況にきちんと対応する能力を意味します。責任とは成長している証(あかし)です。

美徳の実践理由

あなたが自分の行動に責任をもつと、人はあなたを信頼することができます。責任をもてない人は約束を破り、公言したことを果たさず、人に迷惑をかけます。償いをしないで言い訳をする人は同じ間違いを繰り返します。責任をもつことができる人は物事を立派に成し遂げます。

美徳の実践法

何かに同意したとき、たとえば、宿題とか、自分よりも小さな子供の面倒をみるとか、家の仕事とかを引き受けた場合には、それを自分の責任として受け止めます。あなたにとって難しすぎることに同意したり、実際にそのための時間がとれないことは引き受けるべきではありません。間違いを犯したときには言い訳をしないことです。間違いから教訓を学んで正します。誤解が生じたら覚悟を決めて誤解を晴らします。

次の状況では責任の美徳をどのように表現しますか

● 家では常に手伝いの仕事がるが、あなたはテレビや読書を楽しみた

いと思っている。

- 宿題をたくさんこなさなければならないのに友達が遊びにきた。
- 友達の家で何かを壊してしまったが誰も見ていない。
- 放課後、友達と一緒に遊ぶ約束をしたが、音楽教室に行かなければならないことを思い出した。
- スーパーマーケットでお母さんが買い物をしている間、小さな妹の面倒をみている。
- 両親が家を一生懸命に掃除している。

◎ 成功のしるし

　おめでとう！　次のことを実行しているあなたは責任の美徳を発揮しています。

- 同意したことを真剣に考える。
- 自分の能力の最善を尽くして物事に取り組む。
- 自分の役割をしっかりと果たす。
- 言い訳をせずに間違いを認める。
- 自分から進んで償いをする。
- 何をするときにも最善を尽くす。

～ 確言 ～

　私には責任感があります。私はすべてに対して最善を尽くします。約束を守ります。犯した間違いから教訓を学びます。自分から進んで償いをします。

責任の活動 ……………………………………………………

✳ 責任を果たす

　家庭でのさまざまな仕事で、あなたにできることを一覧表に書いてみましょう。

✳ 空欄に美徳の名前を挙げる

- 家の手伝いをするとき、私は＿＿＿＿＿と＿＿＿＿＿の美徳を実

践しています。

●自分の間違いを認めるとき、私は＿＿＿＿＿と＿＿＿＿＿の美徳
を実践しています。

? 美徳について考えるための質問

●間違いを犯したときの責任ある行動とはどうすることだと思いま
すか？

●次のような状況で、学ぶべき美徳は何だと思いますか？

・宿題を忘れてしまった。

・約束した手伝いをしない。

・誰にも言わないと約束した秘密を漏らしてしまった。

・借りたおもちゃを返すという約束を破ってしまった。

●このような間違いに対する償いの方法にはどのようなものがあり
ますか？

●何か悪いことをしてしまった場合、心のなかでどのようなことを
感じますか？

●責任を認めたとき、心のなかでどのようなことを感じますか？

●幼いときにはとる必要がなかったけれども、今はとらなければな
らない責任にはどのようなものがありますか？

●先生は何に対して責任がありますか？　生徒は何に対して責任が
ありますか？

✎ 責任を絵に描く

見事な責任感をもって何かの作業をしているあなたの絵を描いてみまし
ょう。

✿ ポスター用語

●しっかりと対応する能力、それが責任感。

●最善を尽くす。

●約束キーパー。

●◆名言

人生は生きるうえで理解しなければならない教訓の連続である。

ヘレン・ケラー

人生は私たちの最善を要求しているわけではない。
ただ、私たちが最善を尽くそうとすることに意味がある。

H. ジャクソン・ブラウン・ジュニア

生きることは変化することである。
完璧であることは何度も変化したことを意味する。

ジョン・ヘンリー・ニューマン

私たちは生涯でなしたこと、語ったこと、思ったことのすべてに責任をもたなければならない。

エリザベス・キューブラー・ロス

私は出会うすべての人の人生に対して何らかの影響を与える。
それを実感しようとしまいと、その影響力に対して私には責任がある。

ロン・バロン

人は何度も失敗するが、誰かを責め始めるまでは本当の失敗はしていない。

作者不詳

 # 節度

節度とは？

節度とはあなたの人生にバランスをとることです。仕事と遊び、休息と運動との間にバランスをとることです。必要なものを十分に所有し、あるいは、必要なことを十分に実践することです。多すぎず、少なすぎず、あなたにとってちょうどよい程度に抑えることです。いつも勉強ばかりしていたり、いつも遊んでいたのでは節度がありません。節度とはあなたの時間を管理して、自分を抑制して過不足なく物事を行うことです。

美徳の実践理由

節度はバランスを保ち、欲望によって支配されることのないようにしてくれます。節度がなければ、物事に過剰にのめり込んでしまうかもしれません。おしゃべりをしすぎたり、食べ過ぎたりすることになります。中毒になって身体のためにならないときでも、それを欲しがるかもしれません。チョコレートを食べ過ぎたり、アルコールを飲み過ぎたりしかねません。節度がないと分をわきまえることができません。節度を守ると自分が望む選択をすることができます。

美徳の実践法

自分の限界を知ることによって、また、自分が最善を尽くすために何が必要かを知ることによって、節度を実践することができます。人によってさまざまに異なるかもしれません。1日、8時間の睡眠で十分な人もいれば、それでは十分でない人もいます。自分自身を観察して、テレビ、コンピューターゲーム、食べ物、友達によって自分の生活が支配されたりすることのないように気を配る必要があります。節度の美徳を実践すれば、自分に必要なものがあれば満足することができます。

次の状況では節度の美徳をどのように表現しますか

- ●ある人が好きで、毎日、彼女に電話をしている。
- ●缶を開けたら大好きなクッキーが入っていた。
- ●本を読んで夜ふかしをしたので、朝から眠くて仕方がない。
- ●暇な時間はいつもコンピューターゲームで遊んでいて友達にも会わない。
- ●お小遣いのすべてをチョコレートに使っている。
- ●自分がおしゃべりをしすぎることに気がついた。

◎ 成功のしるし

おめでとう！　次のことを実行しているあなたは節度の美徳を発揮しています。

- ●必要なものは入手し、必要以上に欲しがったり、必要以下でがまんしたりしない。
- ●健康管理をしている。
- ●何でも過度にやり過ぎないように自己抑制を働かせている。
- ●生活のなかで仕事と遊びのバランスをとっている。
- ●自分の限界を知っていて境界線を設定している。
- ●今あるものが十分なことに満足している。

〜 確言 〜

私は節度を守ります。私は必要なものが十分あることに感謝し、満足しています。私の生活のなかで、仕事と遊びのバランスがとれています。私は過不足なく物事を行います。

節度の活動 ………………………………………………………

※ 生活設計

時間をどのように使いたいか心の地図を作って、どれくらいバランスがとれているか注目しましょう。仕事、勉強、家の手伝い、遊び、友達と過ごす時間、電話で話す時間、テレビ、コンピューターゲーム、運動、

休息などに費やす時間を１から５の数字で表わしてみましょう。時間を減らす必要がある領域は何でしょうか？　もっと多く時間を費やすべき領域は何でしょうか？

✳ 節度の物語
『ゴールディーロックと３匹の小熊』の話をします。

❓ 美徳について考えるための質問
- ●中毒になりやすいもの、過剰になる傾向があるものをいくつか挙げてください。
- ●食べ物、あるいは、特定の人によって生活を支配されるとどのようなことになるでしょうか？
- ●やめられなくなって中毒のようになりやすい食べ物の例を挙げてください。
- ●アルコールを飲みすぎる人にはどういう状況が起こるでしょうか？
- ●おしゃべりをしすぎる人と一緒にいるとどのように感じるでしょうか？
- ●人があまり話をしないとどういうことになるでしょうか？
- ●あなたはどれくらいの睡眠時間が必要ですか？　その睡眠時間をどうすれば確保できますか？
- ●あなたの健康を今よりも良くするためにできることを３つ挙げてください。

✎ 節度を絵に描く
節度を守った１日の４コマ漫画を描いてみましょう。

✿ ポスター用語
- ●暑過ぎもせず、寒過ぎもせず。
- ●多過ぎず、少な過ぎず。
- ●ぴったり。
- ●バランスのとれた生活を送る。
- ●のんびりいくのが最高。

●これでもう十分。

●◆名言

のんびりいくのが最高。

> アルコール中毒者治療協会

節度はあらゆる美徳の真珠をつないでいる絹の糸である。

> ジョセフ・ホール

これでもう十分。

> 作者不詳

あらゆることにおいて節度を守るべし。

> テレンス

良心は少数派の意見を反映する静かで小さな声である。

> フランクリン・ジョーンズ

数ある祝福のなかでも最高のもの、それは満ちたりた心。

> ホラティウス

自然にバランスが必要なのと同じように、人間にもバランスが必要である。

> アン・ウィルソン・シェフ

私たちはなすべき存在ではなくあるべき存在である。

> ジョン・ブラッドショー

 **創造性**

創造性とは？

　創造性とは想像力です。創造性はあなたの特別な才能を開発するためのひとつの方法です。物事を新しい目で見て問題を解決する異なった方法を発見することです。創造性とは想像力を使って何か新しいことを世界にもたらすことです。

美徳の実践理由

　創造性がなければ人生は退屈なものになってしまいます。何の発明もなされず進歩することもない世界になってしまいます。あらゆるものが何も変わらず、同じ状態が続くことになります。創造性がなければ車も、飛行機も、コンピューターも、ダンスも、音楽も存在しません。芸術は世界に喜びをもたらしてくれます。科学は病気に治療法をもたらし、物事を成し遂げる新しい方法をもたらしてくれます。創造性は自分のもっている最大限の可能性に挑戦することを可能にしてくれます。

美徳の実践法

　あなたの才能を最大限に伸ばすことによって創造性を実践します。あなたは何に関心をもっているのか、何が得意であるのかを発見してください。勉強して、練習してください。するとあなたの才能はどんどん伸びていきます。ありきたりのことを創造的に行ってみましょう。自然や芸術の美しさに接してください。インスピレーションに心を開いてみましょう。夢を見ることに時間をかけるのを忘れないでください。

次の状況では創造性の美徳をどのように表現しますか

　●何か楽器を演奏できたらいいなあと思っている。

●新しいおもちゃのアイデアがひらめいた。

●詩を書こうと思っている。

●友達の誕生日が迫っているが、プレゼントにあまりお金をかけたくない。

●テレビを見ることに時間を使い過ぎている。

◎ 成功のしるし

　おめでとう！　次のことを実行しているあなたは創造性の美徳を発揮しています。

●自分の才能を発見しつつある。

●自分の才能を伸ばすために知識を使い訓練している。

●物事がより良く機能できるように新しい方法を考えている。

●想像力を使っている。

●夢を見ることに時間をかけている。

●いろいろなことを独自の方法で行っている。

〜 確言 〜

　私は創造的です。私には特別な才能があります。その才能を伸ばしていく意欲を私はもっています。私は想像力を使います。私はインスピレーションに心を開いています。私は自分でいることに幸せを感じています。

創造性の活動 ……………………………………………

❋ 創造性の活動

●詩を書く。歌を作る。ダンスを創作する。寸劇を書く。

●物語を連作する。1人の生徒が物語を始め、別の生徒が次々に連作していく。

●ごくありきたりな物、たとえば、捨てられたシリアルの箱、マカロニ、トイレットペーパーなどを使って大きなオブジェを作る。クラス全体で大きなものを作ってもよいし、少人数で小さなものを作ってもよい。

●マーシャ・ブラウンの"Stone Soup"（石のスープ）を読んで、

創造性を使うことによって兵士たちが救われたことについて話し合う。

? 美徳について考えるための質問

● 今日の私たちの生活を大きく変える創造的な発明をした人の名前を3人挙げてください。

● あなたのお母さんは何を作りますか？　お父さんは？　先生は？

● あなたの新しい考えにはどのようなものがありますか？

● あなたはどのような才能があったらよいと思いますか？　どうすれば、それが見つかりますか？　どうすれば、その才能を開発することができますか？　トマス・エディソン、アルベルト・アインシュタイン、キューリー夫人などの伝記を読み、彼らのどういうところが創造的だったかについて話し合います。

● あなたが知っているひとつの問題をほかの人たちに説明します。それを解決するための創造的な方法は何でしょうか？

✎ 創造性を絵に描く

あなたが創造性をもって作業をしている絵を描いてみましょう。たとえば、ダンスをしているところ、歌っているところ、科学のプロジェクトを行っているところ、新しい発明に取り組んでいるところなど。

✿ ポスター用語

● 自分を表現しよう。

● 自分のすべての可能性を出し切ろう！

● ヴィジョン実現のために自分を鍛える。

● 世界にこれだけしかないもの。

● 才能に恵まれた子供って？

● 美しさのなかに身を置いてみよう！

● 考えと一緒に遊んでみよう！

●➔名言

ファンタジー（幻想）と戯れることをしなければ創造的な作品は決し

て生まれない。

　想像力にどれほど多くの恩恵を受けているか、それは計り知れないものがある。

　　　カール・ユング

　あなたにできること、もっている夢、なんでも始めてみることです。
大胆さのなかに天才があり、力があり、魔力があるのです。

　　　　　　　　　　　　　　　　　　　　　　　ゲーテ

　人の人生はその人の想像力によって色づけられる。

　　　　　　　　　　　　　　　　　マルクス・アウレリウス

　人生にはあの不可思議な瞬間が訪れるときが来る。
　自分が何者であるか、何者になり得るかを認めてくれる人との出会いである。
　そのとき、私たちの最高の潜在的な可能性に火がつく。

　　　　　　　　　　　　　　　　　ラスティー・バーカス

　同じことを繰り返しながら異なった結果を期待する、これこそ狂気である。

　　　アルベルト・アインシュタイン

 尊敬

尊敬とは？

　尊敬とは人を気づかう態度であり、威厳をもって人に接することです。尊敬とは自分自身、そして他人を尊重することです。礼儀正しく話し、行動することによって尊敬を示すことができます。尊敬の気持ちをもっているとき、私たちは自分が接してほしいように、ほかの人たちと接します。尊敬には家族の決まりや学校の規則を尊重することも含まれています。そのような決まりや規則は生活の秩序と平和を維持するためにあるのです。尊敬の美徳を実践するということはあなたも含めて、すべての男性、すべての女性、すべての子供が尊敬に値する存在であると知ることです。

美徳の実践理由

　規則を尊重する気持ちがなければ、混乱が生じるでしょう。人はお互いを粗野に扱い、他人のプライバシーや権利を平気で侵害することでしょう。尊敬の美徳は人に自分は大切にされていると感じさせることができます。お年寄りは長い人生を生きて数多くの教訓を学んできたのですから、特別な尊敬に値します。自分を尊敬するということはあなたを傷つけたり、虐待することを誰にも絶対に許さないということです。お年寄りに対しても、それを許してはなりません。あなたが自分自身を尊敬できると、ほかの人たちもあなたを尊敬します。

美徳の実践法

　人に自分とどのように接してほしいかを考えてみましょう。それから、それと同じ尊敬の気持ちをもって人に接するのです。あなたは人にどのように話しかけてほしいですか？　あなたの持ち物をどのように扱ってほしいですか？　あなたの権利やプライバシーをどのように扱ってほしいですか？　人の物を使いたいときは、まず、依頼します。使ってもよ

いと言われたら、丁寧に扱うことが大切です。非常に強い感情をもっているときでも、その気持ちを平和的に表現してみましょう。人に接するのと同じ尊敬の気持ちをもってあなた自身に接してください。あなたにはその価値があるのですから。

次の状況では尊敬の美徳をどのように表現しますか

- 友達の自転車を借りたいけれど、その友達が見当たらない。
- おじいさんとおばあさんが家に来ていて、いろいろ忠告をしてくれた。
- 先生に口答えをしている。
- お兄さんがトイレにいるけど聞きたいことがある。
- 学校の規則に賛成できないものがある。
- 年上の人があなたに触っている。

◎ 成功のしるし

おめでとう！　次のことを実行しているあなたは尊敬の美徳を発揮しています。

- 自分が接してほしいように人と接する。
- 誰に対しても礼儀正しい話し方をする。
- 他人の持ち物は特別注意して扱う。
- お年寄りの叡智を受け入れる。
- 家族の決まり、学校の規則、国の法律を尊重する。
- あなたの身体と権利が尊重されることを期待する。

〜 確言 〜

私は尊敬の心をもっています。私は人や自分自身に尊敬の気持ちをもって接します。私はすべての人に対して礼儀正しく接します。私はお年寄りの叡智から学びます。

尊敬の活動 ···

✳ 道路上の活動

誰もが道路で規則を尊重しなかったとしたら車に乗っていてどんなことになるか書いてみましょう。

✳ 身体を尊敬する

「安全なタッチ」と「不適切なタッチ」の違いについて話し合ってください。誰かが自分の身体に尊敬を示してくれないと感じたとき、子供はどうするべきでしょうか？　これは多くの家庭で実際に起こっていることです。

1）あなたが信頼している人に話す。2）「ダメ」と言う。3）大人に助けてもらう。4）誰かが助けてくれるまで訴え続ける。

? 美徳について考えるための質問

● あなたがすでに実行している尊敬の表現を3つ挙げてください。

● それ以外に尊敬を表わす3つの表現を挙げてください。

● 身体に対して示す必要がある尊敬の表現を3つ挙げてください。

● プライバシーはあなたにとってどのくらい大切ですか？

● あなたのプライバシーを守るために、どのような境界線を設定することができますか？

● 先生の意見に同意できないとき、尊敬の気持ちをどのように表現することができますか？

● 人があなたに対して尊敬を示さないとき、どのように感じますか？

● 人があなたに対して尊敬を示すとき、どのように感じますか？

● 学校の規則をいくつか挙げてください。それらの規則は学校の平和と秩序を維持するのに、どのように役立っていますか？

✎ 尊敬を絵に描く

人があなたに接するとき、尊敬を込めてほしいと思う4つのことを盾に描いてみましょう。

351

❀ ポスター用語

● 尊敬されることを期待しよう。
● あなた自身を尊敬してください。人を尊敬してください。
● 私たちの惑星を尊敬しよう！

➤ 名言

あなたの評判が大切です。
なにしろそれは、もっとも価値のある資産なのだから。

作者不詳

すべての人のなかに目的意識と価値意識に対する憧れがある。
　私たち1人ひとりのなかにある共通の憧れを満たすためには、お互い
を尊敬しなければならない。

チーフ・ダン・ジョージ

　尊敬とはかけがえのない大切なものを扱うのと同じ気づかいをもって、
あなたの身体に接することである。

チェリー・カーター・スコット

　身体はあなたの一生の乗り物です。
　生きているかぎり身体のなかに存在しつづけます。
　ですから、身体を愛し、大切にし、尊敬し、慈しみ、上手に扱うこと
です。

スージー・プルデン

　あなたの同意がなければ、誰もあなたに劣等感を抱かせることはでき
ない。

エレノア・ルーズベルト

　私がほかの人を尊敬すると、ほかの人も私を尊敬してくれます。
　それって素敵なことだと思います。

カルフォルニアの6年生

 # 忠誠心

忠誠心とは？

　忠誠心とはある人に対して真摯であり続けることです。自分が信じることのために、しっかりと立ち上がることです。あなたの家族、国、学校、友達、理想に対して、順調なときでも、厳しい状況のなかでも忠実であることです。忠実な友達は、たとえ相手に失望させられたとしても、つきあいをやめることはありません。忠誠心とはコミットを続けることです。

美徳の実践理由

　忠誠心のない人に友情を期待することはできません。なぜなら、そういう人は何か問題が発生すると去っていくからです。そういう人は何が重要であるかについて気持ちを変えることが多いのです。あなたが忠誠心の美徳を実行すると、あなたが頼れる人であることが分かります。あなたの忠誠心に値する人は、何があっても孤立することはないでしょう。忠誠心があると永遠に続く友情を築くことができます。

美徳の実践法

　ある人、または、ある信念にコミットすることによって忠誠心の美徳を実践することができます。友達を選ぶときには、長いあいだ友情が続くように注意をするとよいでしょう。誰かがあなたの忠誠心を悪い目的のために利用したり、何度もあなたを傷つけたりする場合には、その人に対して忠誠心をもち続けることが、正しいことかどうか考える必要があります。人が不公平な行動をとったときには、家族や友達のために立ち上がるべきです。忠誠心を示すとき、あなたは信頼に値する人となります。

次の状況では忠誠心の美徳をどのように表現しますか

● 問題を抱えていて悲しさと敗北感を感じている。
● 皆に人気のあるクラスメイトのようになれたらいいのにと思っている。
● とても美しい場所で散歩をしている。
● お母さんがあなたに優しくしてくれた。
● その場にふさわしい服装かどうか心配だ。
● きょう１日のことを考えている。

◎ 成功のしるし

　おめでとう！　次のことを実行しているあなたは忠誠心の美徳を発揮しています。

● あなたが信じている人や考えのために立ち上がる。
● 順調なときも、逆境に立たされたときも忠実な友達であり続ける。
● 友情に忠実であるからといって、悪いことも一緒にするようなことはしない。
● あなたと友達の間に別な人を割り込ませるようなことはしない。
● 自分自身に対して忠実である。

〜 確言 〜

　私は大切に思っている人や考えに対して忠誠心を示します。私は順調なときでも、逆境に立たされているときでも友達であり続けます。私は正しいと信じていることに対して忠実です。私は友情のために間違いを犯すことを自分に許しません。

忠誠心の活動 ……………………………………………………

✳ 忠誠心のしるし

　あなたが知っているいろいろな「握手」をしてみましょう。

? 美徳について考えるための質問

● 友達になりたい人がいるとき、どのようにそれが分かりますか？

● 忠誠心をもった友達の良さとはどういうことですか？

● 友達に打ち明けられた秘密を他人に話すことが、その友達に対して忠誠心を示していると言えますか？　そうであるとすれば、それはどんなときですか？

● 友達があなたに忠誠心を示さないとき、それはどのような感じがしますか？

● してはいけないと思うことを友達に頼まれたらどうしますか？

● どのようにすれば自分自身に対して忠実でいることができますか？

● 友情を終わらせるべき時が来たことはどのようにして分かりますか？

● あなたが永久に忠誠心を示すことができる友達の条件を３つ挙げてください。

✎ 忠誠心を絵に描く

あなたが忠誠心をもっていると思う動物の絵を描いてみましょう。

❀ ポスター用語

● 友達をサポートする。

● 永遠の友達。

● 順調なときも逆境のときも友達。

● 共に手を取り合って。

➡ 名言

あなたの顔のなかに名誉と真実と忠誠心の地図が見える。

ウィリアム・シェークスピア

最高の鑑（かがみ）は昔からの友達である。

ジョージ・ハーバート

真の友の愛はあなたをサポートし、あなたと対決するに十分なもので

ある。

作者不詳

言葉は風のように優しい。
忠実な友はなかなか見つかるものではない。

リチャード・バーンフィールド

自分を信頼する者だけが他者に対して忠実であることができる。

エーリヒ・フロム

苦しきときに慰めを得んとして頼ることができ、喜びのときに幸せを
分かち合うことができる友達に勝る薬はない。

リーヴォールの聖エルレッド

慎み

慎みとは？

慎みとは自尊心をもっていることです。慎みの美徳を実践するとき、あなたは見えを張ることもしなければ、自慢することもありません。自分自身を受け入れ、静かなプライドをもっているとき、慎みがやってきます。慎みとは自分自身を尊重し、自分の身体を尊重してプライバシーの感覚をもつことです。慎みは謙虚な気持ちと感謝の思いをもって賞賛を受け入れることです。

美徳の実践理由

慎みがなければ、人は注意を自分に引きつけるためにいろいろなことをするでしょう。自慢話を限りなくするでしょう。自分自身、あるいは、自分の身体を尊重しないような衣服を着ることでしょう。人が尊敬をはらわずに自分を利用することすら許すかもしれません。慎みがないとどのように触れてほしいか、あるいは、触れてほしくないかについての境界線を設定することはできません。慎みのある人は自分自身を尊敬し、ほかの人たちからも尊敬されます。

美徳の実践法

慎むということは自分自身と居心地の良い関係をもっているということです。あなたには特別な才能があり、人にも特別な才能があると知ることです。人に利用されないようにすることによって慎みを実践することができます。自分の身体とプライバシーを尊重し、ほかの人たちにも、あなたの身体とプライバシーを尊重してもらうことです。誰かがあなたの身体に間違ったやり方で触ったときには、信頼できる大人に話しましょう。秘密にしてはいけません。慎みを表現するとき、あなたは自分を尊重するような衣服を身に着けます。

次の状況では慎みの美徳をどのように表現しますか

- 誰もが着ているからと露出度が激しい服を買うように友達に勧められている。
- 誰かがあなたをからかって身体のプライベートな部分に触る。
- あなたの働きによってチームがゲームに勝った。
- 誰かがあなたにキスをしたがっているが、あなたはしてほしくない。
- 自分の自慢話をしたいと思っている。
- 親戚の人があなたの身体に不快なやり方で触る。

◎ 成功のしるし

おめでとう！　次のことを実行しているあなたは慎みの美徳を発揮しています。

- 自分を受け入れて満足している。
- 自分自身を尊敬している。
- 自分の身体を虐待することを誰にも許さない。
- プライバシーの権利について境界線を設定している。
- 自分らしいと思う服を着ている。
- 自分の働きを自慢せずに勝利を分かち合う。

〜 確言 〜

私は慎み深い人です。私には自慢する必要はありません。私は自分自身、そしてほかの人たちに尊敬を示すような衣服を身に着けます。私は尊敬の心をもたない他人の関心から、自分自身を守ります。

慎みの活動 ……………………………………………………

✳ 服装規定

服装規定によって自分の身体や人に対して尊敬を示すような服装をすることを話し合います。あなたの学校に服装規定がある場合には、その規定をイラストにしたポスターを作ってみましょう。

? 美徳について考えるための質問

- ●チームが試合に勝ったけれども、自分1人だけが勝利に貢献したかのように話をしているのを聞いたら、あなたはどのように感じますか？
- ●ゲームであなたが素晴らしい働きをしたとき、慎みをどのように示すことができますか？
- ●どのようにすれば、勝利を楽しみながら慎みを示すことができると思いますか？
- ●望んでいないのに人に触られることから自分を守るための3つの方法を挙げてください。
- ●あなたの家族の誰かが、あなたに不適切な形で触ったらどうしますか？
- ●あなたの好きな衣服、自分らしいと感じる衣服はどのようなものですか？

✎ 慎みを絵に描く

チームの皆が勝利を喜び合っているところを絵に描いてみましょう。

✿ ポスター用語

- ●尊敬されることを期待しよう！
- ●勝利を分かち合おう！
- ●自慢するのではなく、感謝しよう。
- ●栄光を分かち合おう。
- ●成功のための服装とは？

➡ 名言

私たちは我が家も、自分の子供も、自分の身体すら所有はしていない。
これらのものは愛情と尊敬の心をもって大切に扱うように、少しのあいだ与えられたものである。

ジャック・コーンフィールド

大いに謙虚であるとき、もっとも偉大な自分に近づく。

ラビンドラナート・タゴール

つねに選択があること、そして、その選択は時として態度の選択であるということを私は発見した。

ジュデイス・ノールトン

今年の流行に合わせるために良心を切り刻むことはできないし、そのつもりもない。

リリアン・ヘルマン

約束を破らせるもの、自分自身に対する尊敬を失わせるものが、自分にとって有益であるなどと決して考えてはならない。

マルクス・アウレリウス・アントニヌス

 # 手伝い

手伝いとは？

　手伝いとは奉仕することです。人のために役立つことです。その人が自分ではできないことをしてあげることです。やりたくとも時間がないためにできないことをしてあげることです。ほんのささやかなことで、その人の人生を生きやすいものにできます。自分の身体の面倒をきちんとみることによって、自分自身を助けてあげることも大切です。人の助けを必要とするときもあります。そのようなときには助けを求めることが大切です。

美徳の実践理由

　誰でも、時には助けが必要になります。人に教えてもらう必要のあることもあれば、力や考えをもらう必要があることもあります。時には話を聞いてくれる友達も必要です。手伝いの精神がなかったら、人間同士の協力はなくなってしまいます。手伝いの精神を発揮すると、より多くのことを達成できます。お互いの人生を楽なものにすることができます。

美徳の実践法

　手伝いの精神を発揮しているときのあなたは、ほかの人たちを思いやっています。頼まれるまで待つことはしません。必要なことに気づいたら、すぐに実行します。人が何を必要としているかが分からないときは聞いてみるとよいでしょう。「私はどのような形であなたの役に立てますか？」「何か必要なものがありますか？」。健康的な食べ物を食べ、運動をし、十分な休息をとることによって、自分自身を助けることも忘れないでください。必要なときには助けを求めることも忘れないでください。

次の状況では手伝いの美徳をどのように表現しますか

● 友達がたくさんの本を抱えて歩いている。

● もうすぐ夕食で、お母さんは大忙し。

● 友達が悲しそうな顔をしているのに気づいた。

● 親友から、あなたの宿題を写させてくれないかと頼まれた。

● お年寄りが滑って転倒した。

● １人の生徒があまり感じのよくないグループに囲まれている。

◎ 成功のしるし

おめでとう！　次のことを実行しているあなたは手伝いの美徳を発揮しています。

● 誰かが手伝いを必要としているのに気づく。

● 頼まれなくとも手伝う。

● 人が必要としているものを提供する。必要としているものは時として欲しいものと違うということを理解している。

● 話をする必要がある人の話を聞く。

● 自分自身のニーズを満たす。

● 必要なときには手伝いを求める。

〜 確言 〜

私には手伝いの精神があります。役に立つための方法をいろいろと探します。私は人のことだけでなく自分自身のことも気づかいます。私は違いを生み出すのに役立つさまざまな方法を探求します。

手伝いの活動 ……………………………………………

❋ 違いを生み出す

どういうことをすれば、あなたの学校の役に立つことができるかについて話し合い、違いを生み出すためのプロジェクトをつくります。事前に許可を得ることを忘れないでください。

？ 美徳について考えるための質問

● 家庭でどのような手伝いをしていますか？

● 動物を助けてあげたときのことを話してください。

● 家庭でいま以上に手伝えることを３つ挙げてください。

● 代わりの先生に対してどうすれば手伝いの精神を発揮することができますか？

● 手伝いが必要だったとき、どのように感じましたか？

● 手伝いを求めることは簡単でしたか、それとも、難しかったですか？

● 手伝ってもらうというのはどのような感じでしたか？

● どのような状況で、家族以外の人に手伝いの精神を発揮しましたか？

● 誰かに何かを頼まれたとき、それがその人のために役立つことか、それとも役立たないか、どうすれば分かると思いますか？

● 誰かがケガをしたとき、あなたはどうすれば、その人の役に立てると思いますか？

✎ 手伝いを絵に描く

手伝いを必要としている動物か人、そして手伝っている人の絵を描いてみましょう。

❀ ポスター用語

● あなたのいたわりを表現して！

● いたわりは特別な愛情表現。

● はい、私は手伝いの精神をもっています。

● 最善を尽くす。

● 地球は私たちの家。我が家の面倒をみよう！

↝ 名言

仲間としての思いから、ほかの人たちを助けたいと思います。

ロバート・バートン

ひとつのハートが破れるのを止めることができたら、人生を無為に生きたことにはならないだろう。

ひとつの生命体の痛みを和らげることができたなら、ひとつの苦しみを和らげることができたなら、巣から落ちてしまった1羽のコマドリを巣に戻してあげることができたなら、人生を無為に生きたことにはならないだろう。

エミリー・ディッキンソン

人に誠実な援助の手を差しのべる者は自分自身にも援助の手を差しのべている。

作者不詳

まあ、友達からちょっと助けてもらえば、なんとかやっていけるさ。

ジョン・レノン＆ポール・マッカートニー

この世界をただ一度だけ通過するとすれば、私にできる何か良いことを、同胞に対して示す親切を、いつかまたと先延ばしすることなく、怠ることなく、今この瞬間にやることにしよう。

この世界は一度しか通過しないのだから。

作者不詳

# 忍耐

忍耐とは？

忍耐とは物事がうまくいくことを期待して、静かに願望し、信頼することです。忍耐とは困難な状況が生じたときに、静かであり、寛容であることです。自分、あるいは、人が間違いを犯したときに、それを受け入れることです。忍耐とは将来において果実がもたらされるように、いま何かをすることです。種を蒔いて、それが成長していくのを待つのに似ています。忍耐とは未来に対するコミットメントです。

美徳の実践理由

忍耐がなければ、人はすべてのことをいま手に入れたいと言うでしょう。どうしようもない不快なことが起こったとき、不平を言うでしょう。物事が思うようにいかないと激怒するでしょう。忍耐の美徳を実践するとき、人は不平を言わずに待つことができます。人や自分自身が間違いを犯してもゆるすことができます。忍耐を実践する人はこの世界をより親切で優しい場所にしてくれます。

美徳の実践法

忍耐を実践するということは自分にはコントロールできないことを受け入れることです。たとえば、他人の行動、病気、ハンディキャップなどを受け入れることです。忍耐とは不平を言わずに待つことです。忍耐の美徳を実践するとき、自分自身、あるいは、人が間違いを犯しても優しさを示すことができます。目標を設定し、目標を達成するまで辛抱します。何かを始めるときに、終わりのヴィジョンを描きます。意味のあることを達成するには時間がかかるということを知っているのです。

次の状況では忍耐の美徳をどのように表現しますか

- お母さんの迎えが遅れていて、長いあいだ待っている。
- 大きくなったら弁護士になることに決めた。
- 野菜を育てることにした。
- 妹が借りたものをきちんと元のところに返さないことにいらいらしている。
- もっと背が高かったらいいのにと思っている。
- 病気のために大好きなスポーツができない。

◎ 成功のしるし

おめでとう！　次のことを実行しているあなたは忍耐の美徳を発揮しています。

- 遅れや混乱を静かな気持ちで受け入れる。
- 自分が欲しいものを余裕をもって待つ。
- 目標を立て、達成するまでがんばる。
- 将来の役に立つであろうことをいま実行する。
- 自分に変えることができないことをユーモアのセンスをもって優雅に受け入れる。
- 間違いに対して寛容である。

〜 確言 〜

私は忍耐強い人です。私は人や自分自身が間違いを犯しても優しくします。私は静かに待ちます。私はすべてのことが順調に進むと信頼しています。

忍耐の活動 ·······································

✳ 箱庭

- 小さな箱庭を作って子供たちにカラフルで育ちが早い花を植えさせましょう。キンレンカやマリーゴールド、あるいは、ハーブなどを植えて子供たちが家に持ち帰ることができるようにするとよいでし

ょう。

- 子供たちが育てた花をほかの教室に分けてあげましょう。
- 花に美徳の名前をつけてみましょう。「節度あるマリーゴールド」「忍耐強いペチュニア」など。

? 美徳について考えるための質問

- 忍耐が難しいのはどのようなときですか？
- 誰かが遅れたときに忍耐強くなるために何をすることができますか？
- 将来、素晴らしい職業に就くために、今できることを３つ挙げてください。
- 家族に対してもっと辛抱強くなるには、何が役立ってくれると思いますか？
- 種が土のなかにあって私たちの目には見えないとき、何をしていると思いますか？
- 種が成長するためには何が必要でしょうか？
- あなたの忍耐力を高めるのに何が必要だと思いますか？

✎ 忍耐を絵に描く

美しい庭を絵に描いてみましょう。

✿ ポスター用語

- すべてうまくいく。
- 待とう！
- 人生をそのまま受け止めよう。

名言

忍耐と辛抱には魔法のような力があって、困難や障害がいつの間にか姿を消してしまう。

ジョン・クインシー・アダムズ

私には忍耐が必要だ。

いま忍耐が必要だ。

作者不詳

　私たちがいつもスピリットに満ち、希望にあふれた世話人であるように
お導きください。
　暗闇なくして何ものも生まれることは不可能であり、光なくして生命
が花開くことは不可能であることを知っている世話人となることができ
ますように。

メイ・サートン

海が教えてくれるもの、それは忍耐、忍耐、忍耐です。

アン・モロー・リンドバーグ

　忍耐は苦しみを創造的なものにしてくれる人生の資質と定義してもよ
いだろう。
　逆に忍耐の欠如は苦しみを破壊的なものにする人生の資質と定義でき
るだろう。

ロバート・ルウェリン

忍耐と勤勉さには信仰と同じように山をも動かす力がある。

ウィリアム・ペン

# 奉仕

奉仕とは？

奉仕とは人びとに与えることであり、人びとの人生に違いを生み出すことです。頼まれるまで待つ代わりに、役に立つ方法を探すことです。人のニーズを自分自身のニーズと同じくらいに重要であると考えることです。奉仕の精神で仕事をするとき、どんな仕事に対しても最善の努力で取り組みます。真の貢献をします。奉仕の精神をもっている人は世界を変えることができます。

美徳の実践理由

奉仕の精神がなければ、誰かが助けを必要としていても、誰も手を差しのべることはないでしょう。報酬がなければ、あるいは、何か自己中心的な動機がなければ、助けを必要としている人に、誰も手を差しのべることはないでしょう。奉仕の精神があると、心を込めて仕事をします。人は私たちの共感の思いを感じることができます。奉仕の精神を発揮するとき、人に頼まれなくとも必要なことをすべて達成します。

美徳の実践法

奉仕をしたいときには、観察して人がどのような助けを必要としているかを発見する必要があります。それから援助の手を差しのべます。その人の人生が少し良くなるような、ちょっと幸せが増えるようなささやかな方法を探します。仕事をするときには奉仕の精神で最善を尽くすことです。物を無駄にしないことによって、リサイクル（再利用）することによって地球に奉仕することができます。この世界で違いを生み出すために、あなたにできる素晴らしいことがたくさんあります。

次の状況では奉仕の美徳をどのように表現しますか

- 雨が降っているのに、あなたのお母さんが傘をささずに向こうから歩いてくる。
- 家族のための手伝いがある。
- 大人になったら、どうすれば世の中のために役立つことができるかと考えている。
- あなたの家族が非常に多くのゴミを出していることに気づいた。
- 新入生が校内で少し迷っているように見える。
- 担任の先生が腕いっぱいに教材を抱えて歩いている。

◎ 成功のしるし

おめでとう！　次のことを実行しているあなたは奉仕の美徳を発揮しています。

- 世界に違いを生み出したいと思っている。
- 人のために役立つ機会を探している。
- 家族や友達を助けるために、何か思いやりのあることができないかと考えている。
- 一生懸命に仕事をする。
- 必要があるときには頼まれなくともやる。
- 地球のためにリサイクル／再利用、リユース／再使用、リデュース／削減を実行している。

〜 確言 〜

私は奉仕するための機会を探します。頼まれるまで待つことはしません。私は人に対して思いやりをもちます。私はこの世界に違いを生み出します。

奉仕の活動 ⋯⋯⋯⋯⋯⋯⋯⋯⋯⋯⋯⋯⋯⋯⋯⋯⋯⋯

✳ 奉仕のプロジェクト

1. 生徒たちに自分たちの町ないしはこの世界で、いま何が必要とされているかについて自由討論をしてもらいましょう。「何があな

たの共感の美徳に語りかけますか？」と聞いてみるとよいでしょう。

2. 違いを生み出すことができる簡単な奉仕活動を選びます。助けを受ける人たちへの尊敬の気持ちを忘れずに、その奉仕活動を行います。

3. クラス内にいくつかの実働部隊をつくって、それぞれ異なった任務を行い、活動内容を日誌につけ、毎週、お互いに報告します。

4. 奉仕のプロジェクトが完了したときには「感謝のサークル」のような簡単な儀式を行ってお祝いをすることを忘れないでください。感謝のサークルではそれぞれが、「私は＿＿＿＿＿＿＿に感謝します」「私は＿＿＿＿＿＿＿できたことが嬉しいです」のように自分の気持ちを表現します。あるいは、パーティーを開くのもよいでしょう。

？ 美徳について考えるための質問

●誰かのために何か奉仕したとき、どのように感じましたか？

●両親があなたにしてくれる奉仕を３つ挙げてください。

●家族に対してあなたがしている奉仕を３つ挙げてください。

●奉仕の精神で仕事をするとどのような違いがありますか？

●人に対する思いやりをどのように示すことができますか？

●人の助けを必要としている人の名前を挙げてください。

✎ 奉仕を絵に描く

誰かのために、何かのために奉仕活動をしている人の絵を描いてみましょう。

❀ ポスター用語

●あなたのために奉仕します。

●リサイクル／再利用、リユース／再使用、リデュース／削減。

●世界は小さい。

●お互いの面倒をみよう、地球の面倒をみよう。

●→名言

誰でも偉大になることができる。

なぜなら、誰でも奉仕することができるのだから。

大学を卒業していなくとも奉仕することはできる。

主語と動詞の一致ができなくとも奉仕することはできる。

恩寵に満ちたハートがあれば十分なのだから。

愛によって生まれた魂があればそれで十分なのだから。

マーティン・ルーサー・キング・ジュニア

偉大な仕事がつねに行く手にあるとは限らない。

しかし、瞬間ごとに小さな仕事を偉大に行う機会はやってくる。

つまり、大いなる愛を込めて小さな仕事を行う機会がつねにある。

サールの聖フランソア

私は偉大で高貴な仕事を達成したいと希っています。

しかし、私の最大の責任は小さな仕事をそれがまるで偉大で高貴な仕事であるかのようになすことなのです。

ヘレン・ケラー

人生の真の価値はどれだけ世界に与えたかによってしか計ることはできない。

サー・ウィルフレッド・グレンフェル

自分以外の何かに献身する必要性は伴侶の必要性よりもより深遠なものがある。

我れわれは誰でも人生に何らかの目的をもたなければならない。

なぜなら、人は誰も自分のためにだけに生きることはできないからである。

ロス・パルメンター

無執着

無執着とは？

　無執着とは感情に支配されることなく感情を体験することです。状況に反射的に反応する代わりに、どのように行動するかを選択して行動することです。執着心がないと自分が選択することだけを自由に行うことができます。無執着であるということは思考と感情をバランスよく使って賢明な選択をすることです。

美徳の実践理由

　執着から解放されていない人は次に何をするか予測することはできません。執着があると出来事にそのまま反応し、感情に支配されることになります。何の前触れもなく怒りが突然噴出してきます。執着を手放すと物事に自動的に反応することはなくなります。何をするかを自分で決めて行動ができます。無執着になると自信が生まれます。節度をもつことができます。最高の自分でいることが容易になります。

美徳の実践法

　執着を手放すと自分がどのような行動をとるかを決めやすくなります。非常に強い感情にさらされているときでもそれができます。心のなかの静かでやすらかな場所に行って、起こっていることに流されずにじっと観察しているような感じです。あることについて、あるいは、ある人について非常に強い感情をもっているときには、立ち止まって自分に聞いてみます。「私は何を感じているのだろう？」「私は何をしたいのだろう？」。必要なときにはタイム（一時停止）をとって、観察し、選択し、それから行動します。

次の状況では無執着の美徳をどのように表現しますか

● お母さんに家事の手伝いをするようにと言われたが、気持ちとしてはコンピューターゲームをしたい。
● いちばん気に入っているセーターを妹に無断で持っていかれ、すごく怒りを感じている。
● 選手になりたいけれどなかなかなることができない。
● 誰かにけんかを吹っかけられた。
● 大きなケーキが半分残っていて全部食べてしまいたい。
● 親友に失望させられ、すごく心が動揺している。

◎ 成功のしるし

おめでとう！　次のこと実行しているあなたは無執着の美徳を発揮しています。

● してはいけないことをしてしまいそうになったとき、タイム（一時停止）をかける。
● どのように応じるかを決める前に自分の気持ちを確かめる。
● 思考と感情のバランスをとって行動する。
● 反射的に行動する代わりに、考えてから行動する。
● 正しいことを選択する。

～ 確言 ～

私は執着しません。私は自分の気持ちを自覚し、冷静に行動を選択します。私は自分にとって正しいことを行います。何が起こっても最高の自分でいる選択をします。

無執着の活動 ……………………………………………………

✳ 無執着の活動

● あなたをいらいらさせる事柄の一覧表を作ります。いらいらする事柄に執着しないという目標を立てて、どうすれば執着しないでいられるか考えます。人の名前は挙げない方がよいでしょう。これはあ

なただけの一覧表です。

- 幸せに生きるために執着を手放す必要がある状況を３つ考えてください（例：慢性的な病気にかかっている。車椅子の生活を強いられているなど）。

？ 美徳について考えるための質問

- 無執着でいることがいちばん難しい状況とは、どのようなものですか？
- 無執着でいることが必要だったことはありますか？　それはどんなときでしたか？
- 無執着のいちばん良い点は何ですか？
- 無執着の美徳を実践しないと、どういうことが起こりますか？
- あと１週間しか生きることができないとしたら、あなたの人生のどういう点を変えたいですか？　また、あなたの行動パターンの何を変えたいですか？

✎ 無執着を絵に描く

無執着を実践しているあなたの絵を描いてみましょう。

✿ ポスター用語

- 見る、選ぶ、行動する。
- 賢い選択。
- 私はキレない。考えて行動する。
- 執着を離れて心のなかに入る。
- 立ち止まって考える。
- 思考と感情のバランスをとって行動する。

名言

省察と行動を絶対に分離させてはならない。

パブロ・フリール

手を放してあとは神様に任せよう。

アルコール中毒者治療協会

喜びを縛りつける者は生命の翼を破壊する。
飛翔する喜びに口づけをする者は永遠の夜明けに生きる。

ウィリアム・ブレーク

すべてのことを等しく受け入れ、何にも固執することなく、苛立ちを
覚えさせるものの1つひとつを、まるで人生があと15分しか残ってい
ないかのように受け入れる機会はつねに存在する。

トルバート・マッカロル

皆が間違っていると思えるときは、あなたが間違っているかもしれない。

作者不詳

人生はオーケストラのようなものだ。
リードしたいと思うならば、群衆に背を向けなければならない。

ローレンス・ウェルク

怒りをもって振り返るなかれ。
怖れをもって前方を見ることなかれ。
この瞬間にいて周囲をしっかりと見まわすべし。

ジェームズ・サーバー

名誉

名誉とは？

　名誉とは正しいと信じることのために尊敬の念をもって生きることです。自分自身に対して、他人に対して、生きるうえでの信条に対して大いなる尊敬をはらいながら美徳に基づいて生きることです。名誉に値する行動をとっていれば、自分を恥じることもなく、いま行っていることを恥じることもありません。あなたは尊敬に値します。立派な模範例になります。

美徳の実践理由

　名誉の美徳がなければ、人びとは礼節のない行動をとり、自分自身および人が恥ずかしいと思うようなことをしてしまうでしょう。美徳のことなど考えもせずに、正しいか間違っているかなど気にすることなく、勝手に行動するようになります。名誉ある行動をとる人は正しいことを行うだろうとの信頼を勝ち得ます。そのような人が名誉にかけてと言えば、約束したことをそのままに実行するでしょう。人は名誉ある行動をとる人を尊敬します。

美徳の実践法

　名誉にかけて行動するとき、人が何をしていようが、あなたは正しいことを行います。誰かに注意をうながされたり、文句を言われなくとも約束を守ります。お年寄りには尊敬を込めて話しかけることによって敬意を表します。最善の自分でいることによって、また、毎日美徳を実践することによって、自分自身にも敬意を表します。名誉にかけて行動するのは良き模範例となるためであって、人の賞賛を浴びるのが目的ではありません。そうすることが正しいからなのです。

次の状況では名誉の美徳をどのように表現しますか

- 友達に秘密を明かされた。
- あなたはあることでお母さんのことを怒っているが、そんなとき、お母さんに用事を頼まれた。
- 映画に行くためのお金を盗むように友達にそそのかされた。
- 学校の廊下でお金が落ちているのを見つけた。
- 校庭で1人の子供が皆にいじめられている。
- 両親が家にいないときだけ楽器を練習すると約束した。

◎ 成功のしるし

おめでとう！ 次のことを実行しているあなたは名誉の美徳を発揮しています。

- 美徳を実践している。
- 約束を守る。
- 日常生活において大切な規則を尊重している。
- 何がなんでも自分が正しいと信じることを実行する。
- 人のために良き模範例となる。
- 恥ずかしいと思うことはしない。

〜 確言 〜

私は名誉に値します。私は約束を守り、人に尊敬の念をもって接します。私は美徳に基づいて生きます。私は正しいことを行うように心がけます。

名誉の活動 ......

✳ 名誉に基づいた行動基準

あなたの価値観や基本的な約束事を反映した学校全体のための、あるいは、クラスのための名誉の行動基準をつくってみましょう。

❓ 美徳について考えるための質問

- 物語や映画のなかから名誉に基づいて行動する人物の名前を1人挙

げてください。
- あなたが知っている人のなかで、名誉に基づいて行動するがゆえに信頼できる人の名前を1人挙げてください。
- あなたの個人的な名誉の行動基準、つまり、生きるうえでの信条を3つ挙げてください。
- どのようにすれば約束を守ることができますか？
- 間違いを犯してしまった後、どうすれば名誉ある行動をとることができますか？
- 次の言葉によってクラスメイトに尊敬の念をはらってみましょう。「私は＿＿＿＿の美徳のゆえに、あなたに敬意をはらいます。あなたが＿＿＿＿するとき、その美徳が見えます」
- 友達が正しいことをしていないときに、どのようにすればその友達に対して忠実で、あなた自身に対しても忠実でいることができますか？

✎ 名誉を絵に描く

　あなた独自の名誉の盾を描きます。あなたの名誉を代表する美徳を盾に書きます。盾を四分割して、左上に長所である美徳のひとつを書き、右上に家族の長所である美徳のひとつ、左下に「喜び」と書き、右下に目下成長中の美徳の名前を書きます。それぞれの部分に美徳のシンボルないしはイラストを描くとよいでしょう。

✿ ポスター用語

- 名誉にかけて。
- 名誉にかけての約束。
- 名誉に基づいた規則。
- 正しいことをする。

➥ 名言

　平和が名誉に基づいて守られなければ、平和は存在し得ない。

ジョン・ラッセル

私にとって名誉は生命よりも大切である。

セルバンテス

神を重んずるならば、友よりも真実を尊重しなければならない。

作者不詳

晴れ晴れとした良心ほど柔らかな枕はない。――フランスの諺より

その言葉を書いて署名するだけの覚悟がないのなら、言わないでおくことだ。

作者不詳

名誉に値すること、善なること、そして、あなたの人生の真実だけを探求するならば、想像もつかないような素晴らしいことが当然のように起こる。

オプラ・ウィンフリー

目的意識

目的意識とは？

　目的意識があるということは明確に焦点が絞られているということです。混乱したり、自分が何をしているのか確信がもてなかったり、なぜ今これをしているのかはっきり分からないという状態ではなく、心の焦点が明確に絞られている状態です。目標に向かって努力をしているとき、あなたは目的意識をもっています。何か良い結果を出すために心を集中し、努力します。物事が起こるのに任せる人もいますが、目的意識をもった人は物事を自ら起こします。

美徳の実践理由

　目的意識がなければ、人のエネルギーと注意力は散漫になってしまいます。何かを行っていても、なぜそれをしているのかが分からなければ、つまり、目的がなければ、簡単にあきらめてしまいます。目的意識をもっていると、偉大な結果を出すことができます。動機はしっかりあります。というのは、なぜそのことを行っているのか理由を理解しているからです。ポジティブ（肯定的）な態度で行動し、何か障害があっても大切なことを成し遂げることができます。

美徳の実践法

　目的意識は自分が何を達成したいのかに関して、ヴィジョンないしは目標をもつことから始まります。それが、なぜ重要なのかを知ることがあなたの目的です。目標を心において、一度にひとつのことをできるだけ愛情と注意を込めて行います。すべてのことを一度に行おうとして注意力を散漫にしないことが大切です。

次の状況では目的意識の美徳をどのように表現しますか

- 難しい物（たとえば模型）を造ることにした。
- 宿題を終わらせようとしているけれど、気持ちが集中できずにぼんやりしている。
- 家の手伝いをしているときに友達が遊びに来た。
- いろいろなことを同時に行おうとして注意力が散漫になってしまった。
- 楽器を習いたいと思っている。
- 美徳を実践するのがとても難しいと感じている。

◎ 成功のしるし

おめでとう！　次のことを実行しているあなたは目的意識の美徳を発揮しています。

- 何を達成したいのか明確なヴィジョンがある。
- それを自覚している。
- 目標に焦点を絞っている。
- 注意力が散漫になったり、乱れたりしたとき、目標に向かって軌道修正する。
- 物事を一度にひとつずつ行い、始めたことは終わらせる。
- 結果を出すまで辛抱強く粘る。

〜 確言 〜

私は目的意識をもっています。私は何をしているのか、なぜそれをしているのかを明確に理解しています。私は目標に向かって心の焦点を合わせています。私には素晴らしい目標を達成する能力があります。

目的意識の活動 …………………………………………………

✳ あなたの目的は何ですか？

あなたにとって重要な目標をひとつ挙げてください。なぜそれが重要なのかを説明してください。

✳ これまであなたは何を達成しましたか？

あなたのこれまでの人生で達成したことを3つ挙げてください（たとえば、赤ちゃんのときに歩くことを覚えたなど）。

✳ 目的意識の早口言葉

「目的意識」を3回続けて早口で言う練習をしてみましょう。

？ 美徳について考えるための質問

● 有名人ないしは成功をおさめた人の名前を３人挙げてください。この人たちは目的意識の美徳をどのように実践していると思いますか？

● 何かを始めようとしているとき、あなたの気持ちを乱すいちばんの原因は何ですか？

● そんなとき、どうすれば気持ちを集中しつづけることができますか？

● あなたが目的意識をもって実行していることをひとつ挙げてください。

● 成功するために目的意識はどのくらい重要だと思いますか？

● 集中して心の焦点を絞るのがいちばんやさしいのはどんなときですか？

● これから３カ月の間に達成したい目標を３つ挙げてください。

✎ 目的意識を絵に描く

これから３カ月の間に達成したい３つの目標のシンボル、または、絵を描いてみましょう。あるいは、その目標を象徴するような雑誌の写真や文字を切り抜いてコラージュ（切り絵）を作ってみましょう。

✿ ポスター用語

● 目的をもって生きる。

● 目を達成目標から離さない。

● 人生をデザインする。

●❖名言

どこに行くのかが分からないのなら、どの道を行ってもそこに着くで
しょう。

ルイス・キャロル

これまでつねに行ってきたことを行えば、これまでつねに得てきた結
果を得るだろう。

レイト・リベイロ

誰でも心が引っ張る方向を注意深く観察して、それから全力を尽くし
てその方向を選ぶべきだ。——ユダヤの諺より

人よりも先んじる秘訣はとにかく始めることである。
始めるための秘訣は圧倒的な量の仕事を小さな取り組み可能な作業に
細分化して、最初の作業から始めることである。

マーク・トゥエイン

つねに行動せよ、つねに歩け、つねに前進せよ。
じっと立っていたり、戻ることは絶対にしないことである。

聖アウグスティヌス

強い理由は強い行動をもたらす。

作者不詳

# 優しさ

優しさとは？

　優しさとは親切と思いやりを込めて行動し、話すことです。誰も傷つけることのないように自分を律することです。人や動物に触れたり、話しかけたりするときに、優しくすることです。物を注意して扱い、壊したり、傷つけたりしないことです。あなたが優しい思いを心に抱くと、世界はより安全で優しい場所となります。

美徳の実践理由

　優しさがなければ物は壊され、人の気持ちは傷つけられます。人間はとても感受性が強い存在です。繊細で壊れやすい物はたくさんありますが、いちばん傷つきやすいのは人間の心です。あなたが優しく接すると人も物も安全です。

美徳の実践法

　優しさとは賢明に行動し、そっと触れ、静かに語り、親切に物事を考えることです。優しさを表わすことを考える必要があります。さもないと、荒っぽくなったり、あまりにも速く動きすぎたり、人の心を傷つけることを言ってしまいます。親切な思いを抱き優しく考えると、人はその優しさをあなたの目のなかに見出します。

次の状況では優しさの美徳をどのように表現しますか

- 赤ちゃんに触れたい。あるいは、抱っこしたい。
- 友達にあることを言わなければならないが、友達の気持を傷つけてしまうかもしれない。

● 家にある食器のなかで最高のお皿を使って食卓の準備をしている。
● 教室に入っていくとき、ドアがバタンと音をたてて閉まりそうになる。
● 傷ついた動物を見つけた。
● 友達と乱暴にレスリングをしている。

◎ 成功のしるし

おめでとう！　次のことを実行しているあなたは優しさの美徳を発揮しています。

● 人や動物があなたのまわりで安全にいられるようにする。
● 人や動物に注意深く触れる。
● 優しい声で話す。
● 気持ちを穏やかに表現する。
● 優しい気持ちになれないときはタイム（一時停止）をとる。
● 心のなかで思わず微笑んでしまうような優しい考えを抱く。

〜 確言 〜

私は優しい人です。私は優しく考え、優しく語り、優しく行動します。私が触れる人や動物にいたわりを示します。

優しさの活動 ……………………………………………

✳ 優しさの活動

● 小さな動物を教室に連れてきて、生徒に代わるがわる優しく抱かせてあげます。
● 生徒たちに、いじめをしている子供が優しさを学んでいく物語を書いてもらいます。あるいは、その物語を話す機会を与えてもよいでしょう。
● ちょっと静かな時間を設けて、子猫を撫でるように左手の甲を右手の指先で優しく撫でてみてください。今度は左手の指先で右手の甲を撫でます。気持ちがとても優しくなっていくのに気づいたでしょうか。

？美徳について考えるための質問

● 人に優しくすることがもっとも大切なのはどのようなときですか？

● 誰かがあなたに荒っぽく不親切に振舞ったとき、どのように感じますか？

● あなた自身が荒っぽく不親切な行動をとったとき、どのように感じますか？

● 微妙な問題を処理するときに思い出す必要のあることを3つ挙げてください。

● 赤ちゃんを抱き上げるときに思い出す必要のあることは何ですか？

● 優しくするのに役立つ美徳には、そのほかにどのようなものがありますか？

● 誰かがぶつかってきていらいらしたとき、優しさをどのようにして保つことができると思いますか？

● 友達にとって聞きたくないことを言わなければならないとき、それをどのように言えばよいと思いますか？（たとえば、彼は風呂に入った方がいい。彼女はあなたの家に遊びに来ることが多すぎる。しばらくは誰か別の人と一緒にいたいなど）。

✎ 美徳を絵に描く

優しさをたくさん必要としている動物の赤ちゃんの絵を描いてみましょう。

✿ ポスター用語

● のんびりやるのが最善。

● 鳩のように優しく！

● 世話をしよう！

● 明確な境界線を設定しよう。

● そっと触れる。

➻ 名言

私はより親切で優しい国民を望む。

ジョージ・ブッシュ

甘美な言葉と礼儀と優しさがあれば、毛一本に触れるだけで象をも動かすことができる。

サーディー

地上の偉大な存在たち、彼らはなんと優しく生きていることか。

ルース・テニー

釣りには確かに何かがある。
優しいスピリットと純粋で静謐な心をもたらしてくれる。

ワシントン・アービング

優しい心は優しい行為によって知られる。

エドムンド・スペンサー

慈悲の心はピンと張り詰めたものではない。
あたかも天国から落ちてくる優しい雨のように地上に落ちてきて、二度の祝福を与える。
一度は与える者を、二度目は受け取る者を祝福する。──『ヴェニスの商人』より

ウィリアム・シェークスピア

やすらぎ

やすらぎとは？

　やすらぎとは内なる静けさの感覚です。とくに内省と感謝の静かな瞬間に訪れます。やすらぎとは心を静かにして物事を理解するためにじっと見つめることです。やすらぎは誰も悪者にすることなく、人との争いを解決するための方法のひとつです。人に対して、また自分自身に対して公正であることです。やすらぎとは愛の力のために力を愛するあり方を放棄することです。やすらぎがあると誰もが勝利者になります。

美徳の実践理由

　やすらぎの美徳を実践すると、何も心配することなく心静かにいることができます。やすらいだ心でいると、人それぞれの違いを尊重する心の余裕が生まれます。周囲の人たちも心の静けさを体験し、安全であると感じます。やすらぎがないと誰も安全ではいられません。人は傷つきます。戦いによって問題が解決することはありません。戦争をしても真の意味での勝利者はいません。やすらぎがあると、どのような問題でも解決することが可能です。世界の平和はあなたの心のやすらぎから始まります。

美徳の実践法

　心のなかのやすらぎを見出すためには、心を静かにして平和な思いを抱くことが必要です。怒りのままに行動する代わりに、怒りの感情を観察し、怒りの感情について考えてみます。ピースメーカーになるためには悪口を言ったり、怒鳴ったり、陰口を言う代わりに、やすらぎに満ちた言葉を使います。攻撃的な行動や暴力的な行動は避けなければなりません。最後まで話し合い、相手の言い分にも耳を傾けます。それから、平和的な解決策を探します。ピースメーカーは問題解決のための創造的

な方法をたくさん発見できるはずです。暴力はいかなる問題をも解決することはありません。

次の状況ではやすらぎの美徳をどのように表現しますか

- 弟が部屋に飛び込んできて、組み立てたばかりの模型を踏みつけた。
- クラスに人種も異なり皆とは違う宗教を信じている生徒がいて、クラスメイトが彼をからかっている。
- ある問題について悩み始め、いつもそのことばかり考えている自分がいる。
- あなたに不公平な扱いをする人に、すごく怒りを感じている。
- 何人かの子供たちにからかわれ、けんかを挑まれた。
- 毎日、祈りと内省の時間を設けることにした。

◎ 成功のしるし

おめでとう！ 次のことを実行しているあなたはやすらぎの美徳を発揮しています。

- 祈りと瞑想と内省の時間を決めて、内なる心のやすらぎを実感するようにしている。
- 怒っているときでも平和的な言葉を使うようにしている。
- 優しく尊敬の気持ちを込めて話す。
- 人を傷つけないようにしている。
- 違いを理解している。
- あらゆる問題に対して平和的な解決策を見つけるようにしている。

〜 確言 〜

私はやすらぎに満ちています。私は平和的な言葉を使い、平和的な解決策をもって問題に対処します。私は内なるやすらぎを見出し、1日をやすらぎのなかで優しく生きます。

やすらぎの活動 ………………………………………

✳ 静かな時間

　静かな時間をもって、目を閉じて、やすらぎに満ちた美しい場所にいると想像してみましょう。浜辺、山の頂上、森のなかなど、内なるやすらぎを見出すことができる場所にいる自分を想像してみましょう。

✳ やすらぎと感謝の日記

- ●やすらぎについての詩を書いてみましょう。
- ●あなたが感謝している５つの事柄を書いてください。
- ●書いた後にどれだけやすらぎを感じているか観察してみましょう。

? 美徳について考えるための質問

- ●世界を平和にするために、私たちに何ができますか？
- ●何があなたにやすらぎを与えてくれますか？
- ●あなたが非常に怒りを感じるのはどういうときですか？
- ●あなたの怒りを平和的に処理するにはどうすればよいと思いますか？
- ●けんかが始まろうとしているのを見かけたとき、あなたにできることを３つ挙げてください。
- ●あなたがピースメーカーになったら、あなたの家庭の状況はどのように変わると思いますか？
- ●心配しているときに、どうすればやすらかな気持ちになることができますか？

✎ やすらぎを絵に描く

　心のやすらぎを必要とするときに、想像力を使って行くことができる美しく平和な場所を想像して絵に描いてみましょう。

❀ ポスター用語

- ●愛の力のために力への愛を放棄しよう！
- ●ピースメーカー。

●しばらくの間、平和でいよう！

➠ 名言

戦いは人のために利をなさない。

ブリガム・ヤング

争いを暴力で解決しようとしなければ成長が促進され、人生は興味深いものになる。

スターホーク

静かな思いを抱きなさい。
静かな風景を想像しなさい。
穏やかな音を思い出しなさい。
その後で、どのような感情を体験するか想像してみてください。

ポール・ウィルソン

他人のいらいらさせる性質の1つひとつが自分自身についての理解へと導いてくれる。

カール・ユング

平和は正義よりも重要である。
平和は正義のためにつくられたものではないが、正義は平和のためにつくられたのである。

マルティン・ルター

他人の言うことや、行動にせわしく心をわずらわせることをしなければ、世界はもっと平和になるだろう。

トマス・ケンピス

 勇気

勇気とは？

　勇気とは怖れに直面しても勇敢な精神を示すことです。非常に困難で恐ろしいと思うときでも、行動しなければならないことは実行することです。勇気とはあきらめたいと思っても前に進み続けることです。新しいことに挑戦するときには勇気が必要です。勇気とは間違いを認め、それから、正しく行動することです。勇気はあなたの心のなかにある強さです。

美徳の実践理由

　勇気がなければ人は安易なことしかしないでしょう。誰も新しいことに挑戦しようとしないでしょう。勇気がなければたとえそれが間違ったことであると分かっていても、自分が目立つことを避けて、他人と同じように流されてしまいます。怖れに支配されます。勇気があればどんな状況にでも立ち向かうことができます。勇気があると偉大なことを成し遂げることができます。

美徳の実践法

　勇気は正しく行動する手助けをしてくれます。怖れを感じたときにはその怖れに名前をつけて手放します。それから、あなたの本心に基づいて行動します。間違いを犯したら認め、間違いから学びます。挑戦をしつづけます。友達が皆、間違ったことをしているときでも、正しいと思うことのために立ち上がります。助けが必要なときには助けを依頼します。あなたの心を勇気の美徳で満たしてください。

次の状況では勇気の美徳をどのように表現しますか

- 学校の全校集会でスピーチをするように依頼された。
- 友達が皆であなたに何かをさせようとする。たとえば、盗み、喫煙など。しかし、あなたはそれは間違っていると思っている。
- 1人の子供がほかの子供たちにいじめられ、傷つけられている場面を目撃した。
- 何か悪いことをしてしまった。たとえば、お母さんの大切なお皿を割ってしまったけれど誰にも見られていない。
- 眠ろうとするけど暗闇が怖い（どういう助けが必要ですか？）。
- 新しいスポーツ、たとえば、水泳を始めたいと思っているが怖い。

◎ 成功のしるし

おめでとう！　次のことを実行しているあなたは勇気の美徳を発揮しています。

- 困難で恐ろしくとも、あなたにとって正しいことを行っている。
- 怖れているときでも、心のなかに強い自分がいると感じている。
- 新しいことに挑戦する。
- 間違いを認めて間違いから学ぶ。
- 間違いを犯したときに償いをする。
- 助けを求める。

〜 確言 〜

私には勇気があります。新しいことに挑戦する気持ちがあります。私は間違いを認め間違いから教訓を学びます。私は心の声に耳を傾けます。私には正しいことを行う勇気があります。

勇気の活動 ……………………………………………………………

✳ 勇気のコラージュ

勇気を示している人たちの写真のコラージュ（切り絵）を作ります。

✳ 勇気のコミットメント

1人ひとりが（先生も含めて）勇気を必要とするプロジェクトを選び、それを3日以内に達成するという目標を立てます。1週間の終わりの日に、その体験をお互いに分かち合います。それは誰かに電話をかけることかもしれません。あるいは、昔から抱えている問題を解消することかもしれません。あるいは、いままで経験したことのないこと、たとえば、スケートを始めることでもよいでしょう。境界線としては安全を守り、無茶をしないことです。うまくいかなかったとしても、教えのための最高の瞬間を分かち合うことができます。

？ 美徳について考えるための質問

- ●あなたの人生でもっとも勇気を必要としたのはどんなときでしたか？
- ●怖れを感じているときには何が役に立ちますか？
- ●知人、あるいは、歴史上の人物のなかから偉大な勇気を示した人の名前を3人挙げてください。
- ●肉体的な勇気を必要とするのはどのような仕事ですか？
- ●肉体的な勇気以外の勇気を必要とするのはどのような仕事ですか？

✎ 勇気を絵に描く

あなたが勇気を必要とする作業をしている絵を描いてみましょう。

❀ ポスター用語

- ●正しいことをしよう。
- ●怖れを感じても挑戦しよう！
- ●私のハートには勇気がいっぱい詰まっている。
- ●勇敢な心。
- ●冒険をしよう。

➴名言

怖れから逃れることは不可能である。
私たちにできることは怖れを友として、心ときめく冒険に一緒に旅立

つことだけである。

スーザン・ジェファーズ

心よ、勇敢であれ。
勇敢になることができないのであれば去れ。
愛の栄光は小さなことではない。

ルーミー

人生は人の勇気に応じて伸びもすれば縮みもする。

アナイス・ニン

勇気があれば大胆に危険をおかすことができ、共感する心の強さをもつことができ、謙虚になる叡智をもつことができる。
勇気こそ誠実さの土台である。

ケシャヴァン・ネア

人生は大胆な冒険か無のどちらかである。

ヘレン・ケラー

怖れと真っ向から直面すると、怖れはいつのまにか消滅する。

スリ・ユクテスワ

勇気をもって枝の先まで行かなければ、果実を取ることはできない。

作者不詳

大きなことをなすには自分は小さすぎる存在だと思ったら、小さなことを大きくやってみるとよい。

作者不詳

 # 友好

友好とは？

友好とは友達として仲がよいことです。人に関心をもつことです。人に自分は歓迎されていると感じてもらうために、あるいは、初めて会った人にアットホームに感じてもらうために、誠意を尽くすことです。友好的な人は自分の持ち物、時間、考え、気持ちを喜んで分かち合います。順調なときも、不調なときも共に分かち合います。友好的であることは孤独を癒すいちばんの薬です。

美徳の実践理由

友好的な態度はあなた自身、あるいは、ほかの人たちが孤独を感じたり、取り残されていると感じることから守ってくれます。自分には仲間がいると感じさせてくれます。何か良いことがあったとき、あるいは、何か悪いことがあったとき、友達と分かち合うと気持ちが楽になります。友情はただなんとなく生じるものではありません。お互いに対して真の自分であろうとする気持をもった人同士の間に生まれるものです。

美徳の実践法

友好は、まず自分を好きになることから始まります。自分には人と分かち合える何かがあると信じるところから始まります。見知らぬ人に対して親切にしましょう。学校の廊下を歩くとき、出会う人の顔を見て微笑みかけることによって、友好の美徳を実践できます。そうすれば、微笑みかけられた人も、たぶん微笑み返してくるでしょう。今日の調子はどうかと聞いたり、自分のことを分かち合うことによって、友達と会えて嬉しいという気持ちを表現しましょう。

次の状況では友好の美徳をどのように表現しますか

●新入生が寂しそうにしている。
●学校で人気のある生徒と友達になりたいと思っている。
●両親が自分の知らない人を夕食に招待した。
●友達の1人が泣きはらした顔をしている。
●見たこともないような変な服を着た人とすれ違う。
●もっと友達がいたらいいと思っている。

◎ 成功のしるし

おめでとう！　次のことを実行しているあなたは友好の美徳を発揮しています。

●自分が好きで、自分には分かち合えるものがたくさんあると思っている。
●知らない人に出会ったら微笑んで挨拶する。
●人と知り合いになって自分のことを相手の人と分かち合う。
●人に関心をもつ。
●友達があなたの助けを必要としているときにはサポートする。
●見かけも違うし、行動パターンも異なる人たちに対して友好的である。

〜 確言 〜

私は友好的です。私は人に微笑みかけて挨拶します。ほかの人たちに関心があります。私は自分が好きです。私は友情に厚いので、私と友達になれば、その友情には価値があります。

友好の活動 ……………………………………………

✳ 友好週間

クラス全員でひとつのコミットをします。1週間、少なくとも毎日1人の人に対して友好的に接して、週の最後の日にその体験を分かち合うというコミットをするのです。そのときに次のような質問をします。

- 何が難しかったですか？
- 何がやさしかったですか？
- いつもより、さらに友好的に接してみてどう感じましたか？
- これまで会ったことのない人との出会いはありましたか？
- あなたが友好性をさらに発揮したことで、学校／クラブ／キャンプを前よりも良い場所にするのに、どのように役立ちましたか？

？ 美徳について考えるための質問

- 友好的であろうとするときに、どういうところが難しかったですか？　何が障害になりましたか？
- 親友の特徴をいくつか挙げてください。
- 誰かが悲しんでいるとき、その人の親友は何ができるでしょうか？
- お互いに親友同士ではないにしても、ある人に対してどのように友好的に接することができるでしょうか？
- グループがいくつか生まれて、グループ以外の人に対して友好的でない態度をとり始めたら、どういうことが起こるでしょうか？
- 友達を増やすためにあなたにできることを3つ挙げてください。

✎ 友好を絵に描く

お互いに友好的な人たちの絵を描いてみましょう。

❀ ポスター用語

- 順調なときも、不調なときも友達。
- いつも友達だ。
- 友好的な態度は感染する。
- 世の中には面白い人がたくさんいるよ。

➡ 名言

私の前を歩かないでください。
私は後について行かないかもしれないから。
私の後ろを歩かないでください。
私は先導しないかもしれないから。

いつも私の傍らを歩く友であってほしい。

アルベール・カミュ

終わってしまう友情というものは真の友情ではなかったのだ。

聖ジェローム

友達を得るための最高の方法は友達になること。

ペギー・ジェンキンス

友達とはあなたをサポートもすれば、反対もできる愛情をもった人である。

作者不詳

この世界はあなたが誰であるかを映し出す鏡である。
あなたが微笑むと世界も微笑み返してくる。

作者不詳

友達になるときに人間は磁石であることを覚えておくとよい。
似たもの同士を惹きつけ、与えるように与えられるのだから。

ウィルフレッド・ピーターソン

 # 優秀

優秀とは？

優秀であるとは最善を尽くすことです。あなたの仕事のすべてに、また、あなたの人間関係のすべてに最善を尽くすことです。優秀とは高遠な目的によって導かれる努力です。それは完璧であることへの願望です。完璧の種は果実のなかに入っています。優秀の美徳を実践するとき、あなたは自分の才能を実らせることができます。

美徳の実践理由

優秀さは成功の鍵です。優秀の美徳を実践しない人は物事を中途半端にしかできません。そのような人の人生はわくわくするような人生ではなく、実り多い人生でもありません。最善を尽くすことによって、あなたがどういう才能をもっているかを発見することができます。これまでに誰も考えたことのないような何かを発見するかもしれません。優秀の美徳を実践するとき、この世界に違いを生み出すことができます。

美徳の実践法

優秀の美徳を実践すると、自分の最善のものを与えるということ以外、満足を感じません。大きなことであっても、小さなことであっても同じです。自分の行動のすべてに、大切に思うすべての人に対して細心の注意をはらいます。間違いから教訓を学び、次の機会にはより良い結果が出せるようにします。来る日も来る日も、さらによくなるように努力します。すべてのことに秀でることは不可能です。あなた自身の才能を発見して最善を尽くすことが大切です。

次の状況では優秀の美徳をどのように表現しますか

- 教室の掃除をしている。
- 新しい楽器を習っている。
- 友達と言い争いが続いている。
- 仕事の最中に疲れを感じてしまった。
- 自分をほかの人たちと比べる。
- あまりにも多くの約束をしてしまったために、守ることができない ことに気づいた。

◎ 成功のしるし

おめでとう！　次のことを実行しているあなたは優秀の美徳を発揮しています。

- すべてのことに最善を尽くす。
- それぞれの人間関係に最善を尽くす。
- 高遠で、しかも現実的な目標を立てる。
- 計画を立て、忘れずに実行に移す。
- 何でもかんでも、手を出さない。
- 独自の才能を磨く。

〜 確言 〜

私はすべてに最善を尽くします。人に対しても最善を尽くします。私は勇気をもって高遠な目標を立てます。私はすべてのことに対して優秀の美徳を実践することを選択します。

優秀の活動 ………………………………………………………………

❋ モビールを作る

ハンガー、カード、ひもを使って、あなたの優れた美徳を書いたモビール（木片、金属片、その他の材料を針金やより糸で空中に釣り、風が吹くと各部分がそれぞれに動くようなもの）を作ります。

? 美徳について考えるための質問

●優秀の美徳を実践する必要があったのに、あきらめることを選択してしまったときの体験をひとつ挙げてください。

●優秀の美徳を実践する選択をしたときのことを話してください。

●これまでに学んだ物語の登場人物の名前を1人挙げてください。その人は優秀の美徳をどのように示しましたか？　それによって、どのような違いを生み出しましたか？

●優秀の美徳がなかったとしたら、人間の環境はどのようなものになっていたと思いますか？

●それぞれの分野で優秀な成果を上げた有名人の名前を3人挙げてください。彼らは優秀さをどのように表わしましたか？

●彼らは優秀な成果を上げるために何をしたと思いますか？

✎ 優秀を絵に描く

あなたが得意なことをしている絵を描いてみましょう。

3種類の仕事をしている人たちの絵を描いてみましょう（例：看護師、農夫、大工など）。それらの人たちが優秀の美徳を実践しなかったとしたら、どういうことになるかノートに書くか、皆の前で話してください。それから、彼らが優秀の美徳を実践した場合、どういうことが起こるかノートに書くか、皆の前で話してください。

✿ ポスター用語

●間違ってもOK。間違いを通して学ぶのだから。

●最高の自分を出す。

●成功への鍵。

●日々、良くなっている。

●すべてのことにおいて優秀の美徳を発揮する。

●才能を育てよう。

➖◆ 名言

私は自分が知っている最善のことを行います。

自分にできる最善のことを行います。

死ぬまでそのようにしつづけたいと思っています。

アブラハム・リンカーン

あなたのなかに宇宙が横たわっているというのに、ちっぽけなことで
妥協してはならない。

イマム・アリ

あなただけの特別な才能を発見し、世界をよりよくするために、その
才能を役立てることができますように。

チャーリーン・コスタンゾ

小さなことに注意をはらうということは偉大なことである。

聖クリュンストモス

人生とはおかしなものだ。
最善のもの以外は受け入れることを拒否すると、多くの場合、その最
善のものが手に入るのだから。

サマセット・モーム

愛情と技術がひとつになったら傑作を期待できるだろう。

ジョン・ラスキン

樫はどんぐりのなかに眠り、鳥は卵のなかで待つ。
そして、夢こそは現実を生み出す種。

作者不詳

# ゆるし

ゆるしとは？

　ゆるしとは何か間違いを犯した人に、もう一度チャンスを与えることです。誰でも間違いを犯します。仕返しをする代わりに、改善を求めることです。自分自身をゆるすことも大切です。自分をゆるすということは間違いを犯した自分を罰することをやめ、絶望的な状態から脱することを意味します。ゆるしとは自分自身に共感し、変わることを信じて教訓を生かし、今後は異なった行動をとるという気持ちをもって前進することです。

美徳の実践理由

　誰でも人生のある時点で人を傷つけてしまうものです。人をゆるさない人の近くにいると落ち着くことができません。ゆるしの気持ちがないと、人にチャンスを与える代わりに、人を裁き、批判ばかりすることになります。ゆるしは自分自身、そしてほかの人たちを励ますための最善の方法です。ゆるしは自分の行動に責任をもち、一生懸命により良い自分になろうとする努力に力を与えてくれるのです。

美徳の実践法

　ゆるしとはあなた、あるいは、人が犯した間違いに直面する勇気をもつことです。悲しみを感じ、罪の意識を感じ、怒りを感じるかもしれません。そのような感情が押し寄せてくるままに任せてください。それから、川を流れる木の葉のように、それらの感情を手放してください。仕返しは避けてください。どのような償いが必要であるか決めてください。ある人が繰り返しあなたを傷つけるような場合には、その人をゆるすことは役に立ちません。その人があなたを傷つけるチャンスを与えないことです。謙虚な気持ちで間違いから学んでください。時には間違いは私たちの最高の先生となります。

次の状況ではゆるしの美徳をどのように表現しますか

●友達が間違ってあなたの持ち物のひとつを壊してしまった。
●お母さんが学校に迎えに来ることになっているけど遅れている。
●非常に悪いことをしてしまった。
●弟がいつも勝手にあなたの物を使う。
●友達があなたに向かってかんしゃくを起こし、後で謝った。
●人のことを批判する癖をやめたいと思っている。

◎ 成功のしるし

おめでとう！　次のことを実行しているあなたはゆるしの美徳を発揮しています。

●誰でも間違いを犯すことを思い出す。
●自分の間違いに責任をとる。
●自分の気持ちを仕返しの気持ち抜きで分かち合う。
●価値判断や批判をせずに人を受け入れる。
●間違いを犯した後、罪の意識で自分を罰する代わりに償いをする。

～ 確言 ～

私は人に対して、また自分自身に対してゆるしの気持ちをもっています。私は間違いがあった後には償いをし、償いを受け入れます。私は間違いから学びます。私には良い方向に向けて変わっていく能力があります。

ゆるしの活動

✳ ゆるしの火のサークル

この力強い儀式は幼稚園児から大人に至るまで、あらゆる年齢層の人が体験しています。火が使えないときには、それぞれが自分の紙を細かく引き裂いてバスケットに入れてエネルギーを解放するという形をとることもできます。儀式の後で、誰かにそれを燃やしてもらえばよいでしょう。

ステップ１：本書のゆるしの美徳の部分を読み、私たちは誰でも後悔す

るようなことをしてしまったことがあることを認めます。

ステップ2：このプロセスを行っている間は沈黙を守るという境界線を設定します。自分が書いたことについての分かち合いはありません。1人ひとりが自分だけのために書き、それをほかの人が見ることはありません。

ステップ3：紙を渡して、その紙に罪の意識（うしろめたさ）を感じていることを言葉で書くか、絵に描いて表現するように指示します。先生自身も行うとよいでしょう。

ステップ4：外の安全な場所で小さな火を焚きます。高学年の子供の場合には子供に火を燃やす責任を与え、後で火を消すための水も準備しておくように指示します。すべてのことを沈黙のなかで行います。薪、紙、焚きつけ、マッチを用意しておきます。皆で円陣をつくって立ってこう言います。「心の準備ができたとき、あなたの間違いをゆるしの火に解放してください。もし、そうすることが適切であると思うならば、ゆるしの祈りを行ってください。＜これらの間違いをどうぞゆるしてください。これらの間違いを私の先生にしてください。間違いの代わりに新しいあり方、新しい行動を自分のものとすることができますようにお助けください＞」

ステップ5：部屋に戻ってから、それぞれの人にひとつのコミットメントを言葉として書くか、絵で描くように提案します。「私は＿＿＿＿＿にコミットします」という書き方で美徳と間違いにとって代わる行動もそのなかに入れます。それをひとつの償いの形にすることもできます。最後は締めくくりの質問で終了します。「このプロセスを行って、何がよかったと思いましたか？」

？ 美徳について考えるための質問

● ゆるすのがもっとも難しいのはどのようなときですか？　そういうとき、ゆるすことを妨げるものは何ですか？　そのような心の習慣を本当のゆるしに代えるには何が役に立つと思いますか？

● 誰かに傷つけられたとき、仕返しをしないように助けてくれる美徳は何だと思いますか？

● お母さんとの約束を破ってしまった場合、償いをするためにあなたにできる3つのことを挙げてください。

● 友達があなたを傷つけたとき、その友達にどのような償いをしても

らう必要があると思いますか？

✎ ゆるしを絵に描く

2種類の絵を描いてみましょう。

　　1．ゆるしの気持ちをあまりもたない友達。

　　2．ゆるしの気持ちをもっている友達。

✿ ポスター用語

●やり直しだ！

●まっさらになってもう一度！

●片方の頬も向けよ。

●人は過ちを犯し、神は人の過ちをゆるされる。

➻ 名言

ゆるしはときどき行う行為ではなく永続的な態度である。

マーティン・ルーサー・キング

人はゆるすことによってゆるされる。

マザー・テレサ

人は過ちを犯し、神は人の過ちをゆるされる。

アレクサンダー・ポープ

人間にとってもっとも重要な旅のひとつは、ゆるしを必要としている
人のために、途中まで迎えに行く旅である。

作者不詳

あなたが自分自身をゆるしていないとしたら、ほかの人をゆるすこと
などいったい可能でしょうか？

ドロレス・ウェルテ

喜び

喜びとは？

　喜びとは幸せに満ちていることです。やすらぎに満ちた幸福感です。喜びは私たち1人ひとりのなかにあります。喜びは毎日がもたらしてくれる贈り物に感謝をすることから生まれます。私たちが正しいと知って行動しているとき、喜びはやってきます。笑い声を上げ、物事のなかにユーモアが見えるとき、喜びはやってきます。喜びは内なる感覚であり、悲しみに暮れ、苦しいときでも、切り抜けて生きることを可能にしてくれます。

美徳の実践理由

　内なる喜びがなければ、私たちの感情はすべて外界の出来事によって支配されてしまいます。物事が順調なときは嬉しいものです。物事がうまくいかなくなると悲しみを覚えます。内なる喜びや楽しみがなくなると幸せもなくなります。私たちが内なる喜びのなかにいるときでも、いろいろなことが起こります。良いことも、悪いことも起こります。しかし、内なる喜びがあれば、何があっても心の深いところでは静かに、物事が良い方向に変わるのを楽しみに待つことができます。

美徳の実践法

　喜びに満ちていると毎日が楽しみです。素晴らしい1日になることを知っているからです。何をするときでもハートは喜びでいっぱいです。仕事や遊びを楽しむ方法を見つけてください。何か良いことが起こったら、それを十分に楽しんでください。悲しいことが起こったら、悲しみが来ることを許し、それから、去っていくことを許してあげてください。出来事のなかに贈り物を見つけるのです。これこそ、より強くなるための方法です。つねに学ぶことがあります。どうぞ人生を楽しんでください。

次の状況では喜びの美徳をどのように表現しますか

- ●お父さんに車庫を掃除するようにと頼まれた。
- ●大好きな友達が引越しをすることになった。
- ●難しい宿題が出た。
- ●時々、人生について考える。
- ●悲しくて落ち込んでいる。
- ●1日、自由でなんの予定もない。

◎ 成功のしるし

おめでとう！ 次のことを実行しているあなたは喜びの美徳を発揮しています。

- ●心の内面を見て幸せを探す。
- ●いま行っていることが何であれ楽しんでいる。
- ●人生のなかにある贈り物やあなた自身のなかにある贈り物に感謝している。
- ●楽しく時間を過ごすために創造的な方法を見つける。
- ●周囲の状況が厳しいときでも内なる心のやすらぎを感じる。

〜 確言 〜

私は心のなかに感じる喜びに感謝しています。私は仕事を楽しみ、遊びを楽しんでいます。きょう1日がもたらしてくれる贈り物に感謝します。

喜びの活動 ……………………………………………………

※ 美徳を分かち合うサークル

円陣をつくって座るか立って、1人ひとりが大好きで喜びを感じることをひとつ分かち合います。

※ アイスブレイカー (緊張をときほぐすもの)

部屋のなかを動きまわってパートナーを見つけ、その人の前に立って目を見つめて、「あなたに喜びを与えるものは何ですか？」と聞きます。パ

ートナーはこの質問に答えた後、同じ質問を相手の人にします。このやり取りが終わったところで、移動して別なパートナーを探してこのプロセスを続けます。パートナーが代わるたびに違う答え方をします。

？ 美徳について考えるための質問

- あなたに喜びを与えてくれるものは何ですか？
- あなたが好きな活動を3つ挙げてください。
- 物事が順調でないとき、どうすれば喜びの美徳を実践することができますか？
- 落ち込んでいるとき、あなたを元気づけてくれるものは何ですか？
- 1日中、好きなことができる日があったら、あなたは何をしますか？
- 単調で退屈な作業をどうすれば楽しむことができますか？
- あなたが体験した愉快な出来事を分かち合ってください。
- 家族と過ごしたもっとも楽しかったときのことを分かち合ってください。

✎ 喜びを絵に描く

あなたの人生で喜びを与えてくれるもののコラージュ（切り絵）ないしはポスターを作ってみましょう。

✿ ポスター用語

- 喜びは翼を与えてくれる。
- 私のハートは喜びでいっぱい。
- 私は人生が楽しい！
- 人生は素晴らしい！

➤ 名言

喜びは翼を与えてくれる。

喜びのなかにいるとき、力はさらに満ち、知性はさらに研ぎ澄まされ、理解力はさらに明晰となる。

この世界への対処能力が増大し、自分の力が及ぶ勢力範囲を容易に見

出すことができる。

アブドゥル・バハー

喜びは心の内なる出来事である。

ドン・ブランディング

喜びを縛りつける者は生命の翼を破壊する。
飛翔する喜びに口づけをする者は永遠の夜明けに生きる。

ウィリアム・ブレーク

幸せの探求などというものは存在しない。
喜びの発見があるだけである。

ジョイス・グレンフィル

喜びとは自分、そして他人に対して愛があることであり、感謝と共感
に満ちた状態であり、自らのハイアーセルフと結びついているとの自覚
であり、すべてのものと一体であるという自覚である。

ペギー・ジェンキンス

 # 理解

理解とは？

理解とは明確に思考することです。理性の力をもって物事の真実を見極めることです。物事の意味を知るために注意深く考えることです。理解するということは共感を抱き、共感を示すことを意味します。理解とは思考し、学び、思いやることも意味します。

美徳の実践理由

理解する心がなければ学びは不可能です。理解しようとしない人は心を100パーセント使いません。そういう人の人生は単調で退屈なものです。なぜなら、最低限の学びと思考しかない人生なのですから。問題を理解し、解決しようと頭を使う人は素晴らしい洞察力とアイデアを自分のものとすることができます。心を使って理解しようとする人は共感を示し、間違いを犯した人をゆるすことができます。

美徳の実践法

理解の美徳を実践するためには注意深く観察します。見て、聞いて、考えます。難しい問題に直面したときには答えが明確になるまで内省し、理性的に考え抜きます。気持ちをそらされないように、心を集中して問題の全体を見て、見ているものの意味を理解しようとします。心を開いてほかの人たちがどのように感じているかを理解し、彼らの立場に立って考えてみます。誰でも間違いは犯すものだということを理解しているので、進んでゆるす気持ちをもっています。

次の状況では理解の美徳をどのように表現しますか

●物語を聞いている。

- 難しい数学の問題に取り組んでいる。
- 先生が新しいことを説明している。
- テレビを見ながら宿題をやろうとしている。
- お母さんがこの1週間、ずっといらいらしている。
- 友達が放課後に会う約束を忘れてしまった。

◎ 成功のしるし

おめでとう！ 次のことを実行しているあなたは理解の美徳を発揮しています。

- 心を集中して、しっかり注意をはらう。
- 物事の意味について静かに考える。
- 問題の全体を見ている。
- 注意をそらさないようにしている。
- 人の身になって考える。
- 間違いを犯したときには人も自分もゆるす。

〜 確言 〜

私は理解する心をもっています。明確に考えることができるように心を集中し、注意をはらいます。私は理解ある心をもっています。人の気持ちに共感できます。

理解の活動 ……………………………………………

✳ 理解の活動

物語を読んで、生徒に登場人物の気持ちになってみるように指示します。「もしもあなたがAだったら、どのように感じると思いますか？」と聞いてみます。生徒と一緒に黒板に「悲しい」「怒っている」「嬉しい」「怖い」「恥ずかしい」「混乱している」「幸せ」などの感情の一覧表を書きます。

アルベルト・アインシュタインの伝記を読み、彼は生徒として遅咲きだったけれども、世界でもっとも偉大な思想家の1人となったことについて話し合います。

？ 美徳について考えるための質問

●注意を怠ると、どのようなことが起こりますか？

●あなたにとって簡単に理解できること、難しくて理解できないことをパートナーと分かち合ってください。

●学校で何かを理解することができないときにはどうしますか？

●あなたにとって気持ちを散らせる最大の原因は何ですか？

●心を集中するのに役立つことを３つ挙げてください。

●あなたがこれまで学んだことで、もっとも大切なひとつを挙げてください。

●偉大な発明家は新しい考えを生み出すために何をすると思いますか？

●動物や人に対して共感と理解から来る思いやりを感じたのはどんなときでしたか？

●誰かが間違いを犯したとき、理解を示すことができるように助けてくれるのは何だと思いますか？

理解を絵に描く

あなたがよく理解していることの絵を描いてみましょう。

ポスター用語

●見て、聞いて、考えて。

●内省する心。

●共感の思いがいっぱいのハート。

●目覚めよ、自覚せよ。

●全体像を見る。

名言

ひとつのことをマスターし、ひとつのことを深く理解したならば、その人は多くの事柄に対する洞察力と理解力も同時に、自分のものにした人である。

ヴィンセント・ヴァン・ゴッホ

415

今日、心が理解することを、頭は明日になるまで理解できない。

作者不詳

　真実を熱心に探求することこそ、真実を発見するための必要条件であるのは明らかだ。

ジョン・ヘンリー・ニューマン

　私たちの同胞を理解することは無論重要である。
　しかし、この理解は喜びと悲しみへの共感によって支えられ、初めて実を結ぶものである。

アルベルト・アインシュタイン

　人を理解するということは間違いをゆるすということではない。
　自分が間違いを犯した人よりも高いところにいる裁判官であるかのように、その人を責めることはしないという意味である。

エーリヒ・フロム

理想主義

理想主義とは？

理想をもっている人は人生において何が正しいことか、何に意味があるかを本当に大切に思う人です。理想を実現するとき、あなたにとって意味のある信念をもち、それに従って生きます。既成事実をそのままに受け入れることはしません。違いを生み出すことを望みます。理想主義者は勇気をもって大きな夢を抱き、それが可能であるかのように行動します。

美徳の実践理由

理想も夢ももたない人は人生に何も重要なことがないかのように生きることになります。何をしたいという夢もない人生です。どんなことにも妥協して、それに甘んじます。理想主義がなければ、世界のさまざまな問題は解決されることはないでしょう。理想主義の美徳を実践するあなたは、明日は今日よりも良くなり得ると信じています。可能性を信じてその可能性を実現するために行動します。

美徳の実践法

理想主義は理想的にはこうであってほしいと思うことを想像するところから始まります。それは大人になったらやってみたいことのヴィジョンであるかもしれません。あるいは、いま達成したいと思っていることのヴィジョンもあるでしょう。最高の親友をもつこと、新しい発明をすること、世界をもっと住みやすい場所にする夢など、いろいろ考えられます。理想主義の美徳を実践するとき、あなたには夢があり、その夢を実現するために行動を起こします。計画を立て、夢を一歩一歩、実現します。

次の状況では理想主義の美徳をどのように表現しますか

- 学校から偏見がなくなってほしいと思っている。
- あなたの夢は不可能だと皆に言われる。
- お母さんのために理想的な贈り物をあげたいと思っている。
- 目標を達成することについてなぜか絶望している。
- 自分が本当に何をしたいのかが分からない。
- 偉大な歌手／スポーツ選手になりたいという夢をもっている。

◎ 成功のしるし

おめでとう！　次のことを実行しているあなたは理想主義の美徳を発揮しています。

- 人生で重要だと思うことを真に気にかけている。
- あえて大きな夢をもっている。
- 何ができるかについてのヴィジョンをもっている。
- 理想を現実化するための計画がある。
- 夢を実現するために行動を起こす。
- 世界に違いを生み出すために何か行動を起こす。

〜 確言 〜

私は理想に基づいて生きます。私は自分の夢を信じています。どんなことでも可能であると信じています。

理想主義の活動 ……………………………………………

✳ 夢のコラージュ

理想主義を呼び起こし、目標や夢に心の焦点を合わせるのに最高のプロセスです。古い雑誌の写真、言葉、絵などを切り抜いて、糊やスパークル（きらきら光るステッカー）などを使って、人生においてさらに涵養したい美徳も含めて、さまざまな核となる美徳のコラージュ（切り絵）を作ります。５２の美徳の名前が書かれた紙を短冊風にして貼ることもよいでしょう。コラージュを作り終えたところで、１人ひとりの生徒に

コラージュが何を表わしているかを、時間をかけてクラス全体に向けて説明する機会を与えます。話し終えたときに、発表した人に対して2、3人の生徒に美徳の承認をしてもらいます。こうして出来上がったコラージュを自分の寝室や教室に貼っておくことによって、生徒たちは自分の理想を思い出すことができます。

？ 美徳について考えるための質問

● この学校／キャンプ／グループの理想的な姿は何だと思いますか？
● 将来の夢は何ですか？
● あなたの家族の理想／夢は何ですか？
● 大人になったら何になりたいですか？
● あなたが成功するには、どのような計画が役立つと思いますか？
● あなたが知っている人、あるいは、歴史上の人物で世界に違いを生み出した人の名前を3人挙げてください。
● 私たちの学校／町に違いを起こすために、グループでできることを3つ挙げてください。
● あなたが望むことが何でも実現可能であるとしたら、何を達成したいですか？

✎ 理想主義を絵に描く

大好きなことをしているあなたの理想像を絵に描いてみましょう。

❀ ポスター用語

● 私には夢がある。
● 勇気をもって夢を見る。
● 違いを生み出す。
● 世界がひとつになった夢。

➤ 名言

私には夢がある。

マーティン・ルーサー・キング

419

人間は究極的には三種類の人に分類される。
夢を見る人、行動する人、そして夢を行動に移す人である。
究極的には三番目の人だけが違いを起こす人である。

H.C.ゴダード博士

夢とヴィジョンに違いをもたらすものは実行計画である。

スチュアート・シュレーダー

夢にしっかりとつかまれ！　夢が死んでしまったら、人生は翼が折れ
た飛べない鳥になってしまうのだから。

ラングストン・ヒューズ

どんなものであれ、あなたがそれを発見したときよりも良い状態にし
てから、その場を去るべきである。

作者不詳

冒険とは目的のある賭けである。

ロバート・マクルーア

この世界において達成された永続的な偉業のなかで、理想主義に基づ
いていないものなどあるだろうか？

サー・ウィルフレッド・ローリエ

肩を張り、頭を上げ、未来に目を見据えるべし。

マヤ・アンジェロウ

夢を与えられたならば、その夢を実現する力も必ず与えられている。

リチャード・バック

# 礼儀

礼儀とは？

礼儀とは丁寧でマナーのあることを意味します。礼儀正しく話し、礼儀正しく接すると、人は自分が大切にされ、尊敬されていると感じます。礼儀とは尊敬を込めて人に挨拶をするということです。「どうぞ」「ありがとう」「すみません」「こんにちは」「さようなら」「どういたしまして」といった言葉は、ただの言葉ではありません。これらの言葉は礼儀のこもった表現であり、あなたが人を尊敬し、気づかっていることを示すものです。

美徳の実践理由

礼儀を示さないと人は侮辱されたと感じ、尊敬されていないと感じます。この人は失礼で無知な人で、人のことなどどうでもよいと考えていると思われてしまいます。礼儀の美徳を実践すると人は大切にされていると感じます。礼儀正しさは磁石のように人をあなたに引きつけます。

美徳の実践法

礼儀とはマナーを思い出すことです。丁寧に話すことです。順番を待つことです。誰かが話しているのをさえぎる代わりに、「すみません」と言って話している人があなたに注意を向けてくれるのを辛抱強く待つことです。感じのよい挨拶をすることです。礼儀正しい人は要求する代わりに要請します。礼儀を家に持って帰りましょう。家族こそ、礼儀がいちばん必要なのです。礼儀は日常生活をスムーズにしてくれます。

次の状況では礼儀の美徳をどのように表現しますか

- 初めての人に会う。
- お母さんが誰かと話し中だが、あなたはお母さんと話したい。

●誕生パーティーに出席していてケーキが配られている。

●電話に出ると妹への電話だった。

●遅刻をして教室に入っていく。

●弟にイライラしている。

◎ 成功のしるし

　おめでとう！　次のことを実行しているあなたは礼儀の美徳を発揮しています。

●その人を大切に思っていること、尊敬していることを示す。

●お年寄り、両親、先生、子供たちに丁寧に接する。

●自分の行動がほかの人たちにどういう影響を及ぼすかについて考える。

●話し方、食べ方、動作が優雅で感じがよい。

●要求する代わりに要請する。

〜 確言 〜

　私は礼儀正しい人です。私は丁寧に話し、丁寧に行動します。私は人を大切に思い、尊敬していることを示します。

礼儀の活動 ………………………………………………………

※ 電話のマナーの練習

　1．電話でのやり取りをロールプレイ（役割演技）で行います。
　　最初に、失礼な電話の受け方、それから、丁寧な電話の受け方を行います。a）家で　b）友達の家で　c）会社での３つの状況で行います。生徒を２人ずつに分けて練習してもらい、生徒たちが自分で満足のいく言い方ができるようになったら、クラス全体の前で演じてもらいます。

　2．家で電話に出ると、家族への電話です。しかし、当人は誰とも話したくないと言っています。こういう状況で、電話をしてきた人に正直で礼儀正しく応じるにはなんと言えばよいでしょうか？（嘘をついて"留守です"と言うのは避けましょう。"今ちょっ

と電話に出られないのですが"はひとつの選択肢です)。

？ 美徳について考えるための質問

- あなたやあなたの友達はお互いに挨拶するとき、どのように礼儀を示しますか？
- 誰かがあなたに対して礼儀正しく接してくれないとき、どのように感じますか？　礼儀正しく接してくれるとどのように感じますか？
- あなた自身が礼儀正しくないとどのように感じますか？　礼儀正しくするとどのように感じますか？
- あなたが礼儀を忘れて尊敬を示さないと人はどのように反応しますか？
- つい礼儀を忘れてしまったとき、どうしますか？
- あなたの家族で、あなたがもっと礼儀正しくし接しなくてはいけない人は誰ですか？
- 要求をすることと、要請することの違いは何ですか？（礼儀正しくない場合と礼儀正しい場合の両方を行う）。

✎ 礼儀を絵に描く

2匹の動物が礼儀のない挨拶をしている絵と、礼儀正しく挨拶している絵を描いてみましょう。

✿ ポスター用語

- マナーを思い出してね。
- 礼儀は喜びのもとです。
- にっこり笑って！　簡単だよ。
- 礼儀をお土産にして家に帰ろう！
- 「どうぞ」と言ってね。

➥ 名言

人生はそんなに長くはないかもしれないが、礼儀をもって人に接するだけの時間は十分にある。

ラルフ・ウォルドー・エマソン

見知らぬ人に対して優雅で礼儀正しい接し方ができる人こそ、真の世界市民である。

　　　フランシス・ベーコン

　甘美な言葉と礼儀と優しさがあれば、毛一本に触れるだけで象をも動かすことができる。

　　　　サーディー

　礼儀正しいとは、もっとも親切な方法で、もっとも親切なことを実行し、語ることである。

　　　　作者不詳

　あなたが身に着けているもののなかで、表情がいちばん大切である。

　　　　　　　ジャネット・レイン

和

和とは？

和とは人が共に平和的に仕事をし、生活を営むのに役立ちます。和の美徳を実践するとき、あなたはすべての人、すべてのものとつながっていると感じます。オーケストラのさまざまな楽器が音楽を奏でるように和の精神は調和をもたらしてくれます。私たちが1人ひとりを大切に思うとき、和が生まれます。1人の喜びはすべての人の喜びです。1人が負った傷はすべての人が負った傷です。1人の名誉はすべての人の名誉です。

美徳の実践理由

和の精神がなければ、違いは人を怯えさせ、分裂させることになります。1人ひとり自分だけで立つことになります。和の精神があれば、協力することができます。一緒に仕事をすれば、1人のときよりも多くのことを達成することができます。和の美徳を実践すると、生きとし生けるものすべてとひとつであると感じ、地球の面倒をみるという役割を果たすことができます。

美徳の実践法

和の美徳を実践するとき、あなたは自分の偏見を見つめ、それを手放します。和とはみんなが同じであることを意味するわけではありません。木の葉がそれぞれユニークな形をもっているように、地球上の1人ひとりが特別な人なのです。和の美徳を実践するとき、1人ひとりのなかに特別な何かを見出しますが、それを争いの理由にしたり、それによって怯えたりすることはありません。それは1人ひとりが持っている贈り物なのですから。和をもって人と一緒に仕事をすると、物事を効率的に成し遂げることとができます。和とは耳を傾け解決策を探すことによって争いを平和的に解決することです。

次の状況では和の美徳をどのように表現しますか

●学校で宗教的で特別な服装をしている生徒を見かけた。

●友達が皆、川にゴミを投げているのに気づいた。

●弟／妹に怒りを覚えて、何か傷つけるようなことを言いたい気持ちになっている自分がいる。

●人種の違う生徒をからかって悪口を言っているのが耳に入った。

●誰かが人種差別的な冗談を教えてくれて、それを誰かに言いたい誘惑を感じている。

●先生がグループで行う宿題を出した。

◎ 成功のしるし

おめでとう！ 次のことを実行しているあなたは和の美徳を発揮しています。

●すべての人を人類という家族の１人として扱う。

●違いのなかに贈り物を見る。

●人が偏見に満ちたことを言っているとき、それに加わることを拒否する。

●耳を傾け解決策を見出すことによって、争いを解決する。

●地球と生きもののすべてを思いやる気持ちをもっている。

●どこにいてもピースメーカーとして行動する。

〜 確言 〜

私は人と調和のとれた関係にあります。私は違いを良いものとして評価します。私は偏見を支持しません。私はピースメーカーです。私は地球と生きもののすべてに対して思いやりの心をもっています。

和の活動 ……………………………………………………

✳ 和のハンモック

１０人くらいのグループをつくって２つに分け、２列に並んで向かい合って立ちます。それから、腕を伸ばして前に立っている人の手首を、お互

いにしっかりと握り合ってハンモックを作り、その上に誰かが静かに横になります。ハンモックに横になった人は目を閉じ、ほかの人たちは、その人の美徳を承認します。「私にはフアンの親切の美徳が見えます」「私にはフアンの信頼性の美徳が見えます」

✳ 和の綱引き

２つのチームに分かれて、お互いに和の力を使って綱引きをします。

✳ アイスブレイカー（緊張をときほぐすもの）

グループ分けをするときに動物の写真か名前が書かれたカードを渡して、その動物の鳴き声を真似ることによって、自分のグループを探します。

✳ 和のオーケストラ

それぞれが独特な音を見つけてリズムをつけて歌をうたいます。それぞれが違う音で歌をうたっているところに、ひとつの和音が生まれる様子に耳を傾けてみましょう。

？ 美徳について考えるための質問

● 性格などの違う人たちが、どうすれば仲良くできると思いますか？
● オーケストラの楽器がみな同じ音を出したらどうなると思いますか？
● すべての人が同じような顔をして、同じような言い方をして、同じような考え方をしたらどのように感じますか？
● 違いは家族のなかでどんな問題の原因になりますか？
● 違いによって家族の関係が良くなるようにするには、どうすればよいですか？
● 大好きな友達とあなたの違いを３つ挙げてください。
● その友達と共通していることを３つ挙げてください。
● １人ではできないけれど、ほかの人と一緒なら達成できることをひとつ挙げてください。

✎和を絵に描く

人類の和を表わすポスターを作ってみましょう。

✿ポスター用語

- 手を取り合えば立てる。分裂すれば倒れる。
- 人間はひとつの家族。
- 多様性のなかの和。

名言

ひとつの真実において、人は神秘的に結ばれている。
兄弟としての神秘的な絆(きずな)が、すべての人間をひとつにしている。

トマス・カーライル

手を取り合えば立てる。分裂すれば倒れる。——アメリカ独立戦争のスローガンより

一緒になることを学んだとき、私たちは完全になる。

アン・カメロン

唯一の現実、それは私たちは皆、互いに愛し合っているということだ。
それ以外のことはすべて幻想だ。

アーノルド・パテント

自然の神秘に触れるとき、世界はすべてひとつになる。——『ハムレット』より

ウィリアム・シェークスピア

参考資料

Virtues Project Website
(ヴァーチューズ・プロジェクト・ウェブサイト)
Virtues Project Website - www.virtuesproject.com
このサイトで次の項目を検索できます。

a catalog of materials（資料のカタログ）

ordering information（注文に必要な情報）

a schedule of upcoming trainings（ワークショップの情報）

a list of facilitators（ファシリテーターの一覧表）

information on scheduling workshops（ワークショップ開催のための情報）

our e-mail address to send a message（メッセージを送るための電子メールアドレス）

Programs of The Virtues Project ™
(ヴァーチューズ・プロジェクトのプログラム)
プログラムには次のようなものがあります。

Conference presentations by Linda Kavelin Popov and Dr. Dan Popov
（リンダ・カヴェリン・ポポフとダン・ポポフ博士による講演）

Professional development workshops for teachers, counselors, and parents
（先生、カウンセラー、親のためのワークショップ）

Comprehensive program to develop a "Community of Character"
（"人格の高い共同体"を築くための包括的なプログラム）

Community development and healing projects
（地域社会の開発と癒しのプロジェクト）

Virtues Project Facilitator Intensive Workshops
（ヴァーチューズ・プロジェクト・ファシリテーター養成のためのワークショップ）

Materials of The Virtues Project
(ヴァーチューズ・プロジェクトの資料)
資料には次のようなものがあります。

The Family Virtues Guide
（家族のためのヴァーチューズ・ガイドブック）

Sacred Moments : Daily Meditations on the Virtues
（聖なる瞬間：美徳についての日々の瞑想）

Virtues Cards
（ヴァーチューズ・カード）

Poster : "Virtues : the Gifts Within", "Virtues : the Gifts of Character"
（ポスター"美徳：内なる贈り物""美徳：人格の贈り物"）

Audio Tapes of talks by Linda Kavelin Popov and Dr. Dan Popov
（リンダ・カヴェリン・ポポフとダン・ポポフ博士の講演のカセットテープ）

Videos of the 13-episode Television Series : "Virtues : A Family Affair" based on the Five Strategies of The Virtues Project
（ヴァーチューズ・プロジェクトの５つの戦略をもとにした、13のエピソードからなるテレビ番組、"美徳：家族のために"のビデオ）

Music CDs : "The Virtues Songs"- a companion to The Family Virtues Guide
（"家族のためのヴァーチュズ・ガイドブック"の付帯資料である音楽ＣＤ"美徳の歌"）

Wallet Cards
（財布用のヴァーチューズ・カード）

How to Order Materials
（資料の注文について）

http : www.virtuesproject.com
http : www.jalmarpress.com

Music Resources
（本書で紹介されているCDや音楽について）

Grammer, Red, "Teaching Peace", Red Note Records, 5049 Orangeport Rd., Brewerton, NY 13029 (800) 824-2980, www.redgrammer.com

Radha, "Virtues In Me": New singing games and musical activities for children, many of them favorite traditional songs given a delightful new twist. Radha's previous recordings have won several music industry awards in New Zealand. Detailed Teaching Notes accompany the recordings.

"Sing the World Around", an uplifting album for children by Radha & the Kiwi Kids, centered on the bonds of our universal human family. Easy-listening songs about Love, Caring, Truth and Peace.

To order or receive a free UCA catalog contact Universal Childrens Audio, Box 52-076 Titahi Bay, Porirua, New Zealand. Tel: 64-4-2399971, Fax 64-4-2399976, e-mail : uca@clear.net.nz

Russell, Jennifer, "The Virtues Songs", a musical companion to The Family Virtues Guide. A 3 CD or tape set with songs on each of the 52 virtues in reggae, gospel, country & western and other diverse styles. This ablum received The National Parenting Center Seal of Approval and Parents' Choice Award, Sugarbone Records.

See www.virtuesproject.com for ordering information.

※上記はすべて英語での対応となります。

参考文献

Bartlett, John & Kaplan, Justin, Bartlett's Familiar Quotations, 16th Edition, Little Brown & Co., ISBN 0-316-08277-5

Clive, Margery, Cultivating Character : An Educator's Resource Program for the Virtues (Companion book to The Virtues Project Educator's Guide), Published by the Author, 1999,Dallas,TX.

Orders: See www.virtuesproject.com or e-mail at : margeryclive@hotmail.com

Gossen, Diane Chelson, Restitution : Restructuring School Discipline, New View Publications, 1996, Chapel Hill, NC, ISBN 0-944337-36-8

Jenkins, Peggy, Ph.D., The Joyful Child : A Sourcebook of Activities and Ideas for Releasing Children's Natural Joy, Harbinger House, Inc., Tucson, AZ, 1989, ISBN 0-943173-16-7

Palomares, Susanna et al, The Sharing Circle Handbook, 1992, Innerchoice Publishing, Spring Valley, CA, ISBN 1-56499-007-9

Pepper, Margaret, ed. The Harper Religious and Inspirational Quotation Companion, Harper & Row, New York, NY, 1989, ISBN 0-06-016179-5

Popov, Linda Kavelin, Sacred Moments : Daily Meditations on the Virtues, Penguin/Putnam, Plume label, New York, NY, 1997, ISBN 0-452-27811-2

Popov, Linda Kavelin, with Dan Popov, Ph.D., and John Kavelin, The Family Virtues Guide : Simple Ways to Bring Out the Best In Our Children and Ourselves, Penguin/Putnam, Plume label, New York, NY, 1997, ISBN 0-452-27810-4

Tucker, Shelley, Painting the Sky: Writing Poetry with Children, 1995, Good Year Books, Harper Collins, New York, NY

Wilson, Paul, The Little Book of Calm, Plume/Penguin, New York, NY, 1996

訳者あとがき

　本書はリンダ・カヴェリン・ポポフ著、"The Virtues Project Educator's Guide" の日本語版です。

　2003年7月に、ヴァーチューズ・プロジェクトの創設者の1人で、著者の弟であるジョン・カヴェリン氏から翻訳の依頼を受けたのが、私と本書との出合いでした。

　原著をはじめて手に取ったとき、「ゆるし」という言葉が目にとまり、そのページを開きました。そこには次のように書かれていました。

　「ゆるしとは、何か間違いを犯した人に、もう一度チャンスを与えることです。誰でも間違いを犯します。仕返しをする代わりに、改善を求めることです。自分自身をゆるすことも大切です。自分をゆるすということは間違いを犯した自分を罰することをやめ、絶望的な状態から脱することを意味します。ゆるしとは自分自身に共感し、変わることを信じて教訓を生かし、今後は異なった行動をとるという気持ちをもって前進することです」

　ゆるしについてのこの言葉は、ゆるしの本質を見事にとらえ、実に分かりやすく説明しています。私はその瞬間、これを翻訳したいと思いました。

　翻訳にあたって、まずヴァーチューズ・プロジェックト創設者のポポフ夫妻に会いたいと思い、2004年の1月にニュージーランドでのワークショップに参加しました。そして7月にはカナダでの「内なる贈り物を呼び起こすワークショップ」と「ファシリテーター・トレーニング・ワークショップ」に参加してファシリテーター（公認講師）になりました。

　翻訳を始めて、最初に直面した問題は "virtue" という英語をどのような日本語に翻訳するかという問題でした。これにあたる日本語としては、「徳性、徳目、美徳」などが考えられますが、これらの言葉は現代の日本では日常的にはあまり使われていないものです。

　第二次世界大戦中に道徳教育、徳育教育などを教え込まれた歴史もあ

って、年配の方は「徳」という言葉に良い印象はなく、拒否反応を示します。

原著者のリンダさんとこの問題について話していたとき、「"virtue"（ヴァーチュー）という言葉にも同じ問題がありました。従来の宗教観のなかでヴァーチューをネガティブに考える人も多かったのです。しかし、ヴァーチューズ・プロジェクトの教えを通して、ヴァーチューについての新しい文脈を作るなかで、この問題は解決しました」と彼女が語ってくれました。これを聞いて私もなるほどと思ったものです。

最終的に「美徳」という言葉を選びましたが、この言葉のもつ概念は、そもそも日本人の伝統のなかにあったものです。それが軍国主義によって色づけられたことがあったとしても一時的なことにすぎません。美徳というダイヤモンドの原石の表面がちょっと汚れただけのことです。それをヴァーチューズ・プロジェクトの教えを通して磨けばよいのだと考えました。どうか読者の皆さんもこのように考えて、美徳というダイヤモンドを磨く決断をしていただければ幸いです。

私はファシリテーターになって、まだ日が浅いのですが、パートナーのジャネットと主宰している"ゆるし"をテーマとした「安らぎのワークショップ」のなかで、ヴァーチューズ・プロジェクトを少しずつ分かち合ってきました。

福井県の三国町でのワークショップで、スポンサーを引き受けてくださった、鈴木るみ子さんと私が、参加者の前で、ひとつのプロセスを行ったことがあります。二人がA、Bになって、最初にAさんが５２の美徳のエッセンスが書いてある「ヴァーチューズ・カード」から１枚を引きます。Aさんはカードの美徳についての定義を読み、その美徳と最近自分が体験した困難な問題と関係づけながら話します。Bさんは静かに聞きます。ここが大切なところなのですが、相手の人にどのような美徳があるかと考えながら聞きます。

そのとき、鈴木さんが引いたカードは「情熱」で、以下のように定義されていました。

「情熱とはインスピレーションを得て、スピリット（より大きな自分）に満たされている状態です。明るく幸せなことです。物事に心を込める

ことであり、熱意をもって取り組み、自分のもっているものを100パーセント行動に出し切ることです。情熱をもつということは何かに心をときめかせていることであり、それを楽しみにしていることです。情熱はポジティブ（肯定的）な心のあり方から生まれます」

　鈴木さんは次のような分かち合いをしてくれました。

　「2004年7月の豪雨は福井に甚大な被害をもたらしました。実家では車が5台水に浸かり、家業は壊滅に近い状態に追い込まれました。父、母、妹、弟が一緒に仕事をしているのですが、父は心労のあまり入院することになりました。種々の検査をしているなかでガンにかかっていることが判明し、すぐに手術が必要と診断され、父は手術を受けました。術後の回復は思うようにいかず、集中治療室で父は眠り続けました。この危機的な状況にあって、私のなかから出てきたのが＜情熱＞でした。明るい希望を持ち続け、今できることを力一杯しようと決意しました。母、妹、弟もそうしました。誰かが落ち込んだとき、お互いの情熱で助け合いました。ただ祈り続けたときもありました。一カ月後、奇跡的に父は目を覚ましました。それまでは独断的で人に頭を下げたことのなかった父が、＜ありがとうなぁ。家族のよさが分かったよ。気がつくのが遅かったかなぁ＞と言ってくれたのです。＜遅くなんかないよ＞と、私は胸が詰まる思いでした。家族のなかに癒しが起こりました。父の病気の癒し、家業の建て直し、何より家族の絆がこれまでには考えられなかったようにしっかりしたものになったのです」

　鈴木さんの話を聞きながら多くの人が涙を流していました。私は鈴木さんの家族に対する「愛」、「責任」、そして「コミットメント」の美徳を承認しました。それから、ワークショップの参加者はそれぞれAとBになってこのプロセスを続けました。

　これはほんの一例ですが、ヴァーチューズ・プロジェクトは実にさまざまな道具やテクニックを使います。プロジェクトの精神を生かして工夫が凝らされ、世界中で変化が起こっています。それは本書を読んでいただけば一目瞭然です。本書では紹介されていない最新の情報がウェブ

サイトに載っていたので、ひとつだけ紹介しましょう。

　ニュージーランドのマタタ小学校ではナンシー・アンダーソン校長が中心になって、先生や生徒が一緒にヴァーチューズ・プロジェクトを始めたところ、5週間後にいじめが一切なくなったと報告されています。

　私はひとつの法則を信じています。「宇宙の法則」です。それは「心の焦点を合わせる対象物は拡大する」という法則です。つまり、悪いことに心の焦点を合わせれば悪いことが拡大し、良いことに心の焦点を合わせれば良いことが拡大するということです。

　いじめを例にとって考えてみます。いじめの問題が表面化したとき、普通どうするかというと問題を抉り出し、当事者と対決し、話し合い、みんなで見張っていじめができない環境をつくる、これが一般的なアプローチのようです。

　これは「いじめ」に心の焦点を置いたやり方です。「宇宙の法則」からするといじめはなくならないはずです。一時的に姿を消すかもしれませんが、なくなることはありません。

　ヴァーチューズ・プロジェクトはいじめの問題に心の焦点を合わせることはしません。いじめた人、いじめられた人、双方のなかにある最善の資質を見て、つまり美徳を見て、そのダイヤモンドを磨きながら、修正の方法を探るのです。すると、いじめはいつの間にかなくなってしまうのです。深刻ないじめが、それほど簡単になくなるものでしょうか。ヴァーチューズ・プロジェクトの体験からするとなくなるのです。

　本書の翻訳というわくわくするような名誉をいただいた私には、ひとつのヴィジョンがあります。それは、日本中の人たちが学校で、職場で、家庭で、人と人とが出会うあらゆる場所で、ヴァーチューズ・プロジェクトの道具を使って生活しているというヴィジョンです。そして子供の目も大人も目もきらきらと輝いているというヴィジョンです。

　新しい一日をひとつの美徳に心の焦点を合わせることから始めます。たとえば、今日は「喜び」の美徳に焦点を合わせようと考えます。出会う1人ひとりのなかに「喜び」の美徳を探します。「喜び」が輝き出てい

る人と会ったら、一緒にその輝きを分かち合います。

「喜び」の美徳が見えない人に会ったら、自分のなかにある「喜び」をその人が受け取れるような形で輝かせます。時にはくすぐって笑わせてもよいかもしれません。人生はそんなに深刻じゃないかも知れないよ、と「喜び」を体現して分かち合う手もあるかもしれません。あるいは、「共感」の美徳を発揮して相手を思いやることもできるでしょう。

子供であれ、若者であれ、大人であれ、老人であれ、お互いの美徳を認め合いながら接するとき、何が起こるでしょうか。誰の目も無邪気に輝き始めます。生まれたばかりの赤ちゃんのように純粋な目が蘇ってきます。間違いを犯したからといって、ただ責めるのではなく、いたわりをもってゆるし、修正の機会を提供できる世界です。誰もが生き生きと自分の使命を探求し、他の人たちにも同じ権利を認めます。言葉で何かを伝える前に、まず自分自身がその叡智を生き、行動します。

簡単な言い方をすれば、誰もが人を批判しようとする代わりに、人をつねに承認して、お互いの美徳を呼び起こしながら生きる世界。もしも、そういう世界になったら、それこそ地上の天国ではないかと私は思うのです。

本書を契機にして、そういう世界の建設が始まる予感がしています。そして、その主人公はほかならぬ読者のあなたです。

最後になりましたが本書の翻訳、出版にあたり、次の方々に感謝いたします。

ジョン・カヴェリン氏に翻訳者としての私を信頼し、推薦してくださった小南奈美子さん。小南さんの声を信じて私をたずねてくださったジョン・カヴェリン氏。インスピレーションに満ちた本書を書いてくださったリンダ・カヴェリン・ポポフさん。ヴァーチューズ・ファシリテーターとしての立場から思いやりをもって美徳の言葉をチェックしてくださった坂本桂子さん、カウンセラーとしての立場から美徳の言葉の整合性を誠実に見てくださった鈴木るみ子さん、教頭として教育現場にいる立場から、丁寧に原稿を見てくださった市川美紀子さん、時々、美徳の言葉の相談に乗ってくれた高木慶子さん、美徳の言葉探しをしているときに、寛容にも実験台になって質問に答えてくれた玉川大学の大内ゼミ

の学生の皆さん、出版が低迷しているなかで、本書の出版を情熱的に承諾してくださった太陽出版社長、籠宮良治氏、いつも笑みを絶やすことなく今回のとくに複雑な編集の仕事に携わってくださった片田雅子さん、素敵なイラストを描いてくださった林良樹氏、装幀・デザインをしてくださった日比野智代さん、人生のパートナーとしていつも過分な承認をしながら励ましてくれたジャネット、ガイドとしてつねに愛情をもって見守ってくれたホワイトローズの兄弟たち、そして本書を手にとってくださっているあなたに、この素晴らしい旅立ちの時にあたって、心から深く感謝いたします。

　美徳が切り拓く心ときめく冒険の道を共に歩む旅人となってくださることを祈りながら。

2004年12月23日　自然麗しき山中湖にて　　大内　博

訳者紹介

大内　博（おおうち・ひろし）

1943年、福島県生まれ。上智大学外国語学部英語学科卒業後、英語教師となるが、後にアメリカ政府の東西文化交流センター留学生としてハワイ州立大学大学院で第二言語としての英語教育を専攻して修士となる。その後、玉川大学文学部教授、日本ハンガープロジェクト協会理事長などを兼任。2004年7月、カナダでの「ヴァーチューズ・プロジェクト・ファシリテーター・トレーニング・ワークショップ」に参加してファシリテーター（公認講師）となり、2006年、ヴァーチューズ・プロジェクト・インターナショナルによってマスター・ファミリテーターに任命される。著書に『感情表現の英語』（研究社）、『コミュニケーションの英語』（講談社）、ジャネット夫人との共著に『名言の英語』（講談社インターナショナル）、訳書に『英語イディオム自由自在辞典』（講談社）、『ゆるすということ』（サンマーク出版）、『それでもなお、人を愛しなさい』（早川書房）、『聖なる愛を求めて』『生命の贈り物』『愛の使者トーマスからのメッセージ』（いずれもナチュラルスピリット）、『プレアデス＋かく語りき』『プレアデス＋地球をひらく鍵』『愛への帰還』『終わりなき愛』『光の翼』『黄金の約束』『聖なる探求』『運命の脚本を書く』『アセンションのためのワークブック』（いずれも太陽出版）ほかがある。2013年2月14日、帰天。

●内なる美徳を呼び起こすワークショップ

12時間の国際規定プログラムに則し、ヴァーチューズ・プロジェクトの教えの根幹である52の美徳と5つの戦略を実践的に学びます。ヴァーチューズ・プロジェクトって何？という疑問に力強く、最も効果的にダイレクトにお答えするワークショップです。本ワークショップはNPO事業ではありませんが、ヴァーチューズ・プロジェクト国際公認講師である全国のファシリテーターが国際規格に則した内容で随時開催しています。受講者には修了書が授与され、これによりTVPJが開催する「ファシリテーター養成ワークショップ」の受講資格が得られます。

●問い合わせ・申し込み先

特定非営利活動法人
ヴァーチューズ・プロジェクト・ジャパン
ウェブサイト： http://www.the-virtues-project-japan.org/
E-mail : virtues.japan@gmail.com
Fax : 03(3702)9987

ヴァーチューズ・プロジェクト
52の美徳 教育プログラム

2005年1月30日　初版 第1刷
2016年7月30日　新版 第1刷

著　者　　リンダ・カヴェリン・ポポフ

訳　者　　大内　博

発行者　　籠宮良治

発行所　　太陽出版

東京都文京区本郷4-1-14　〒113-0033
TEL 03(3814)0471　FAX 03(3814)2366
http://www.taiyoshuppan.net/
E-mail : info@taiyoshuppan.net

装幀・本文デザイン　森脇知世
イラスト　林　良樹
印　刷　株式会社 シナノ パブリッシング プレス
製　本　井上製本

ISBN978-4-88469-877-5

ヴァーチューズ・カード
～52の美徳のエッセンス～

ヴァーチューズ・プロジェクトの52の美徳が説明されています。
本書『ヴァーチューズ・プロジェクト　52の美徳教育プログラム』Ⅱ部にある52の美徳のエセンスをそれぞれ1枚のカードにまとめることによって、多様な使い方ができるように工夫されています。

〈カード表〉美徳の定義・イラスト　　〈カード裏〉成功のしるし・確言

カードサイズ　縦：130ミリ　横：100ミリ
〈表〉4色カラー　〈裏〉カラー1色　耐久性のある堅牢紙を使用／カラー箱入
リンダ・カヴェリン・ポポフ　著　大内　博　訳
定価　本体2,200円＋税

ヴァーチューズ 内省のカード

美しい自然のモチーフをバックに、厳選された100の美徳の言葉がカードになりました。
このカードは、より深い価値観をもって人生を生きるために、自分自身と向き合うツールとして開発されました。日々の内省と美徳の実践を促し、日常生活で直面するさまざまな問題を解決へと導いてくれることでしょう。

〈カード表〉美徳の定義・自然のカラー写真　　〈カード裏〉名言の引用・美徳の実践・確言

カードサイズ　縦：130ミリ　横：100ミリ
〈表〉4色カラー　〈裏〉モノクロ　シュリンク包装
リンダ・カヴェリン・ポポフ　著　大内　博　訳
定価　本体3,500円＋税

※ご注文は直接小社へお申し込みください。

太陽出版
東京都文京区本郷4-1-14 〒113-0033
TEL 03-3814-0471　FAX 03-3814-2366
http://www.taiyoshuppan.net/
※ホームページからもお申し込みいただけます。